내 아이를 위한
사교육은 없다

내 아이를 위한

사교육을 이기고
상위 1%로
도약하는 힘

사교육은 없다

김현주 지음

청림Life

자녀의 공부로
힘들고 불안한 학부모님께

모든 부모는 내 아이가 공부를 잘했으면 좋겠다고 생각합니다. 공부 잘하면 좋은 건 맞습니다. 그러니 이것은 지극히 당연하고도 자연스러운 마음이지요. 종종 그 열망이 과도한 경우도 보는데, 그것 또한 잘못이 아닙니다. 간절한 것이 왜 잘못이겠습니까? 잘못이 있다면 그토록 간절한데도 필요한 노력을 하지 않는 것입니다. 혹은 노력 없는 대가를 바라는 것입니다. 또 기울이는 노력이 잘못된 방향이라는 것을 모르는 것입니다. 아이가 공부를 잘하려면 부모 역시도 공부하고 노력을 기울여야 합니다. 노력 없이 잘될 리가 없고, 간절히 원하는 사람이 많을수록 그 노력은 더 깊어야 하며 옳은 방향을 향해있어야 합니다.

열정이 넘치고 노력하는 학부모의 모습을 생각해 봅시다. 아이의 학습을 위한 장단기 계획이 있고, 그에 알맞은 정보를 수집하기 위해 인터넷 검색은 기본이고 발품도 열심히 팝니다. 동네 엄마들 모임도 부지런히 나가고, 물어물어 공부 잘하는 아이들이 다니는 학원도 알아놓고, 유명하다는 수업은 대기도 걸고, 레벨 테스트도 예약해 놓습니다.

학기마다 아이의 학원 스케줄을 조율하는 건 꽤 집중력을 발휘해야 하는 중요한 일입니다. 꼭 들어야 하는 수업이 한둘이 아니니 요일과 시간과 동선을 최대한 효율적으로 맞추어야 하죠. 늘 약간의 아쉬움은 남지만 그래도 최선을 다해 채워 넣은 스케줄표를 보면 뿌듯하고 뭔가 잘될 것 같은 기분이 듭니다. 교육비를 대는 것이 버겁지만 그래도 이걸 해줄 수 있다는 자부심도 있습니다. 아이의 일정이 정해지면 엄마도 그 일정에 따라 움직입니다. 데려다주기, 대기하기, 데려오기의 삶을 살게 되는데, 사이사이에 교재를 바꿔주거나 식사를 챙겨야 해요. 잠시 짬이 나서 엄마들끼리 카페에서 커피라도 마실 때면 한숨을 돌리지만, 그 자리는 새로운 정보 교류의 장이기도 합니다. 어떤 아이가 성적이 많이 올랐는지, 어떤 학원에 괜찮은 선생님이 새로 왔는지 알게 됩니다. 아이의 친구와 그 엄마들, 학교와 학원 선생님들의 동향은 물론 나와 내 아이의 평판도 신경 써야 합니다. 교육에 대해서라면 언제 어디서든 누구와 어떤 대화도 가능하도록 입시에 관한 용어나 내용 또한 잘 알고 있어야 하지요.

열정적인 학부모는 눈에 잘 띕니다. 마주칠 때마다 목적이 있는 발걸음과 확신에 찬 표정은 언제나 활기 넘쳐 보입니다. 그래서 매번 마음이 복잡해져요. '나는 너무 소극적인 건가' '그래서 더 잘할 수 있는 내 아이의 기회를 놓치고 있는 건가' '엄마들 모임에 빠짐없이 참석했어야 했나' '유용한 정보에서 우리 아이만 소외당하는 건 아닌가' 하는 걱정이 듭니다. 정보의 취득과 만남에 열정적이지 않은 내 모습은 엄마로서 게으르고 부족한 것처럼 느껴집니다.

하지만 남들 눈에 잘 보이는 노력만 가치 있는 노력이 아닙니다. 특히 돈을 들여서 할 수 있는 건 쉬운 노력에 속하죠. 아이의 일정을 따라다니느라 내 시간도 없이 바쁘고 힘들어 죽겠다는 말은 하지 마세요. 정말 힘든 사람은 그렇게 빡빡한 스케줄을 작은 몸으로 감당하고 있는 아이입니다. 학교와 학원에서 오랜 시간을 보낸 후 집에 와서도 쉬지 못하는 아이가, 아무리 해도 줄어들 것 같지 않은 학원 숙제를 언제나 짊어지고 사는 아이가, 앞으로도 몇 년이나 그런 생활을 이어가야 하는 아이가 힘든 거예요. 그러니 쉬운 걸 하면서 고단하다는 착각은 하지 말길 바랍니다.

돈을 들이지 않는 노력은 상대적으로 어렵습니다. 무수한 시행착오를 흘려버리지 않고, 성찰하고 공부하고 나아지려 애쓰는 건 보통 어려운 일이 아니에요. 아이의 학습과 관심사를 따라가고 지켜보면서 함께 할 수 있는 건 즐거운 마음으로 해야죠. 매사 바른 선택을 하기 위해서는 충분한 고민과 대화가 필수인데요, 이때 가장 중요한 건 다른 아이와 비교하지 않는 마음입니다. 늘 아이의 학교생활에 관심을 두고 모든 상황마다 적절한 말을 건네서, 책임감과 노력을 기울이는 마음을 키워주어야 해요. 아이의 성장 내내 지치지 않고 세세한 부분까지 마음과 신경을 쓰는 건 생각보다 어렵습니다.

이건 아이에게는 수월하고 부모에게는 어려운 미션이에요. 그래서 별로 하고 싶지 않죠. 어려워 보이니까 이미 마음부터 지는 거예요. 모두가 그렇게도 간절히 원하는 공부 잘하기의 방법으로써 제시해도 '이런 노력'은 좀처럼 사람들의 고려 대상이 되지 못합니다.

눈에 보이지 않는 노력은 드러나지 않기에 평가받지도 못합니다. 저희도 그런 이야기를 들었어요. 아이를 그렇게 내버려두면 어떡하냐고, 나중에 애가 원망한다는 말도 들었죠. 능력도 없고 게으른 사람이 아이의 성적에 쿨한 부모인 척하는 것으로 보일 수도 있었을 겁니다. 그렇다고 "우리는 사실 이러이러한 것들을 하고 있다"라고 말할 수도 없었죠. 일일이 말할 수조차 없는 광범위한 것이기도 했고, 어떤 작전이나 계획으로 하는 게 아니라 그저 해야 하는 것에 최선을 다할 뿐이었으니까요.

다만 우리의 방식이 괜찮다는 걸 알고 안심했던 계기는 있었습니다. 아이가 열 살쯤이었나, 교육서를 선물받아 읽어보았는데요. 마치 우리의 이야기를 써놓은 듯해서 깜짝 놀랐습니다. 그래서 다른 책을 하나 더 보았더니 거기도 마찬가지였어요. 전문가들이 중요하다고 하는 것, 이렇게 저렇게 하라고 말하는 것을 우리는 제법 충실하게 하고 있었습니다.

어느덧 아이가 중학생이 되었고, 2학년이 되어 치른 첫 시험에서 전교 1등을 했습니다. 봄날의 강아지처럼 놀기만 하는 듯 보였던 아이가 1등이라니, 모두 잠깐 놀랐지만 이내 "애가 원래 똑똑했다"라고 하더군요. 우리가 해왔던 노력은 조용하고 드러나지 않는 것이라 고민 없이 쉽게 이런 결론에 이른 것입니다.

모두가 찾아 헤매는 공부 잘하는 방법은 아무도 보지 못하게 봉인되어 깊은 곳에 묻혀있는 비법이 아닙니다. 많은 전문가와 학자들은 예전부터 한결같은 이야기를 해왔습니다. 하지만 이미 여러 번 들어 물린 이야기라 그럴까요, 오래 걸릴 것 같아 그럴까요? 혹시 최대한 노력을 덜 들이고도 목표에 도달할 수 있는 지름길을 찾는 것일까요? 이유야 어찌 되었든 눈에 띄지도 않는 노력을 오래도록 기울이는 건 어려운 일입니다. 전문가들이 이구동성으로 힘주어 말한들 내 마음을 움직이는 건 내가 아는 사람의 입에서 나오는 말이니까요. 그게 건너 건너 건너의 일일지라도 말입니다.

어떤 누군가가 성적이 올랐다는 소문, 지금 이걸 하지 않으면 나중에 공부를 못하게 된다는 무서운 말들, 이미 늦었으니 하루가 급하다는 말들은 너무 강력합니다. 그래서 그 말의 진정성이나 옳고 그름,

그 말이 내 아이에게 적용이 가능한 것인지를 고민하지도 않고 그대로 따릅니다.

"어머니들은 계도가 안 돼요."

유명한 교육자가 한 말입니다. 목 놓아 진실을 이야기해도 절대 변하지 않고 계속 맹목적인 선행학습을 시키는 엄마들을 비난하는 말이죠. 본문에서 이야기가 나오겠지만 선행학습으로 인한 폐해가 이루 말할 수 없이 큽니다. 모두를 고통에 빠뜨리는 일이자, 결국은 내 아이를 공부 못하게 만드는 일등 공신이에요.

그리고 계도가 잘 안 된다는 말도 맞습니다. 전문가들의 말에는 항상 고개가 끄덕여지지만 그때뿐인걸요. 그런 말들은 먼 곳에서 울리는 북소리처럼 실체가 보이지 않아서 마음먹기가 힘듭니다. 우리가 매일 마주하는 건 일찍부터 사교육을 받은 아이들이나 아주 많은 사교육을 하는 아이들이 공부를 잘하는 것처럼 보이는 현실이니까요. 바로 내 주변에서 벌어지는 일들을 외면하기란 힘들죠. 실제로 내 눈을 바라보면서 말하는 사람들은 전문가들과 다른 말을 하지만, 뭔가를 보장해 줄 것처럼 확신을 줍니다. 그래서 계도가 안 되는 것이에요.

전문가들의 말은 사실상 모두 같은 이야기입니다. 그리고 저도 결국 비슷한 말을 할 겁니다. 정도(正道)는 같은 것이니까요. 사실 그동안의 제 말들도 공허한 외침과 다를 바가 없었습니다. 서울 강북에 있는 작은 중학교의 전교 1등은 부모님들의 마음을 움직이게 만드는 데는 역부족이었어요. 실천까지 이끌지는 못했죠.

그런데 학습지는 물론이고 과외도 안 하고 학원도 안 다녀본 아이가 대한민국 사교육의 정점이라는 과학고 입시의 문턱을 넘었다는 사실 한 줄이 더해지자 변화의 기류를 느꼈습니다. 제가 간간이 올리는 짧은 글로도 실제로 변하는 분들을 보게 되었어요. 잘 모르는 분들도 저를 붙잡고 어디로 가면 좋겠냐고 길을 묻더군요. 아이를 위해서 어떤 노력을 어떻게 기울여야 하는지 모르는 분들이 생각보다 많았어요. 어떤 방법이 더 옳고 더 효율적인지 모르는 부모님들이 꽤 많았습니다. 그래서 목소리를 높일 필요가 있다고 생각했어요. 제가 고심해서 이야기를 건네면 많은 분이 귀를 기울이고 실천할 용기를 내지 않을까 생각했습니다. 우리의 이야기가 의지를 북돋아 줄 수 있을 거라고요.

저에게는 다른 부모님들께 긍정적인 영향을 줄 수 있는 이야기들이 있습니다. 그리고 그것들은 모두 경험에서 나온 이야기들이에요. 그러니 제 말을 믿어보시라는 겁니다. 한 톨이라도 도움을 드리면 좋겠다는 마음으로 제가 경험하고 공부한 것들을 통합하고 정리했습니다. 어떻게 하면 공부 잘하는 아이로 키울 수 있을까, 어떻게 해야 자녀와 부모가 덜 힘들고 더 행복할 수 있을까를 전하려 합니다. 자녀의 학습에 대한 학부모의 불안과 사교육비로 인한 고통을 조금이라도 낮추고 싶습니다. 아이들이 좀 더 효율적으로 공부하도록, 노력한 만큼 성취를 이룰 수 있도록, 그래서 조금이라도 더 원하는 미래를 꿈꿀 수 있도록 돕고 싶습니다.

　제가 누군가의 인생에 조금이나마 긍정적인 역할을 할 수 있다면, 다만 몇 분에게라도 의미 있는 변화를 이끌어낼 수 있다면 그것은 언제나처럼 저의 보람이고 기쁨일 것입니다.

2장 생각보다 더 막강한 대화의 힘

3장 　보이지 않는 것의 가치

1장

앞서고자 하는
치열한 욕망

공부를 못했던
부모님께

부모들도 공부로 한번 나누어 볼까요? 공부를 잘했던 부모와 공부를 못했던 부모 이렇게 두 부류로 나눠봅시다. '나는 중간쯤인데'라고 생각하는 분들이 많을 거예요. 잘하다가 점점 못하게 된 사람도 많을 거고, 못하다가 나중에 잘하게 된 사람도 있을 겁니다.

하지만 조금 잘한다, 조금 못한다, 애매한 위치다, 그런 거 말고요. 우리가 그토록 중요하게 생각하는 인서울을 기준으로 공부 잘하냐 못하냐를 나눠보죠(물론 여기서 의대는 열외입니다). 그러면 대략 공부를 잘하는 사람은 10%고, 나머지 90%는 공부를 못하는 부류에 속합니다. 이것이 지금 우리가 아이들을 분류하는 야박한 기준입니다. 이 기준으로 보면 당신은 공부를 잘했던 부모인가요, 못했던 부모인가요?

공부를 잘했던 사람과 공부를 못했던 사람이 학부모가 되었을 때 보이는 양상은 다를 수밖에 없습니다. 항간에 떠돌던 '공부 못했던 엄마가 사교육에 더 매달린다'는 말은 맞을까요? 공부를 못했던 부모는 아이의 공부에 훨씬 더 불안해하고 집착하기 쉬울 거예요. 그래서 사교육에 훨씬 더 의지하는 경향이 있을 수 있습니다. 하지만 부모의 학력이 높다고 아이의 공부에 맹목적이지 않은 것도 아닙니다. 어쩌면 높은 성적을 갈망하는 더 많은 이유가 있을지도 모르죠.

그런데 사교육은 돈이 드는 것이라 경제적인 부분과 매우 높은 연관성이 있습니다. 여러 매체에서는 소득이 높으면 사교육비 지출이 더 크다는 사실을 꾸준히 말하는데요. 소득이 높으면 지출이 더 큰 건 당연한 일 아닌가요? 소득이 높으면 식료품 지출이 더 크다, 소득이 높으면 문화생활비 지출이 더 크다, 소득이 높으면 주거비 지출이 더 크다는 것과 다를 바 없잖아요.

그래서 저는 이 통계가 의미 있다 생각하지 않습니다. 다만 불편해요. 소득과 학력은 대체로 정비례 관계니, 이 통계를 보는 순간 고학력 집단은 사교육비 지출을 많이 한다고 받아들이게 됩니다. '사교육비 지출이 높으면 더 좋은 대학에 가더라'는 통계도 마찬가지입니다. 여기에는 소득격차가 교육격차를 만든다는 함의가 있어요. 돈 때문에 사교육을 원하는 만큼 시키지 못하는 가정에 상대적 박탈감을 주고 피해의식을 갖게 만드는 통계라는 생각이 들어서 몹시 불편합니다.

사교육비를 들이는 만큼 공부를 잘하게 된다는 이야기들이 너무 많아서 모두가 무리하고 있습니다. 훨씬 더 여유롭고 안정된 상태로 살아갈 수 있는 가정이 사교육비 때문에 휘청입니다. 제가 아는 가장 심했던 사례는 초등 1학년이 일곱 개의 학원에 다니는 경우였어요. 지방의 전문대학을 나왔다는 엄마는 아이가 자기처럼 공부 못하게 만들지 않으려면 사교육을 최대한으로 시키는 방법밖에 없다고 확신하면서 의식주에 드는 비용을 최대한 아끼고 있다고 했습니다. 여행한번 제대로 가보지 못하고 학원비 때문에 엄마도 아르바이트에 매진하고 있었지요.

사교육 정도와 명문대 입학이 꽤 상관있다는 인식 때문에 아주 많은 가정이 피폐해지고 있습니다. 그 이면의 보이지 않는 격차는 간과한 채 단지 사교육 이야기뿐이라 다 죽게 생겼습니다. 공부를 못했던 부모는 공부의 메커니즘을 모르니 더더욱 사교육을 신봉할 수밖에 없고요. 그리고 이 모든 것의 밑바닥에는 창피함이라는 감정이 있습니다.

공부를 못하는 게 창피한 세상이 되었습니다. 언젠가부터 대학 간판은 서로 묻지도 말하지도 못하는 금기어가 되고 말았어요. 그러더니 이제는 자녀의 성적에까지 창피함을 느끼는 지경에 이르렀습니다. 지금은 친구끼리도 상대가 먼저 말하지 않는 한 자녀의 대학을 물어보는 건 실례라고 하지요. 친구인데도 말입니다. '별로인 대학이면 창피해서 말하기 싫어하겠지?'라는 생각이 깔려있기 때문인 것 같아요.

항상 자녀의 성적을 자랑하던 한 블로거가 대학 입시가 끝난 시점에 남의 아이 대학은 궁금해하지도 말라는 글을 올리고 잠적한 걸 본 적이 있어요. 저는 그때 엄청난 충격을 받았습니다. 그러니까 이게 모든 문제의 시발점이라고 생각해요. 공부가 창피함의 영역에 속하면서 모두 이성을 잃어버렸습니다.

공부를 못했던 부모의 경우에는 이 마음이 훨씬 더 클 수 있습니다. 자기가 너무 잘 아는 감정이니까요. '공부를 못했기 때문에 창피한 청춘을 보냈다' '변변찮은 직업을 가졌다' '자랑스럽지 못하다'는 생각으로 내 자식만큼은 내가 겪었던 슬픔과 좌절, 수치심이나 열등감을 느끼지 않았으면 좋겠다고 생각하죠. 이것은 지극히 당연한 감정일 것입니다. 저도 그렇고 대부분 비슷비슷한 감정을 겪어 알고 있어요. 하지만 이 감정이 심하면 문제입니다. 심할수록 내가 느꼈던 감정을 아이에게 전가하니까요.

사람은 자신의 경험을 벗어나기가 참 어렵습니다. 따지고 보면 저희도 경험한 만큼 생각하고 행동하고 육아한 것이었어요. 사교육이 내 아이의 공부를 잘하게 만들지 않는다는 걸 확실히 알고 있던 이유도 있지만, 다양한 삶의 방식을 수두룩하게 보면서 생각하고 느꼈던 것들이 적잖은 영향을 주었습니다. '행복한 삶이란 결국 어디에서 비롯되는가'에 대해 수많은 이야기를 나누었고 우리의 육아 방향도 그 렇게 흘러갔습니다. 목표에 대학 간판은 있지 않았습니다. 다만 행복 한 삶을 위해서는 책임감과 성실함, 배려와 공감, 도덕심과 자긍심, 가족의 깊은 유대감이 꼭 필요하다는 것은 알았어요. 또 무엇보다 가 장 중요하게 생각했던 건 노력을 기울일 수 있는 사람이 되는 것이었 기에, 아이에게 그것을 가르치기 위해 최선을 다했습니다. 그것에 매 진한 결과로 아이가 공부를 잘하게 된 건 사실 어찌 보면 놀랍지 않은 필연적인 결과일지도 모르겠어요.

공부 못했던 부모의 마음으로 다시 돌아와 봅니다. 공부를 못했던 부모는 자신을 힘들게 한 공부에 감정이 좋지 않습니다. 그리고 자신 의 경험과 다르게 생각하는 건 어려운 일이라 내 아이도 비슷할 거라 고 생각해요. '나에게도 공부에 투자해 주고 강제로라도 공부를 시키 는 부모님이 있었다면 좋았을 텐데' 하는 생각에서 벗어날 수 없고, 그래서 아이에게 일찍부터 공부를 강요합니다. 하지만 슬프게도 그 러면 그럴수록 공부를 대하는 아이의 마음 또한 나빠질 수밖에 없고, 부모님과 크게 다르지 않은 과정을 겪게 됩니다.

공부 감정을 망치지 않으려면 공부가 재미있다고 느껴야 합니다. 공부는 즐거운 것, 재미있는 것, 내가 할 만한 것, 해낼 수 있는 것, 해 내야 하는 것이 되어야 합니다. 이 말을 들으면 공부에 감정이 나빴던 부모님들은 '공부가 즐겁고 재밌을 수 있어?'라고 생각할 수도 있어요. 하지만 배움은 재미있습니다. 특히 처음에는 뭐든 다 재미있죠. 영어도 처음 배울 때는 얼마나 재미있어요? 수학도 역사도 악기도 처음에는 다 재미있습니다. 그리고 자기가 원해서 하는 공부라면 훨씬 더 재미있고요.

강요 안 하면 공부 안 할 거 같죠? 아니에요, 합니다. 점점 어려워지는 공부를 잘하기 위해서는 공부에 대해 좋은 감정을 가지고 있어야 해요. 최소한 시작이 나쁘지는 말아야죠. 그래서 가장 주의해야 하는 건 초등 때 공부에 질리면 안 된다는 겁니다. 첫 시작부터 공부에 싫은 감정이 잔뜩인 채로는 점점 어려워지는 중고등 공부를 잘 해낼 수가 없어요.

공부를 못했던 부모는 마음만 그러한 게 아니고 공부를 어떻게 해야 하는지 방법도 잘 모릅니다. 학년이 올라갈수록 더 그렇죠. 그래서 남들의 말에 훨씬 더 귀를 기울이게 됩니다.

그런데 문제는 학원의 뺀지르르한 말을 너무 신봉한다는 것과 공부를 잘했는지 못했는지 모르는 다른 엄마들 이야기를 너무 많이 듣는다는 거예요. 아이를 잘 키운 선배 학부모의 말도 아니고, 지금 나와 비슷한 처지인 사람들의 근거 없는 말을 계속 듣고 휩쓸립니다. 무차별적인 말의 홍수 속에서 가짜를 식별할 판단력이 없다는 게 공부 못했던 부모의 큰 약점이에요. 들려오는 말 중에 틀린 말은 하나도 없는 것처럼 느껴져서 아이를 데리고 여기 갔다가 저기 갔다가 바삐 움직입니다. 그사이에 아이의 공부 감정은 걷잡을 수 없이 나빠지고, 이랬다저랬다 일관성 없는 부모를 신뢰하지 않게 됩니다.

저는 배낭여행자니 여행을 예로 들어볼까요. 우리 가족이 특히 사랑하는 인도는 무척 복잡해서 어디를 가도 정신이 쏙 빠지고 맙니다. 그래도 저희는 인도를 여러 번 다녀왔기 때문에 그곳을 아주 잘 압니다. 그래서 누군가가 인도에 가겠다고 하면 아주 많은 이야기를 들려줄 수 있고, 주의해야 할 점도 세세히 알려줄 수 있어요. 인도인과 잘 흥정하는 방법이나 사기당하지 않는 법, 헷갈릴 수밖에 없는 골목과 지름길을 알려줄 수도 있습니다. 알려지지 않은 기막힌 장소도 알지요. 한마디로 우리는 인도 여행을 아주 잘 안내할 수 있습니다.

반면에 인도를 동경하지만 가본 적이 없는 사람이 있습니다. 그런데 인도를 너무 좋아하니까 자기가 가이드를 할 수 있다고 착각합니다. 이런 사람을 따라서 인도에 가면 어떻게 될까요? 하루에도 수십 번씩 길을 헤매고 비싸고 맛없는 음식을 먹게 될 겁니다. 매번 사기를 당하고 위험에 빠지는 형편없는 여행을 하게 됩니다. 자칫 목숨까지 위협당할 수도 있죠.

같은 이야기입니다. 공부를 못했던 사람은 아이의 공부 가이드가 될 수 없습니다. 잘 해낼 수 없습니다. 공부 못했던 부모는 우선 이 점을 인정해야 합니다. 그것이 시작입니다. 잘 모르는 걸 코치하려 들면 안 됩니다. 갔다 온 사람과 엇비슷하게 알려줄 수 없다면 안 하는 게 낫습니다.

그럼 어떻게 해야 할까요? 공부해야죠. 직접 가볼 수 없다면 다녀온 사람들의 글이나 영상을 아주 많이 보고 각종 지도와 구글 어스(위성 사진을 이용한 세계지도 서비스)를 보면서 길을 세세히 익히는 수밖에 없습니다. 오래 걸리겠지만 그렇게라도 간접 경험을 쌓고 계속 공부해야 합니다. 그러면 직접 다녀온 사람만큼은 아니어도 동경하기만 했던 시절과는 아예 다른 사람이 되어있을 거예요.

공부 못했던 부모가 할 일은 공부밖에 없습니다. 이제라도 전력을 다해서 공부해야 해요. 책이나 유튜브에 훌륭한 자료가 많이 있습니다. 아이를 키우는 동안 꾸준히 진심으로 공부해야 합니다. 아이가 어릴 때는 그 시기에 맞는 육아 지식을 배우고 부모가 지녀야 하는 마음에 관해서 공부해야 합니다. 아이가 커나가면서부터는 공부란 어떻게 하는 것인지, 과목별로 어떻게 공부하는 게 효율적인지, 교육 과정과 입시에 관한 것까지도 다 공부해야 합니다. 부모가 잘 알아야 해요. 그래야 달콤하지만 그른 말과 불안을 조장하는 말을 들었을 때 그 말을 판단할 수 있습니다.

옳은 선택을 하는 것이 가장 중요한데, 옳은 선택은 공부를 통해 내가 아는 만큼만 가능합니다. 항상 잘못된 선택을 하는 사람들이 있습니다. 공부하지 않아서 그래요. 늘 마음만 급하죠. 어떤 수업이 좋다는 말을 들으면 그것이 과연 내 아이에게도 좋을지 고민하지 않습니다. 오로지 '그 수업이 마감되면 어떡하나' 하는 생각뿐이라 고민과 판단 없이 선택하고 맙니다. 듣는 이야기를 모두 일반화하고, 심사숙고하지 않습니다. 항상 성급한 판단과 후회의 물레방아를 돕니다. 아이가 그 물레방아에 끼어 고통받는다는 사실은 까맣게 모른 채 말이에요.

명백한 사실은 공부하는 만큼 더 나은 판단을 하게 된다는 겁니다. 하지만 안타까운 점은 공부 못했던 부모는 부모로서 응당 해야 하는 이 공부가 어렵다는 거예요. 단단히 작정해도 작심삼일이 되는 일이 많습니다. 유일한 대안은 부부가 함께 공부의 필요성을 확고하게 인식하고 서로를 붙들고 늘어지는 것뿐입니다. 서로를 독려하고 서로를 감시해야 해요. 아이를 위해서 지치지 말고 함께 공부해야 합니다. 아이가 기울이는 노력의 절반이라도 노력해야죠. 다들 그것도 안 합니다. 그러면서 자녀에게 노력을 말할 수 있습니까?

상위권 아이들의 부모는 엄청나게 공부하고 노력합니다. 그것을 아셔야 해요. '공부를 어떻게 시켜야 잘할까' 하는 공부가 아니라 더 좋은 부모, 더 좋은 사람이 되기 위한 공부를 놓지 않아요. 바쁜 건 다 마찬가지입니다. 운전하면서도 설거지하면서도 오디오북을 듣습니다. 티브이 볼 시간에 강의 듣고, 스마트폰 대신 책을 봅니다. 공부 잘했던 부모는 계속 공부하면서 더 많은 격차를 벌리고 있습니다. 물론 새로운 교육 과정도 배우고 내 아이에게 적용할 수 있는 부분이 있는지도 늘 살핍니다.

이런 이야기를 들으면 바로 포기하고 싶죠. '아이가 이미 공부를 잘하는데도 부모가 그렇게 계속 공부한다니, 그렇다면 난 어차피 안 되겠네' 하는 마음이 든단 말이에요. 그것이 바로 공부 못했던 부모가 보이는 패턴입니다. 조금만 불리할 것 같으면 노력하지 않아요. 당연히 아이가 그대로 배우겠지요? 내가 노력할 부분이 있다는 것을 다행으로 생각하고 노력을 기울여보세요. 실천하세요. 그것이 격차를 줄일 수 있는 유일한 방법입니다.

사실 이 글은 공부 잘하는 부모와 공부 못하는 부모에 관한 글이 아닙니다. 제가 말하려던 건 노력할 수 있는 부모와 노력할 수 없는 부모에 관한 거였어요. 물론 성적과 노력은 매우 밀접한 관계지만, 공부를 잘했다는 결과는 노력 하나로만 이룰 수 있는 건 아니니까요. 성적에 상관없이 학창 시절에 노력을 기울이며 성실하게 보냈느냐, 책임감이 있었느냐가 중요합니다. 이것이 핵심이에요. 이런 사람이라면 훌륭한 부모일 거고 걱정할 게 없습니다. 노력이 필요할 때는 얼마든지 노력할 수 있는 사람이기 때문이에요. 힘든 육아의 과정에서도 아이를 위해서 노력할 수 있고, 아이를 위해 필요한 공부를 할 수 있습니다.

문제는 노력할 줄 모르는 부모, 노력하기 싫어하는 부모입니다. 학창 시절에 노력하지 않은 부모, 주어진 책임을 해내지 않은 부모, 그래서 여전히 노력을 기울일 줄 모르는 부모, 노력을 믿지 않는 부모는 노력의 필요성이 크게 드러나도 노력하는 게 매우 어렵습니다. 그래서 번번이 문제에 봉착하지요. 하지만 문제를 해결할 다른 방법은 없습니다. 공부하고 노력하는 수밖에 없어요. 그러니 이번에야말로 정면 돌파의 기회입니다.

그놈의
노력 타령

옛날부터 노력에 대한 뿌리 깊은 신뢰가 있었습니다. 노력하면 못 할 게 없다는 거지요. 제가 어렸을 때도 어른 아이 할 것 없이 '머리는 좋은데 노력을 안 한다'는 말들을 많이 했습니다. 지금도 다르지 않아서 부모님들은 툭하면 '우리 애가 노력을 안 해서'라고 말합니다. 아이들도 '이번에는 노력이 좀 부족했다'면서 자신을 탓합니다. 아이들이야 본인의 노력이니 그리 말할 수 있다 해도 부모님까지 자녀의 노력을 좀체 인정해 주지 않습니다. 노력하면 성과가 나오는 것을 당연하게 생각하기 때문인 것 같아요. 그래서 만족스럽지 않은 결과를 보면 아이의 노력부터 비난합니다.

우리는 노력을 마음만 먹으면 할 수 있는 만만한 것으로 보는 경향이 있습니다. 그러니까 그렇게 노력 타령을 하는 거죠. 하지만 노력은 어렵고 힘든 거예요. 우리가 이미 아주 잘 알듯이 절대 마음 같지 않습니다. 노력을 사전에서 찾아보면 '목적을 이루기 위해 몸과 마음을 다하여 애를 쓰는 것'이라고 나와있습니다. 몸과 마음을 다해 애쓴다니, 무척 어렵겠죠. 절로 될 리가 없습니다. 어렸을 때부터 매사 노력하는 부모님을 보면서 배워야 해요. 귀찮고 힘들고 어려운 수많은 순간마다 노력하는 마음과 노력을 기울이는 방법을 조금씩 배우고 익혀야 필요할 때 노력할 수 있는 사람이 됩니다.

노력의 정도는 차치하고 '노력을 기울일 수 있는 사람'이 되는 것이 굉장히 중요합니다. 노력하는 마음과 방법을 잘 배우지 못하면 필연적으로 노력할 수 없는 어른이 되는데요. 노력할 수 없는 어른은 학창 시절에 겪은 난관과는 비교할 수 없을 정도로 사사건건 발목이 붙들립니다. 어른이 되면 노력을 기울여야 하는 일이 광범위하게 늘어나는데, 그때마다 제대로 되는 게 없는 상황을 계속 맞닥뜨리며 곤란을 겪습니다. 그런데 노력을 기울이는 게 너무 어렵고 힘드니까 그때마다 계속 핑계를 찾지요. 그러면서 스스로에 대한 자괴감을 계속 느끼게 되는데, 이는 어렸을 때의 낭패감은 아무것도 아닌 수준입니다. 그러니 가장 무서운 건 노력할 수 없는 어른으로 자라는 것입니다. 자녀에게 노력의 가치를 반드시 가르쳐주어야 하는 이유입니다.

아이들도 노력에 관한 이야기를 너무 많이 듣고 자라서 노력이 중요한 줄 아주 잘 압니다. 노력해야 한다는 걸 알고, 정말 노력하고 싶어 해요. 하지만 노력을 기울일 수 없는 상황이 있습니다. 아이가 게으르거나 결심을 안 해서 노력하지 않는 게 아니고 마음은 하늘 끝까지 닿아있음에도 노력이 힘든 상황이 있어요.

가장 큰 이유는 학습 결손 때문입니다. 학습 결손은 정말 무서운 거예요. 공부의 어딘가에서 구멍이 생겼는데 그것을 모르거나 혹은 아는데도 미루거나 낙관하고 지나치면 다음 단계부터는 가시밭길입니다. 갈수록 어려워지는 공부를 따라갈 수 없고, 그러면 노력을 기울일 동력을 잃어버리게 돼요. 노력은 효용이 있으리라는 기대가 있어야 기울일 수 있습니다. 도달할 수 없는 것에는 노력을 기울일 마음이 사라져요.

예를 들어 저에게 목표 체중 60kg을 제시하면 저는 노력을 기울여 달성할 수 있을 겁니다. 하지만 아무리 큰 상금이 걸려있대도 50kg이 목표라면 저는 시도조차 하지 않고 포기할 거예요. 목표라는 것은 내가 애를 썼을 때 도달 가능한 영역에 있어야 합니다. 그래야 노력할 수 있어요. 학습 결손이 차곡차곡 쌓여서 노력을 기울일 수 없는 상태가 되지 않도록 챙기는 것이 중요합니다.

노력에 대한 감정 또한 매우 중요합니다. 노력에 대한 감정이 나쁘면 당연히 노력하기 싫어지는데, 감정이 나빠지는 절대적인 이유는 노력을 인정받지 못했기 때문이에요. 부모님이 노력에 대한 부분은 싹 무시하고 결과만 중시하면 노력에 대한 감정이 나빠집니다. "네가 노력을 했으면 이 점수가 나오니?" 이런 식으로 아이의 노력을 비난합니다. 인정은커녕 비난을 받았는데 앞으로 노력할 마음이 들까요?

저는 항상 과정을 보려고 노력합니다. 결과가 좋았대도 과정에서 마땅치 않은 부분이 있다면 짚고 넘어가고, 결과가 별로일 때도 과정에서 노력을 기울였다면 칭찬해 줍니다. 언제나 과정이 결과에 앞선다고 말하고 그걸 저도 진심으로 믿어요. 그래서 언제나 아이의 노력을 알아줍니다.

노력을 알아준다는 건 정말 중요한 거예요. 예를 들어 제가 밑반찬을 세 가지나 만들었는데 식구들이 아무 말도 없다면 그것만으로도 서운한 마음이 들겠죠. 그런데 맛이 별로라는 말까지 한다면요? 다시는 시간 들여서 반찬을 만들고 싶지 않을 거예요. 내가 듣고 싶었던 말은 "이거 만드느라 고생했겠다"라는 한마디였습니다. 내 노력을 알아만 줘도 되는 거였단 말이에요. 두 시간이 걸린 노동에서도 노력을 인정받고 싶은 게 사람입니다. 화장실 청소만 해도 그걸 가족이 알아줬으면 싶잖아요. 그러니 아이들은 오죽하겠습니까. 항상 아이의 노력을 먼저 알아주고 인정해 주고 칭찬해 줘서 아이가 노력에 대해 좋은 감정을 가질 수 있도록 해주어야 합니다.

어른들은 아이들의 노력을 평가절하 하는 경향이 있습니다. 그걸 가장 잘하는 사람은 부모고요. 남의 아이한테는 그러지 않으면서 내 아이한테는 유독 모질게 말하죠. 공부를 가장 잘하고 싶은 사람은 아이예요. 아이들도 그 가치를 알고 그 마음을 절절하게 가지고 있어요.

하지만 노력하는 거 정말 어렵습니다. 어른인 우리도 마음먹은 대로 못 하고 안 되니까 새해마다 항상 같은 다짐과 계획을 세우잖아요. 그러니 아이들이 노력하다 주저앉는 걸로 비난하지 마세요. "너 그럴 줄 알았다" "웬일로 며칠 하나 했다" 이런 식으로 비난하면 그대로 주저앉고 자신에 대한 신뢰마저 잃어버립니다.

다시 일어나서 노력할 수 있게, 힘낼 수 있게, 마음을 다잡을 수 있도록 이야기해 주세요. "한번 마음먹은 걸로 끝까지 해내는 사람은 없어. 매번 또 다짐하고 다시 시작하는 거야. 어른들도 다 그래." 어떤 말이라도 건네서 다시 노력을 기울일 수 있게 도와야 합니다.

노력 타령을 하기 전에 노력하는 태도와 방법을 가르쳐주었는지, 노력을 기울일 수 있도록 목표 설정이 잘 되어있는지, 학습 결손은 없는지, 노력을 인정해 주었는지 먼저 따져보세요. 그리고 자녀의 노력을 평가하기 전에 자녀가 바라보는 부모로서의 내 모습은 어떤가를 먼저 들여다보길 바랍니다.

아이가 볼 것을 생각해서 짐짓 이런 척도 해보고 저런 척도 해봅니다만 함께 사는 가족이다 보니 '척'에는 한계가 있어요. 내가 가족에게 어떤 모습을 보여주고 싶다면 실제로 그런 사람이 되어야만 하죠.

내가 보여주고 싶은 모습으로 진짜로 변하는 수밖에 없습니다. 그래서 좋은 부모가 되는 건 장기적으로 꾸준한 노력이 필요한 어려운 미션이라고 볼 수 있습니다. 그런데 '장기적'이라는 장벽 앞에 서면 이미 부정적인 마음이 자리 잡습니다. 고작 "책 읽는 모습을 보여주세요" "아이 앞에서 스마트폰만 보지 마세요" 이런 것도 못 지켜요. 그러면서 아이는 기나긴 학창 시절 내내 공부 외길만 걷길 바랍니다.

아이에게 노력을 요구하기 전에 부모부터 노력하는 삶을 살아야 합니다. 그것이 중요합니다. 내가 먼저 좋은 부모가 되는 것이 순서입니다. 물은 방향을 거슬러 흐를 수 없으니까요. 공부를 잘하게 만드는 절대적 요소인 책임감, 절제력, 성실성, 태도, 노력 같은 것들은 부모로부터 아이에게로 전해집니다. 그러니 아이가 공부를 잘하지 못한다면, 우선 나의 모습과 나의 노력을 먼저 되돌아보는 게 순서입니다.

부모가 어떤 일이든 매번 성실하게 하는 모습, 책임을 다하는 모습, 노력해서 성취해 내는 모습을 본 아이는 대체로 부모와 비슷하게 자랍니다. 약속하면 약속을 지키세요. 부모로서 마땅히 해야 하는 걸 성실하게 하세요. 매번 약속도 어기고, 책임을 미루고, 결심하는 것들도 전부 지키지 못하고, 하기 싫어서 미루고 미루다 겨우 대충 하는 부모를 본 아이는 자기가 해야 하는 공부나 과제뿐 아니라 모든 상황을 대하는 자세가 그럴 수밖에 없습니다. 아이들은 보고 배운 그대로 행동합니다.

부모의 역할을 제대로 하는 건 힘듭니다. 노력이 필요한 일이니까요. 대충 키워도 잘만 자란다는 말은 고민과 공부 없이 대충 키운 사람만 할 수 있는 말이죠. 제대로 해내기 위해 몸과 마음을 다해 애쓴 사람에게서는 절대로 나올 수 없는 말입니다.

그동안의 노력이 부족했다고 느껴진다면 오늘부터 기쁜 마음으로 아이들과 함께 공부하고 노력해 볼까요. 더 나은 사람, 좋은 부모, 괜찮은 어른이 되려는 노력을 우선 실천해 봅시다. 자녀를 향한 노력 타령은 그 이후에 하기로 하고요.

당신의 불안으로
먹고삽니다

서울역사박물관 앞에 〈한티마을 대치동〉이라는 커다란 전시 포스터
가 붙어있길래 궁금해서 들어가 본 적이 있습니다. '경기도 대치리'
가 '강남구 대치동'이 되고 사교육 1번가로 변모한 이야기가 담긴 흥
미로운 전시였어요. 학원이 언제부터 이렇게 많아졌는지, 그 이유가
무엇인지도 알 수 있었습니다.

　'대치동 학원가'라는 거리 이름까지 생겨버린 대치동에 학원이
성업하게 된 것은 1992년, 서울시교육청이 학기 중 학원 수강을 전
면 허용하기 시작하면서부터입니다(방학 중 중고생의 학원 수강 허용은
1989년부터입니다). 이듬해에 3호선 대치역 개통과 더불어 학생들이
더 몰리게 되었고, 이제 대치동은 대한민국의 학부모라면 모르는 사

람이 없는 지명이자 사교육의 대명사가 되었습니다.

우리 가족에게 대치동은 가볼 가능성이 가장 낮은 동네였습니다. 하지만 아이가 과학고에 합격하면서 말로만 듣던 대치동 학원가에 가보게 되었습니다(과고생을 위한 학원이 대치동에 있습니다). 최종합격자 발표 바로 다음 날부터 대치동에 있는 과학고 내신 학원의 설명회가 일제히 시작되었기 때문입니다.

대치동 학원가에 도착하자마자 학생들로 가득한 길거리와 학원 간판의 밀도에 굉장히 놀랐습니다. 저희는 눈이 휘둥그레져서 난생처음 육지 구경을 나온 문어처럼 서로 "저기 봐" "여기 뭐야?" 하면서 팔을 휘두르고 다녔어요.

대치동은 식당도 학생들로 가득했습니다. 식사 시간 학원가의 식당은 순식간에 만석이 되었어요. 합석은 당연한 듯 이루어졌고, 흐름이 막히지 않도록 모두 군더더기 없이 효율적으로 움직이더군요. 열 살이나 되었을까 싶은 아이조차 혼자 주문하고 식사하고 마무리하는 모습이 저보다 능숙해 보였습니다. 카페도 사정은 마찬가지였습니다. 카페 안은 공부하는 학생들로 가득 차 있었어요. 학원과 학원 사이의 시간에 카페에서 숙제도 하고 공부도 하는 거였습니다. 그러고 보니 건물 사이사이마다 스터디카페도 우후죽순 성업 중이었어요. 우연히 듣기로는 지방의 일부 학생들은 주말이면 대치동에 와서 스터디카페에서 쪽잠을 자며 학원 수업을 듣는다고 했습니다. 실제로 듣고 본 현실은 훨씬 더 거대하고 치열하고 잔혹하였고, 어떤 면으로는 장엄했습니다.

　놀라 벌어진 턱을 추스르고 설명회에 들어갔습니다. 우리도 이제는 대치동 학원을 이용해 볼 때가 되었다면서 정말이지 활짝 열린 마음으로 참석했어요. 그런데 설명을 들을수록 알쏭달쏭해졌습니다. 아무리 과학고 수업이 무시무시하게 빠르고 어렵다지만 학원이 꼭 필요할지에 자꾸만 의문이 들었습니다. 웬만하면 학원에 다녀보자는 마음으로 갔는데도 그랬습니다. 공부 걱정이 클 아이마저도 설명회를 나오면서 학원의 효용에 대해 의문을 내비쳤습니다. 아이의 결정에 영향을 주지 않기 위해서 저는 아무런 내색도 하지 않았는데 말이죠.
　며칠 동안 선배 학부모들의 의견도 구하고 셋이 머리를 맞대고 상의한 끝에 수학 한 과목만 다녀보자고 결정했습니다(대부분은 네댓 과목, 최대 여덟 과목까지도 다닙니다). 그리고 몇 주 후, 문의할 사항이 있어서 처음으로 학원의 상담실장과 대면하게 되었습니다. 이야기 끝에 수학 한 과목만을 수강한다는 것을 알게 된 실장은 말 그대로 자리에서 튀어 오를 정도로 놀라더군요. 실장은 지금 얼마나 큰일이 난 줄 아냐면서 얼른 과학 과목들을 수강해야 한다고 긴 설명을 이어갔습니다. 저는 아이와 상의해서 내린 결정이고 입학 후 필요하면 수강하겠다고 말했지요. 제 말을 들은 상담실장은 단호한 표정으로 이렇게 말했습니다.

"겨울방학이 끝날 때쯤 어머님은 반드시 후회하실 겁니다."

　대한민국의 교육에서 학원은 압도적인 승자가 되었습니다. 학교와의 싸움에서도, 학부모와의 싸움에서도요. 학원이 단기간에 권력을 손에 쥐게 된 까닭은 학부모의 취약점인 불안감을 칼처럼 휘둘렀기 때문입니다. 부모에게 가장 소중한 존재를 볼모로 잡고 그 아이들의 미래를 운운하면서 세력을 확장했습니다.

　학원의 목적은 당연히 돈입니다. 내 아이의 성장이나 성적 향상을 최우선으로 삼지 않아요. 하지만 학원 운영과 아예 무관하지는 않기 때문에 관리는 합니다. 학원의 관심은 다니던 학생을 계속 다니게 하는 것, 관두려는 부모의 마음을 돌리는 것, 등록을 주저하는 부모를 설득해서 등록하게 만드는 것, 그리고 잘하는 학생이 계속 다닐 수 있도록 붙들어 놓는 장치를 마련하는 것에 있습니다.

　학원은 문을 열고 들어오는 학부모의 눈빛과 발걸음만 봐도 어떻게 공략할지 안다는 이야기를 들었어요. 대형학원일수록 학원 상담실장들의 공세 실력이 만만치 않다고 하더라고요. 학부모에 따라 건네는 말은 다양하겠지만 공통된 점은 불안감을 심고 경쟁심을 건드린다는 것입니다. 학부모가 불안감을 내비칠수록 더더욱 그러합니다. 또 규모가 클수록, 레벨을 나누는 곳일수록, 명성이 더 자자할수록 학원은 부모의 불안으로 먹고삽니다.

"너무 늦었어요" "이미 다른 애들은 여기를 합니다" "빨리 따라잡아야죠" "왜 여태 안 시키셨어요?" "지금 당장 시작하지 않으면" "지금 거의 다 찼거든요" 이런 말들로 학부모의 불안을 부추기고, 경쟁심을 자극하고, 마음을 조급하게 만듭니다. 당신의 아이는 이미 늦었고, 다른 아이들은 벌써 여기를 하고 있으며, 지금 등록하지 않으면 내일은 자리가 없을지도 모른다는 걸 모든 말에 녹여냅니다. 어떻게든 등록시키고 말겠다는 의지가 너무 티 나지 않습니까?

내 아이를 잘 알고 있으면 학원에서 어떤 말을 한들 그들의 술수는 통하지 않습니다. 제가 만난 상담실장도 저한테 '반드시'라는 극단적인 단어를 감히 썼지만, 저는 미풍의 털끝만치도 마음이 흔들리지 않았습니다. 왜냐하면 저는 아이를 잘 알고, 그 사람은 제 아이를 전혀 모르니까요. 누가 더 잘 알겠습니까? 누가 더 고민하겠습니까? 누가 더 심사숙고해서 판단할까요? 이건 아예 상대가 안 되는 겁니다.

내 아이를 통해 돈을 버는 것이 목표인 학원의 말은 비판적으로 듣고 생각해야 합니다. 무조건 못 믿겠다는 마음을 가지라는 게 아니고, 급하게 생각하지 말라는 거예요. 일단 집에 돌아와서 몇 날 며칠 심사숙고해 본 후에 결정해도 늦지 않습니다. 급한 건 학원이지 부모가 아닙니다. 항상 마음의 여유를 가지고 고민하세요. 당장 어떤 수업을 듣지 않는다고 뒤처지지 않습니다. 그렇게 급한 마음으로는 어떤 것도 되지 않아요. 다른 아이들이 아는지 모르는지, 잘 이해했는지 그냥 넘어갔는지 알 수도 없는 진도는 내 아이와 아무런 상관이 없는 일입니다. 이런 걸 단단하게 알고 있어야 학원에 휘둘리지 않고 내 아이를 위한 바른 선택을 할 수 있습니다.

최소한 내 아이에게 늦었다고 말하면서 불안을 조장하는 학원은 피해야죠. 아직 초등학생이나 중학생밖에 안 된 아이들에게 얻다 대고 늦었다고 합니까? 아이를 지극하게 사랑하고 걱정하는 마음을 그들이 이용하게 하지 마세요. 내 아이를 잘 모르는 사람들의 무책임한 한마디에 휘둘리지 마세요. 내 아이의 일을 다른 사람들의 말로 급히 결정하지 마세요. 내 아이에게 가장 좋은 방법과 방향을 심사숙고하세요. 결정은 우리가 하는 겁니다.

보석을
발견하는 과정

중학교 입학을 앞두고 제 아이도 드디어 영어 공부를 시작하기로 했습니다. 영어를 혼자 할지 전문가의 도움을 받을지 고민하다가 우선 학원에서는 어떻게 가르치는지 알아보기로 했습니다. 저 혼자 판단하기엔 중요한 문제라, 맘먹고 남편과 함께 집 근처의 영어학원을 모두 방문했어요. 그런데 모든 학원이 한결같이 달달 외운 듯한 말만 장사꾼처럼 쏟아냈습니다. 언제까지 영문법을 끝내고 수능 대비를 시작할 수 있는지, 중학교 내신 대비를 얼마나 잘하는지, 공부 잘하는 학생을 몇 명 보유하고 있는지 같은 것들이었죠. 내 아이의 실력이나 상황에는 관심이 없어 보였어요. 며칠 동안 여러 학원에 방문했지만 모두 마땅치 않아 적잖이 실망했습니다.

그리고 얼마 후, 집 바로 근처에 작은 영어 교습소가 변변한 간판 하나 없이 문을 열었습니다. 혹시나 하는 마음에 가보았다가 선생님과 꽤 많은 이야기를 나누었는데요. 선생님은 10년이 넘는 경력 동안, 초등 내내 영어학원을 다니지 않은 아이는 처음 보았고, 엄마와 아빠가 함께 와서 상담한 것도 처음이라며 호기심을 보이셨지요.

　저희가 유명하거나 큰 학원을 마다하고 이 작은 교습소를 선택한 이유는 공부에 관한 선생님의 생각이 우리 부부와 매우 비슷했기 때문입니다. 코로나19 때문에 교습소를 가다 쉬다 했지만, 어쨌든 중학교 3학년 1학기 기말고사 전까지 아이는 2년 넘게 그곳에서 영어 공부를 했습니다. 워낙 작은 곳이라 한 반에 서너 명이 전부였지만 그곳은 자신의 수준에 알맞은 교재와 자신의 습득 속도대로 공부할 수 있는 곳이었어요.

　학군지에 사는 제 친구는 이제라도 영어 공부를 시작해서 다행이라며 가슴을 쓸어내리더니 한 달 교습비가 15만 원이라는 사실을 듣자마자 표정이 바뀌었습니다. 그렇게 저렴한 곳에서 잘 가르치겠냐는 거였습니다. 또 규모는 둘째 치더라도 레벨도 나누지 않고 강의도 안 하는데 혼자 하는 것과 무슨 차이냐며 대체 어느 세월에 진도를 따라잡겠냐고 목소리를 높였습니다. 저는 제 친구가 못마땅해하는 그 모든 점 때문에 그곳을 선택한 것이었는데요.

　처음 영어를 배우는 아이는 당연히 초등 영어 교재로 시작했습니다. 그건 너무 당연한 거라서 저도 아이도 선생님도 아무렇지 않았어요. 이미 중학생의 나이가 되어서인지 초등 과정은 생각보다 금방 끝났습니다. 그리고 반년이 좀 지날 무렵에는 몇 년 동안 배웠다는 아이들과 같은 교재로 공부하게 되었습니다. 그걸 보면서 인지 발달에 맞추어 공부하는 것의 효율에 대해서 아주 많은 생각을 하게 되었어요.

그리고 또 하나 주목할 만한 점은 다른 아이들은 이미 영어가 너무 지겨운 상태가 되었다는 겁니다. 최소한 초등 2~3학년부터 영어를 공부했기 때문에 단어 외우기와 문법, 독해, 듣기평가 등 모든 것에 이미 단단히 질려있었습니다. 영어 공부를 시작할 때 백지상태나 다름없던 아이는(name의 스펠링도 모르는 상태였습니다) 중학교의 모든 영어 시험에서 100점을 받았습니다. 중학교 시험이 쉬운 까닭도 있었겠지요. 하지만 상황이 이렇다면 영어를 벌써 몇 년째 공부하는 아이들은 훨씬 더 수월하게 100점을 맞아야 말이 됩니다. 이 사례를 말씀드리는 이유는 이미 흥미가 떨어지고 질려있다는 건 생각보다 꽤 큰 걸림돌이 된다는 사실을 말하고자 함입니다.

중학생이 되었으니 수학 공부도 본격적으로 해야 했습니다. 수학은 혼자 할 것이었는데, 구멍이 있는지 확인하기 위해 초등 6학년 말에 기본 문제집을 사서 단원평가를 쭉 풀게 했어요. 구멍이 있다면 중학생이 되기 전 겨울방학 동안에 충분히 극복할 수 있을 테니까요. 수업을 잘 듣고 교과서로 착실하게 공부했던 아이는 구멍이 없었습니다. 그래서 중학생이 됐을 때 진도를 맞출 수 있었어요.

중학교 1학년부터는 학교 진도에 맞추어 문제집도 풀었습니다. 수학만큼은 기본 문제집과 더불어 심화 문제집도 장만했어요. 깊이 파야 하니까요. 채점은 제가 해주었는데 틀린 문제를 다시 풀어볼 기회를 무한히 제공했습니다. 급할 게 없으므로 시간을 충분히 쓸 수 있었어요.

틀린 문제는 다시 풀면 곧잘 맞추었지만, 심화 문제집의 경우에는 다시 봐도 모르는 경우가 있었습니다. 그럴 때는 제가 힌트를 줬어요. 아이가 바로 해설지를 보고 해결하는 일은 절대 없었습니다. 힌트는 제가 수학을 잘해서 준 건 아니었고, 답안지의 해설을 천천히 읽어주는 방법을 사용했어요. 그러면 아이가 멈추라는 지점이 있습니다. 힌트를 얻은 거죠. 그게 답지의 첫 번째 줄일 때도 있고, 두 번째 줄일 때도 있습니다. 힌트를 얻어 수월하게 풀 때도 있고, 하다 막혀서 몇 번이나 힌트를 요구할 때도 있어요. 그러면 또 그다음 줄을 읽는 것으로 힌트를 줍니다. 시간이 얼마가 걸리든 결국 정답을 찾게 되는데 그러면 하이 파이브도 하고 함께 기뻐했죠.

고민한 시간과 아이의 기쁨은 비례했습니다. 문제를 붙들고 고민하는 시간을 당연하게 여기는 마음을 배우는 게 가장 중요했기에 저 또한 이 과정을 즐겁게 이끌어가려 노력했습니다.

틀린 문제를 고민하고 붙들고 늘어져서 끝내 답을 구하는 이 과정이 깊게 파는 과정이고 보석을 발견하는 과정입니다. 그리고 이 과정에서 사고력이 발달합니다. 사고력은 사고력 수학 문제집을 풀어서 길러지는 게 아니고, 어려운 문제를 깊이 고민하고 방법을 생각해 내는 과정에서 길러집니다. 이렇게 길러낸 사고력 덕분에 대비 학원 없이 어려운 과학고 시험 문제를 풀어낼 수 있었다고 생각해요. 끝내 풀어내는 집념과 근성도 대단하지만, 그래서 결국 답을 찾았을 때의 성취감은 또 하나의 진귀한 보석입니다.

그런데 학원에서는 이러고 있을 시간 자체를 주지 않지요. 아이들이 찾아야 하는 보석에는 별로 관심이 없습니다. 만약 그렇게 하는 학원이 있다면 진도가 느리다는 원성에 금세 망하고 말 거예요. 그렇다고 집에서도 오래 고민할 상황이 안 됩니다. 같은 문제를 몇십 분째 들여다보는 아이를 보면 잔소리하는 부모님이 많지 않을까요? 오늘 겨우 이거 풀었냐고 다그치지 않을까요? 부모님이 그러지 않는다고 해도 학원에 다니면 애초에 숙제 때문에 그럴 시간이 없지만요.

조금 더 잘해보고자 시작한 공부인데 보석을 발견할 수 없는 방법이라면 너무 안타깝지요. 다른 과목도 마찬가지입니다. 급한 마음 없이 제대로 공부하는 게 보석을 발견할 수 있는 길이에요. 자기가 관심 있는 것은 깊게 파고들면서 많은 생각을 해보는 과정 자체가 보석입니다.

다시 제 아이의 수학 공부에 대해 말씀드립니다. 학교 진도에 맞추어 시작하고 깊게 파면서 천천히 간다고 해도 방학이 있으므로 1년이 지나면 학교 진도보다 앞서게 되어있습니다. 그래서 중학교 1학년을 마칠 때는 중학교 2학년 1학기까지 진도가 나갔고, 중학교 2학년을 마치기 전에 중학교 수학이 끝났습니다. 상황이 이러하니 선행은 중학교 때부터 시작해도 충분하다고 누누이 말씀드리는 거예요.

그러던 어느 날 영어 교습소에 못마땅함을 내비치던 그 친구가 집에 놀러 왔습니다. 아이가 혼자서 풀었던 수학 문제집들을 보더니 "와, 이게 다 얼마야?"라고 하더군요. 무슨 말일까 어리둥절하고 있으니 친구가 "중학교 진도를 이렇게 빼려면 학원비가 얼마가 드는 줄 알아? 넌 진짜 돈 벌었다 돈 벌었어"라고 말하면서 고개까지 절레절레 흔들었습니다. 그리고 문제집을 넘겨 보더니 마지막 단계까지 전부 다 푼 거냐면서 놀라지 뭐예요. 당연하지 않냐는 제 말에 친구는 믿기 어려운 말을 했습니다. 어려운 마지막 단계까지 풀면 진도를 빨리 뺄 수 없으니까 그건 풀지 않고 넘어가는 학원이 많다는 겁니다. 모든 학원이 다 그렇진 않겠지만 많은 곳에서 얼마나 속도전을 하고 있는지는 알 수 있었죠.

아이가 혼자 공부해서 아낀 돈이 몇백인지 몇천인지 알 수는 없지만, 확실한 건 애가 똑똑해서 혼자 할 수 있었던 게 아니라는 겁니다. 또 부모가 공부를 가르칠 능력이 되어야만 아이가 학원 없이 공부할 수 있는 게 아니에요. 공부는 원래 혼자 하는 게 맞습니다. 누가 거듭 이해를 시켜주고 다그쳐야만 할 수 있는 게 아닙니다. 공부는 혼자 읽고 이해하고 외우고 적용하는 과정을 거쳐야 해요. 더 확실한 방법이 없습니다. 물론 교과의 특성에 따라 더 효율적인 방법이 있습니다만, 그것도 혼자 하는 방법 안에서 더 효율적인 방법입니다.

공부의 본질은 혼자서 하는 거예요. 그게 정론입니다. 누가 시켜서, 누가 이해시켜 줘서, 누가 여기까지 해야 한다니까 하는 학습은 효율이 높을 수가 없어요. 내가 개념을 읽고 이해하면 되는데, 누가 그 개념을 대신 읽어주면서 설명해 주는 걸 꼭 들어야만 이해가 될 거라는 생각이 잘못입니다. 그래서 아이들이 공부를 못하게 됩니다. 혼자서 개념을 읽고 이해하기 위해서 애써본 적이 없으니까요.

속도는 중요하지 않습니다. 빠른 속도로는 보석을 발견할 수 없는 걸요. 그럴듯해 보이지만 사실은 실속이 없는 것을 알아보고 구분해 내야 합니다. 내 아이가 보석을 발견하길 바란다면 어떻게 공부해야 하는지 부모가 먼저 공부해야 합니다. 그래야 쓸데없는 소모전을 하지 않고 효과적으로 이끌어줄 수 있습니다.

악의 축
영재원

각 시도 교육청 및 대학 부설 영재교육원의 인기는 날로 치솟는 것 같습니다. 학부모 카페를 보면 초등생 엄마들의 영재원 갈망이 대단합니다. 영재원에 보내려면 어떤 학원에 보내고 어떤 문제집을 풀게 해야 하는지 등의 정보교환이 굉장히 활발합니다.

그리고 실제로 자녀를 영재원에 보내고 있는 사람들의 글이 정말 많아요. 그래서 카페의 글을 읽다 보면 '내 아이만 영재원을 안 다니는 건가' '모두가 저렇게 고급 교육을 받는 건가' '내가 적극적으로 알아보고 준비시켰어야 하는 거였나, 이거 참 큰일이네' 싶은 생각이 절로 들 정도입니다.

우선 밝혀두자면 제 아이는 영재원에 다녀본 적이 없습니다. 과학고 합격 후에 영재원 관련 질문을 많이 받았는데요. 초등과 중등 내내 영재원에 다녀본 경험이 전혀 없고, 영재라는 단어가 붙은 문제집을 풀어본 적도 없습니다. 초등 3학년 때부터 담임선생님들께 영재원 지원 권유를 받기도 했지만 시도하진 않았어요. 아이가 영재라고 생각하지 않던 이유가 가장 컸고, 장단기 여행을 많이 다녔기 때문에 토요일마다 정해진 일과가 생기는 것이 탐탁하지 않기도 했습니다. 물론 그곳에서 하는 활동과 배움에 욕심이 나지 않았던 건 아닙니다. 하지만 위의 이유와 더불어, 영재가 아닌 아이가 영재 타이틀이 붙는 활동을 한다는 게 꼭 장점이지만은 않겠다는 생각도 막연하게 들었어요.

그 무렵 제 주변 사람들의 자녀들도 하나둘 영재원에 발을 담그려 애썼고, 몇몇은 영재원 교육을 받게 되었습니다. 그리고 저는 그때도 지금도 영재원과 영재원 교육을 나쁘게 생각하지 않아요. 과학, 수학, 예술, 융합 영재들을 모아서 맞춤 교육을 하는 건 너무 좋은 일이지요. 하지만 이 일련의 과정에서 부모의 욕심이 너무 파고들었다고 보고, 그 때문에 문제가 생긴 경우도 심심찮게 보았기 때문에 우려의 마음이 있습니다.

자녀가 영재원에 다니길 희망하는 마음을 솔직하게 들여다보세요. 내 아이가 정말 영재거나 그 비슷하게 똑똑하고, 그래서 그에 맞는 교육을 받았으면 좋겠다는 생각으로 영재원 지원을 결정하기보다 내 아이가 공식적으로 '영재'라는 딱지를 받았으면 하는 마음이 더 크지는 않은가요?

내 아이가 영재고 그래서 영재교육을 받는다면 참 기쁠 것입니다. 아이의 수준에 맞는 교육을 받을 수 있다는 건 행운이죠. 하지만 '영재원을 다니는 내 아이'가 목적이 되는 경우 별의별 일들이 생깁니다. 영재원과 관련된 여러 사례를 보고 들었는데, 그중 대비되는 두 가지를 말씀드려 볼게요.

첫 사례의 아이는 담임선생님께 영재원 제안을 받고 도전한 경우인데요. 평소 과학 영역에 흥미가 있고 책도 많이 읽는 아이여서 흔쾌히 지원해 보기로 했답니다. 그런데 시험장에 갔다가 무척 놀랐다고 해요. 그곳은 티브이에서만 보던 수능 시험장의 축소판이었다는 겁니다. 몇 개의 특정 학원에서 나온 선생님들의 응원이 굉장히 경쟁적이어서 지인의 아이처럼 소속이 없는 경우엔 기가 죽을 정도였다고 하더군요. 이 아이는 영재원에 합격하여 매우 만족하며 공부했어요. 재밌다는 말을 입에 달고 살았다고 합니다. 중학생이 되어서도 영재원에 다니면서 즐겁게 활동하였고요. 그러면서 자연스럽게 과학고 진학의 목표를 세웠습니다. 영재원 활동이 날개를 달아준 케이스입니다.

두 번째 사례는 부모의 욕심이 두드러졌던 경우입니다. '영재원에 다니는 아이'가 목적이었던 엄마는 일찍부터 영재원 대비를 시켜준다는 학원을 보낸 건 물론이고, 지원할 때가 되자 아이의 흥미와 상관없이 가장 낮은 경쟁률로 예상되는 과목의 영재원을 지원했습니다. 지난번에 융합 경쟁률이 높았으니 올해는 낮을 것이라 예상하고 그 과목에 지원하는 식이었습니다. 모집 과목이 상통하는 측면이 있으니 그럴 수 있다고 보더라도 어떻게든 영재원이면 된다는 열망이 크다는 방증이기도 하죠. 이 아이도 결국 영재원에 들어가게 되었는데요. 영재라는 걸 어디서나 자랑하는 엄마 때문에 아이는 심한 부담을 느꼈고 언제나 영재다움을 보여주어야만 하는 상황에 놓였습니다. 수준에 맞지 않는 공부를 해야만 했다는 뜻이에요. 결국 중학생이 되었을 때는 영재에 걸맞지 않은 성적을 받아오는 일이 벌어지고 말았는데요. 그런데도 남에게 보이는 모습만 신경 쓰며 실속 없는 어려운 공부를 하느라 귀한 중등 시간을 다 날리고 말았어요. 저는 이것이 매우 드물고 특별한 사례라고 생각하지 않습니다.

교육계의 어떤 분은 영재원을 두고 악의 축이라고 했습니다. 영재원의 목적을 생각해 볼 때 악의 축이라는 말은 너무 심하다는 생각이 듭니다. 영재를 위해 교육청이나 대학 등에서 맞춤 교육 프로그램을 운영해 주는 건 학부모에게는 너무 다행스럽고 고마운 일이니까요.

하지만 영재라는 단어가 주는 달콤함이 커서 너도나도 욕심을 내는 것이 문제입니다. 아이가 받게 될 교육에 관한 기대보다 내 아이가 영재 타이틀을 거머쥐었다는 사실, 그리고 내가 영재의 부모가 된 사실에 더 초점을 맞출 수 있어요. 그 자랑스러움을 위해 어떻게든 영재원에 밀어 넣고자 하는 욕심이 문제입니다.

그리고 이런 욕심은 금세 전염되기에 지금 너무 많은 초등생 학부모들이 과열되어 있습니다. 가장 심각한 문제는 초등 3학년이 영재원에 합격하기 위해 대비 학원에 다니는 것과 같은 일입니다. 영재원이 학원에서 정보를 얻고 훈련을 받은 아이들만의 잔치인 것처럼 여겨지고 그래서 점점 더 일찍부터 아이들이 시달리고 있습니다.

영재원과 영재교육은 잘못이 없지만, 열망과 기대와 압박은 정말 큰 문제입니다. 영재원의 존재 자체가 어린아이들이 일찍부터 사교육에 내몰리고 부모로부터 압박을 받는 원인이 된다면 영재원은 악의 축이 맞습니다. '내 아이가 영재였으면' 하는 부모님들의 바람까지는 잘못이 아니나 영재원이 목적이 되어 벌어지는 일들은 잘못입니다.

목적을 어디에 두느냐에 따라 결과가 딴판이 되는 경우가 정말 많아요. 내 아이가 영재라는 틀 안에서 자기에게 맞지 않은 공부를 하고, 현실과 이상의 괴리 속에서 고통받는 일은 정말 없어야지요. 영재의 부모라는 자랑스러움 뒤에 아이가 겪을지도 모르는 일을 알고 있어야 합니다. 아는 것만으로도 도움이 됩니다. 알면 대비할 수 있습니다. 그리고 욕심이 아예 없을 수는 없습니다만, 내 욕심의 정도가 어떻게 변하는지는 계속 주의하며 지켜봐야 합니다.

마지노선이
이대 공대

아이들의 교육에 관해서는 지인들과 많은 이야기를 나누지만, 온라인으로는 다양한 분들과 훨씬 더 활발한 대화를 합니다. 제가 블로그를 오래 하는 덕에 제 아이의 탄생부터 고등학생이 된 지금까지 함께하는 분이 꽤 많아요. 오가는 분이 많다 보니 자녀의 교육 문제나 부부의 일로 상담을 요청하는 경우가 종종 있습니다. 그중 가장 치열했던 상담 사례 하나를 말씀드려 볼게요.

다예 엄마는 다예가 중학교 2학년 시험을 보기 전까지 자신의 아이는 영재며 과학고를 거쳐 카이스트에 갈 것을 의심치 않았습니다. 그래서 어려서부터 무척 많은 사교육을 시켰고요. 그러다 중학교 2학년 첫 시험을 보고 나서 말 그대로 멘털이 와르르 무너져 내렸습니다. 기대에 한참 못 미치는 성적을 받았으니 굉장한 타격이 있었지요. 다예 엄마는 처음이라 떨었나 보다고 애써 외면했지만, 다예는 이후에도 줄곧 좋지 않은 성적을 받았습니다. 특히 수학은 초등 때 학원 세 개를 동시에 다닐 정도로 가장 많은 선행학습을 했는데, 중학교의 절대평가 성취도가 중간을 넘지 못했습니다. 다예도 핑계를 찾기 시작했어요. 시험 압박이 너무 심해서 문제를 읽을 수 없었다, 머리가 너무 아팠다, 답안을 밀려 썼다 등등 핑계 없는 시험이 단 한 번도 없었습니다. 핑계로 문제를 계속 덮어가며 현실을 회피했어요.

듣자 하니 학원에서는 다예가 수학에 재능이 있고 잘한다며 다예 엄마의 기대에 줄곧 기름을 부었던 모양이었습니다. 중학교 수학 시험에서 60점을 받아도 학원에서 잘한다고 하면 그 말을 믿을 수 있는가에 대해서는 심각한 의문이 들지만, 학교 시험 점수보다 학원의 말을 신봉하는 학부모는 드물지 않습니다.

시험을 볼 때마다 수많은 핑계를 만들어내던 다예는 이내 시험 결과에 대해서 거짓말을 하기 시작했습니다. 고작 며칠 후면 들통날 거짓말을 왜 하는지 도무지 이해가 안 되었는데, 곰곰이 생각해 보니 그럴 수도 있겠다 싶더군요. 어차피 성적이 나오면 엄마가 앓아누울 걸 아이도 압니다. 그러니 그사이 며칠이라도 얼굴이 환하게 피어있는 엄마의 모습을 보고 싶은 것이겠지요. 친절하고 행복한 엄마를 보는 달콤함을 마다하기는 너무 힘들지 않겠습니까.

　앓아눕는다는 말은 비유적으로 한 말이 아닙니다. 다예 엄마는 정말로 앓아누웠어요. 시험 때마다 매번이요. 한숨을 크게 쉬고, 도통 웃지도 않고, 다예 식사도 챙기지 않고 종일 누워만 있었습니다. 다예가 하교하면 다예 엄마는 일어나 밖으로 나갔어요. 좋은 소리가 나올 것 같지 않아서 피하는 거라고 말했지만, 공부 못하는 아이가 보기 싫었던 건 아닐까요? 그렇게까지 사교육을 시켰는데 성적이 별로인 아이가 미운 건 아니었을까요? 설령 아이에게 모진 말을 할까 봐서 피했다는 이유가 맞대도 엄마의 이런 태도는 이해할 수 있는 영역을 넘어섰습니다. 말로만 듣는 저도 병이 날 지경인데 실제로 매일 이런 엄마를 봐야 하는 다예의 마음은 어땠을까요.

　참담한 수학, 과학 점수 때문에 과학고 지원은 진작 물거품이 되었습니다. 카이스트의 꿈도 함께 사라졌죠. 다예는 중3 말에 백분위 60%인 내신 결과를 받았습니다. 이 성적이면 특성화 고등학교도 고려해 보자는 말을 하려는 참에 다예 엄마가 충격적인 말을 했습니다. 아이의 대학 마지노선이 이제는 이대 공대라는 거였어요. 마뜩잖지만 현실을 받아들여서 카이스트에 대한 꿈을 이대 공대로 낮추었다는 겁니다.

　저는 이 말을 듣고 며칠이나 잠을 제대로 자지 못했습니다. 다예도 엄마의 말을 똑똑히 들었으니 아이의 마음을 생각하면 도저히 잠이 오지 않았어요. 중학교 성취도가 반에서 중간도 안 되는데 이렇게까지 현실을 받아들이지 못하는 엄마라면, 어쩌면 정말로 압박감 때문에 다예가 시험을 못 봤을 수도 있었겠다는 생각마저 들었습니다.

다예는 가까운 일반고로 진학했습니다. 거기서도 몇 번의 폭풍 같은 시간을 겪었고 다예 엄마는 이제 어느 정도 현실을 바라보게 되었습니다. 여전히 시험 전후로는 제가 많은 말을 건네야 하지만요.

다예 엄마는 공부 못하는 자식을 둔 자신의 슬픔이 너무 커서 다예의 표정을 살피지 못했습니다. 다예가 어떤 마음으로 살아가고 버티고 있는지 알지 못했지요. 다예 엄마가 다예의 상태를 보게 하는 데까지 너무 오래 걸렸습니다.

사실 어린아이가 과학고며 카이스트를 어찌 알겠습니까? 아이의 진로를 일방적으로 정하고 일찍부터 온갖 사교육을 시키면서 몰아붙인 건 순전히 엄마의 욕심 때문이었습니다. 카이스트는 자신의 목표였지 다예의 목표가 아니었어요. 물론 욕심을 낼 수는 있겠으나 이렇게 턱없는 낙관으로 계속 몰아붙이는 건 있을 수 없는 일입니다. 최소한 첫 성적표를 가져왔을 때는 목표를 조정했어야 합니다. 자신의 잘못을 깨달았어야 해요. 놀라고 속상할 아이의 마음을 먼저 생각했어야 합니다. 여태 힘들게 공부한 건 아이니까요.

아이를 깎아내리는 것만큼 위험한 건 지나친 기대입니다. 그러지 않기 위해선 아이의 공부 능력을 제대로 아는 게 중요합니다. 자식이라 객관적이기 어렵겠지만 노력하면 알 수 있어요.

학원에 다녀도 또 다니지 않아도 내 아이의 실력을 가늠해 볼 객관적인 장치들이 있습니다. 오픈되어 있는 시험들도 많잖아요. 하다못해 시중 문제집의 시험 대비 평가만 풀게 해도 알 수 있습니다. 모든 걸 학원에 맡기거나 고민하지 않는 게 버릇이 되면 기대와 현실의 간격을 좁힐 수 없고, 그것은 곧 고통의 원인이 됩니다.

간절히 바라고 기대하는 것은 100층에 있는데 내 아이는 35층까지밖에 못 올라갑니다. 아무리 뒤에서 밀고 앞에서 끌어도 40층이 한계일 것 같다면 얼른 기대치를 40층 언저리로 낮춰야 합니다. 그래야 비슷한 지점에 도달할 수 있고 아이가 살 수 있어요. 다시 말하지만 목표는 내가 애를 쓰면 도달할 수 있는 영역에 있어야만 합니다. 그래야 아이가 해낼 마음을 가질 수 있고 노력할 수 있습니다.

모든 걸 학원에 맡겨놓고 속 편하게 걱정만 하고 있으면 무슨 일이 될까요. 부모가 아이의 실력을 제대로 알아야 맞는 전략을 세우고 도움을 줄 수 있습니다. 아이의 실력은 티끌만큼도 모른 채 무턱대고 대학 간판을 외치면 안 됩니다. 아이가 해낼 수 있는 범위를 알고 바라야 합니다.

고등학교에 가면 중학교 때와는 다른 차원의 충격을 받는다고 합니다. '인서울이 이렇게 어려운 건가' 하고 놀란다지요? 인서울은 옛날부터 어려웠습니다. 아이들이 어마어마하게 많아서 교실이 미어터질 때도 어려웠고, 아이들이 심각할 정도로 줄어든 지금도 어렵습니다. 그런데 얼마나 공부해야 인서울이 가능한지도 모릅니다. 내 아이가 처한 상황도 모르고 내 아이에게 맞는 전형도 모릅니다. 그러니까 현실을 다 모르는 거예요. 그래서 무작정 낙관하며 헛된 계획을 세우거나 과하게 걱정만 하면서 아이의 마음까지도 갉아먹습니다.

학원에 일임한 채로 이상향만 꿈꾸지 말고 직접 공부하고 판단해야 합니다. 아이와도 치열하게 대화해야 해요. 아이가 원하는 진로는 무엇이고 그 진로를 위한 학과와 대학의 요구 조건은 무엇인지, 내신과 수능은 어느 정도가 되어야 가능할지 전부 다 알아야 합니다. 이걸 누가 대신해 주길 바라지 마세요. 그리고 이 모든 과정에서 이상과 현실의 갭이 크게 벌어지지 않도록 계속 신경 쓰고 조정해야 합니다. 그래야 아이가 목표에 연착륙할 수 있습니다.

학군지와
비학군지

학군이라고 하면 '강남 8학군'이라는 단어가 먼저 떠오릅니다. 명문 중고교가 밀집해 있는 교육열이 높은 지역이죠. 학군을 간단히 설명하자면 '통학 가능한 범위에 있는 중학교와 고등학교 들'을 말합니다.

　서울의 학군은 총 열한 개로, 서울 지역 25개 구(區)를 열한 개로 나누었고 그중 강남구와 서초구가 8번 학군에 속합니다. 강남 지역이 개발되면서 강북의 명문 고등학교를 강남 신도시로 대거 이전시켰는데요. 자녀를 명문고에 보내려는 학부모들이 이 지역으로 이동하였고, 이로써 좋은 학군지를 뜻하는 '강남 8학군'이라는 명칭이 생겼습니다. 반대로 별로인 학군지에 대한 인식 또한 생겼지요. 특목고와 자사고가 생기면서 고등학교 학군지의 의미는 상당히 퇴색되긴 했습니다만, 여전히 중학교에는 적용되는 개념이고요. 그래서 지금 학군을 가장 많이 따지는 사람은 초등학교 학부모들입니다.

대한민국의 명문 학군은 강남 8학군이고 이 중 대치동은 사교육 1번가의 대명사입니다. 그래서인지 보통의 학부모들은 강남과 대치동을 생각하면 뭔가 압도당하는 느낌이 듭니다. 한편으로는 피해의식도 가지고 있죠. '그곳의 아이들은 얼마나 치열하게 공부할까' '얼마나 대단한 사교육을 받을까' '학교 시험은 얼마나 어려울까' '이곳에서 아무리 날고 기어도 강남에 가면 명함이나 내밀 수 있을까' '여기선 해도 안 되겠지' 이런 생각들 말입니다.

그렇다고 더 나은 학군지로 이사 가는 건 무척 어려운 일입니다. 물론 그것을 감행하는 사람도 있지만, 우리 대다수는 쉽사리 움직일 수가 없는 처지입니다. 그러니 어쩔 수 없는 건 그렇다고 인정하고 이곳에서 할 수 있는 방법을 찾아야 해요. 언제까지 여기는 별로라는 마음을 가지고 탓하면서 살 수는 없어요.

제가 사는 동네는 학군지가 아닙니다(물론 모든 지역이 어떤 학군지에 속하지만 좋은 학군지가 아니라는 뜻으로 이렇게 말하는 것이 일반적입니다). '애 학교 갈 때가 되면 위장전입이라도 해야 한다'는 말이 나오는 동네죠.

우리 동네 주변으로는 몇 년에 걸친 재개발로 대규모 아파트가 보란 듯이 들어섰습니다. 제가 볼 때는 천지개벽 정도의 변화였어요. 동네의 모습도 그렇지만 새로 설립된 학교는 시설이나 규모가 우리 동네의 오래된 학교와는 비교도 되지 않았습니다.

제 아이가 다닌 초등학교는 서울에서는 보기 드문 규모가 되었습니다. 한 학년이 70명도 안 되었으니까요(출산 붐이 반짝 일었던 2007년생이라 그렇지 다른 학년은 50명에 불과했습니다). 바로 옆에 새로 생긴 초등학교는 학생 수가 다섯 배에 달했습니다. 중학교도 사정이 비슷했어요. 제 아이 학년은 128명이었는데, 옆의 중학교는 한 학년에 400명이 넘었습니다.

대다수의 부모는 학생 수가 많을수록 경쟁력을 기를 수 있다고 여깁니다. 또 대단위 신규 아파트에 산다는 건 경제적 형편이 더 좋다는 뜻일 테니 그곳 아이들이 공부를 더 잘할 것으로 생각합니다. 그래서 학부모들이 꽤 움직였어요. 대치동으로는 못 가도 옆 동네로는 갈 수 있지 않겠냐며, 일부는 위장전입을 정말로 감행했습니다.

저나 남편은 어쩔 수 없는 것에 미련을 두는 성격이 아니고, 작은 학교의 장점도 꽤 있다고 여겼기 때문에 동요하지는 않았습니다. 게다가 압도적인 장점이 있었어요. 집과 학교가 너무나 가까웠거든요. 초등학교와 중학교 모두 집에서 채 2분이 걸리지 않았지요. 또 학생 수가 적은 대신 선생님들께서 훨씬 더 세심하게 아이들을 지도해 주실 수 있을 거라고 여겼습니다. 또 경쟁력이 떨어진다지만 초등과 중등 때 경쟁심 없이 마음 편하게 학교생활을 하는 것도 꽤 좋다고 생각했어요. 학군지는 모든 것에서 경쟁이 치열할 테니까요. 그리고 이런 학교의 장점을 아이에게도 충분히 설명해 주었습니다.

하지만 아이가 중학생이 되고 첫 시험에서 전교 1등의 성적을 받아오자 마음이 복잡해지더군요. 저도 비로소 학군지와 교육 경쟁력에 관한 생각을 하기 시작했습니다. '여기는 문제가 쉬운가?' '여기서 전교 1등은 강남에 가면 몇 등을 할까?' 이런 생각들을 했어요. 아이의 학교 시험이 의외로 녹록하지는 않다는 소문은 들었지만, 그건 이 동네에서 나온 말이었죠. 강남의 시험 문제와 강북의 시험 문제는 하늘과 땅 차이라는 말을 여기저기서 들었기 때문에 의문과 함께 피해의식이 생겨났습니다. 그래서 아이에게 상황을 잘 설명해 주면서 어려운 문제집까지 풀어내 보자고 힘을 북돋워 주곤 했어요. 이런 와중에 코미디 같은 일을 목격했습니다.

중학교 3학년 첫 중간고사를 치른 지 며칠 지나지 않았을 때였어요. 같은 학년의 아이를 키우는 친구가 자기 딸이 수학 시험을 영 망쳤다며 난리를 쳤습니다. 여태 잘해왔는데 갑자기 60점대의 점수를 받았다는 거였어요. 제 친구는 지방에 살지만 그곳은 지방에서 꽤 유명한 학군지입니다. 아이들도 자부심이 높고 학부모들의 입김도 세기로 유명한 곳이에요. 또 학교 주위로 학원이 어마어마하고 과외나 팀 수업도 활발하다고 들었죠. 한마디로 우리 동네와는 하나부터 열까지 다른 분위기인 동네였어요. 친구 딸은 물론이고 그 학교 아이들은 어려서부터 만만찮은 학원 스케줄을 소화했는데, 대부분 3년 선행이 되어있는 수준이라고 했습니다.

그런데 난데없이 수학 시험이 무지막지하게 어렵게 나오는 바람에 아이들과 학부모가 모두 기절초풍하였다는 거예요. 아닌 게 아니라 늘 80점대였던 수학 평균이 60점도 안 나왔답니다. 친구 딸이 엄마에게 한 말은 "모든 문제가 블랙라벨(최상위 수준의 심화 문제집) 수준으로 나왔어"였대요. 그 말을 전해 들은 저는 '역시, 학군지는 어마어마하구나. 내내 그런 수준으로 공부하면 고등학교 때는 꽤 차이가 나겠다'고 생각했지요.

학군지의 시험 문제를 제 아이가 풀면 몇 점이 나올지 무척 궁금해져서 아이와 상의 끝에 친구 딸의 시험지를 한번 풀어보기로 했어요. 사진으로 건네받은 시험지의 문제를 제가 일일이 백지에 옮겨 적었습니다. 문제를 보고 충격을 받을까 봐 아이에게 미리 "블랙라벨 수준이라니까 너무 상심하지 말고 풀어보자"라는 말까지 했죠.

아이는 방에서 시험을 치르고 저는 거실에 있었는데요, 글쎄 35분만에 아이가 나오는 거예요. 깜짝 놀란 제가 아이에게 한 말이 뭔지 아세요? "왜? 너무 어려워? 어려워서 못 풀겠어?"였어요. 아이의 대답은 "우리 학교 시험이 훨씬 더 어려워!"였습니다. 그러면서 이 시험을 대체 왜 블랙라벨 수준이라고 말했는지 이해가 안 간다고 했어요.

친구의 딸은 떨어진 점수에 대한 변명으로 엄마에게 그렇게 말했을지도 모릅니다. 하지만 평균 점수가 확 낮아졌다는 건 너무나 이상하지요. 제가 곰곰이 추리해 보고 내린 결론은 그 학교는 몇 가지 이유로(그중 큰 이유는 엄마들의 극성이라고 생각해요) 시험이 꽤 평이하게 출제되는데, 혹시 새로 온 선생님이 이런 학교의 특성을 잘 몰랐던 건 아니었을까 하는 거였어요. 그래서 물어보니 아니나 다를까, 새로 부임해 온 선생님이 맞다고 했습니다. 상황이 이러하니 기말 시험에서는 점수를 퍼주겠다고 예상할 수 있죠.

하지만 새로 온 선생님이 호락호락하지는 않았나 보더라고요. 기말고사 전에 아이들에게 공부하라고 문제를 주었는데 그 문제들 수준도 중간고사 정도였다니까요. 그래서 어떻게 되었는지 아십니까? 선생님이 시험 문제를 또 어렵게 내서 아이들 자존감을 박살 낼 것 같다며, 학부모들이 '미리 교육청에 민원을 넣어야 한다' '교장실을 찾아가자' 아주 야단이었다고 해요. 결국 기말고사는 매우 쉽게 출제되었다고 합니다.

저는 이 소동을 통해서 두 가지를 알게 되었습니다. 첫째, 학군지라고 꼭 문제가 어렵게 출제되는 건 아니라는 것. 왜냐하면 성취도 평가니까요. 난이도 조절은 해야겠지만 구태여 필요 이상으로 문제를 어렵게 내어 위와 같은 분란이 일어나는 일은 피하려 하지 않겠나 하는 생각이 들었습니다. 둘째, 사교육 및 선행의 정도와 실제 실력은 크게 상관관계가 없다는 것. 왜냐하면 그 지역의 사교육 열기를 제가 알고 있는데, 평소보다 어려워졌다는 이유로 평균 점수가 저렇게까지 떨어졌다는 건 그동안 매우 실속 없고 비효율적인 선행학습을 했다는 방증이 아니겠습니까?

하지만 한 가지의 사례로 판단하기엔 무리가 있으니 내친김에 세 곳의 시험 문제를 더 풀어보자고 아이와 의기투합했습니다. 이번에는 대치동에서 유명하다는 중학교 세 곳의 수학 시험지를 구해서 아이에게 풀게 했어요. 결론은 세 곳의 시험 모두 아이가 다니는 학교의 시험과 난도 차이가 없었습니다.

팩트는 이겁니다. 중학교 시험은 그 학년까지의 공부가 잘 되어있다면 무리 없이 100점을 맞을 수 있는 시험이라는 겁니다. 선행공부를 한 아이가 잘 볼 수 있는 시험이 아니라는 거예요. 그리고 선행공부에 치중하느라 현행에 구멍이 난 아이들이 생각보다 많다는 것 또한 팩트입니다. 그리고 학군지일수록 특목고나 자사고에 진학하는 학생의 비율이 높습니다. 특목·자사고는 중학교 내신을 보죠. 그러니 절대평가에서 굳이 어려운 문제를 잔뜩 내서 특목·자사고를 목표로 하는 아이들의 성적표에 B가 찍히게 하지는 않는다는 겁니다. 학부모들의 반발은 둘째 치고, 특목·자사고를 목표하는 아이들의 발목을 잡을 이유가 없는 거죠.

하지만 고등학교는 상황이 꽤 다릅니다. 학군지와 비학군지의 난도 차이가 어마어마하고 같은 학군지 내에서도 학교에 따라 차이가 상당합니다. 진검승부는 고등학교이므로 선행을 달리는 가장 큰 이유는 고등학교 내신 때문입니다. 오죽하면 고등학교 선행이 중요하니 쓸데없는 중학교 내신은 전략적으로 버린다는 말도 있습니다. 학군지에는 대학 입시 결과로만 보면 특목·자사고에 버금가는 명문 일반고가 있으니까 충분히 가능한 생각입니다. 저는 모든 걸 그렇게 대학 입시의 유불리로만 따져서 학교생활을 하는 건 소탐대실이라고 생각하지만요.

학군지가 아니라는 이유로 괜한 피해의식이나 상대적 박탈감을 가지고 있는 학부모님들을 많이 보았습니다. 저도 그랬던 사람이고요. 제가 말하고 싶은 건, 내가 사는 지역이 학군지인지 비학군지인지는 아이의 성적을 가르는 절대적 요소가 아니라는 거예요. 학군지는 학군지의 장단점이 있고, 비학군지도 마찬가지입니다. 내가 사는 곳의 특색과 장단점을 잘 알아서 장점은 살리고 단점은 극복하려고 애쓰는 자세가 필요하다는 말씀을 드리고 싶어요.

그리고 학군지건 비학군지건 꼭 알아두어야 할 팩트는 있습니다. 어느 곳이건 상위권 아이들은 어려운 걸 공부한다는 겁니다. 목표가 중학교 내신이 아니라 고등학교 내신이니까요. 또 학군지 학생들의 공부 시간이 훨씬 더 많다는 것도 팩트입니다. 경쟁이 더 치열하고 공부하려는 학생 수가 훨씬 더 많아서 그렇습니다. 분위기라는 것도 있고요. 학년이 올라갈수록 공부량은 굉장히 중요하고 차이를 만드는 요소입니다. 차곡차곡 쌓이는 시간이 생각보다 커요. 주변의 환경을 극복할 수 있도록 부모님들이 미리 알고 미리 공부해서 아이에게 잘 설명해 주고 이끌어주는 노력이 필요합니다.

들불처럼 번진 유행

초등학생들의 사교육은 언제부터 시작되었을까요? 제가 어릴 때도 초등학생을 위한 학습지가 있었습니다. 제가 풀었던 학습지는 '아이템풀'이라는 이름이었는데 신문처럼 펼쳐지는 문제지가 며칠에 한 번씩 집으로 배달되는 방식이었습니다. 공부를 시켜보자는 엄마들의 교육 바람을 타고 제가 살던 골목에 대유행하였습니다.

하지만 초등학생은 아무도 공부하지 않았던 시절이었죠. 시험 기간(초등생도 중간고사와 기말고사를 보던 시절입니다) 때만 반짝 공부했지, 평소에는 공부한다는 개념이 아예 없었습니다. 공부 학원도 없었고요. 평일에는 각자의 취향대로 피아노나 태권도, 주산학원을 가는 아이들만 간혹 있었습니다.

그러다가 제가 4학년 때였나, 갑작스레 우리 골목의 모두가 아이템풀을 시작했어요. 처음에는 신기하고 재미도 있었지만, 공부 근력이 아예 없는 초등생에게 갑자기 매일 해야 하는 공부가 생긴다는 건 이만저만 부담이 아니더군요. 제 기억으로는 우리 골목의 아이들 모두 한 달을 넘기지 못했습니다. 나중에는 아예 뜯어보지도 않게 되었죠. 포장 그대로인 학습지가 현관 구석에 쌓여가는 걸 보면서 느꼈던 죄책감이 아직도 생생합니다.

지금은 초등학생 대부분이 학원에 다닙니다. 공부 학원 중에서 가장 먼저 다니는 곳은 아마 영어학원일 거예요. 미취학일 때부터 시작하는 경우가 많습니다. 영어는 일찍 시작해야 좋다는 관념이 보편적이고 문법을 배우기 전에 듣기, 말하기, 읽기를 원활하게 해두는 편이 여러모로 유리하다는 생각 때문에 그렇습니다.

그런데 다른 교과의 학원 교육도 점점 더 일찍 시작하는 추세예요. 영어와 함께 수학과 국어(독서 논술), 과학학원까지도 다니는 아이들이 꽤 많죠. 특히 수학이 영어만큼 기본이 되었습니다. 영어는 선행의 개념이 조금 모호하다 싶지만, 수학은 교과과정이 명확해서 초등학생이 다니는 수학학원에서는 모두 선행을 하고 있음을 알 수 있습니다. 선행에 관해서는 4장에서 구체적으로 다룰 것이지만, 왜 초등생들까지 선행에 이토록 내몰렸을까는 생각해 볼 필요가 있습니다.

들불처럼 번진 선행학습의 유행은 미리 배워놓고 들어가지 않으면 상위권을 차지할 수 없다는 생각에서 시작됐다고 봅니다. 특히 수학을 잘하지 못하면 상위권이 될 수 없다는 명백한 사실과 더불어 수학은 어려운 과목이라는 점, 그래서 여러 번 반복해야 잘하게 될 테니 일찍 시작할수록 유리하겠다는 판단인 거죠. 그래서 수학 선행 열풍은 점점 더 어린아이들을 향해 걷잡을 수 없이 번지고 있어요.

사실 선행학습의 개념이 나온 지는 얼마 되지 않았습니다. 현재의 학년에서 몇 년이나 뛰어넘어 배운다는 건 천재들의 영역이었지 보통 사람의 영역은 아니었습니다. 그런데 왜 '몇 년 선행'이라는 무지막지한 관념과 유행이 생겨버린 걸까요? 대체 왜 거의 모든 아이가 천재인 것처럼 일찍부터 수학 공부를 하느라 온갖 고생을 하게 된 걸까요? 여기에는 크게 두 가지 이유가 있습니다.

선행학습이 유행한 첫 번째 이유는 영과고(영재학교+과학고)와 관련이 있습니다. 영재학교와 과학고등학교가 대학 입시에서 높은 성과를 내기 시작하자 영과고를 명문대의 골든 로드로 여기게 되었습니다. 영과고 입학 가능성을 염두에 두면 선행학습을 할 수밖에 없고요. 왜냐하면 그곳은 학습 진도가 무척 빨라서(고등 3년 과정을 1년 사이에 다 배우는 정도입니다) 선행학습 없이는 따라가기 힘들기 때문입니다.

저희 역시도 이 사실을 알고 있었고, 선행공부가 되어있지 않다는 사실이 지원을 결심하는 데에 가장 큰 방해 요소였습니다. 남은 1년 최대한 해봤자 얼마나 할 수 있을까, 혹시라도 과학고에 합격한다고 해도 그 커리큘럼을 따라갈 수나 있을까 하는 걱정을 당연히 했습니다. 영과고를 준비하는 학생의 대부분은 영과고 입시 학원에 다니게 되는데 그곳에서는 합격을 위한 준비도 하지만 대부분은 선행공부를 합니다. 그러니까 공부 잘한다는 아이들이 영과고를 준비하면서 선행공부를 하기 시작했고, 그것이 유행처럼 퍼졌다는 거예요.

선행학습 유행의 두 번째 이유는 대학입학 전형 때문입니다. 대학입시에서 학생부종합전형(학교생활기록부를 종합적으로 반영하는 전형으로, 내신은 물론 진로나 창의적 체험활동 등 학교생활기록부의 거의 모든 요소를 종합적으로 평가하는 방식)이 반 이상을 차지하면서 학교에서 해야 하는 활동이 대폭 늘어났습니다. 한마디로 학생들이 시험공부에 매진할 시간이 줄어들었다는 뜻입니다. 이런 이유로 일반고에서도 최소한 수학은 미리 다 보고 들어가야만 시간 활용에 유리하다는 이야기가 나오기 시작했어요. 공부할 시간이 절대적으로 부족해서 고등학생이 현행에서 배워 따라가는 것으로는 도리가 없다는 겁니다.

또 내신 공부와 수능 공부는 성격이 꽤 달라서 두 가지 공부를 소화하려면 최소한 수학과 영어는 미리 공부해 놓아야만 될까 말까 하다죠. 고등 입학 전에 영어는 수능 1등급을 만들어놓아야 한다, 고등 수학은 두 바퀴는 돌려놔야 비교과 활동을 해서 생기부를 꽉꽉 채울 수 있다, 방학 때는 수능형 문제를 공부해야 해서 예습할 시간이 없다, 그러니까 반드시 선행학습을 해야 한다는 논리입니다.

저도 위 두 가지 이유에 공감하고 고등학교 과정은 선행이 필요하다는 생각에도 동의합니다. 하지만 이것은 초등 저학년 때부터 시작하는 선행학습의 현실과는 맥락이 닿지 않습니다. 그러한 이유라면 선행학습은 이르면 초6, 늦으면 중3에 시작해도 되기 때문입니다.

이런 말씀을 드리면 그때는 늦는다고 하시겠지요? 하지만 그건 사실이 아닙니다. 그리고 늦는다는 말은 어디에서 나온 말입니까? 혹시 불안을 조장해서 학원을 다니게 만드는 게 목적인 곳에서 나온 말인가요? 아니면 더 일찍 시킬 걸 그랬다고 후회하는 누군가의 말인가요? 학원에서 나온 말은 논할 가치가 없고, 후회하는 누군가의 말도 더 일찍 시켰으면 어찌 되었을지 알 수 없는 상황에서 나온 말입니다. 그리고 그런 말을 했다는 건 현재가 마땅치 않다는 것인데, 잘 해내지 못한 사람의 말을 무작정 믿고 내 아이에게 적용한다는 건 말이 안 됩니다. 이해관계가 없고, 아이를 잘 키워냈고, 전문적으로 공부한 사람의 말을 들어야 합니다. 그들의 말은 똑같으니까요.

초등의 선행학습은 아이가 아닌, 부모의 어떤 목표나 기대나 욕심 때문에 하는 겁니다. 아이의 미래를 위해서라는 말로 포장하지 마세요. 어린아이에게 과도한 학습을 시키는 건 부모의 욕심일 뿐이라는 지극히 명백한 사실을 인정하세요. 진정 아이의 미래를 위해서라면

어떻게 키우고 공부시켜야 하는지 부모가 먼저 공부했을 테고, 그랬
다면 그렇게 일찍부터 무리한 선행을 시키지 않았을 테니까요.

늦었다는 말

아이에 관한 거의 모든 일을 제게 이야기하는 선영 씨는 아이가 어릴 때부터 "늦었다"라는 말을 참 자주 했습니다. 돌이 채 지나지 않았을 때부터 수면 교육을 하기엔 이미 늦었다고 하더니 아이가 커갈수록 늦었다는 것들이 점점 늘어갔습니다. "피아노를 배우기 늦지 않았을까?" "영어는 이미 좀 늦은 거 같아" "독서 습관 들이기엔 늦었어"를 거쳐 수학도 늦고, 국어도 늦고, 특목고 준비도 늦고, 미술로 돌리자니 그것도 늦고, 아주 많은 것들이 다 너무 늦었다고 했습니다.

하지만 늦었다는 걱정과 말뿐, 그에 걸맞은 행동을 하진 않았죠. 정말 늦은 건지, 늦었으면 어떤 게 얼마만큼 늦은 건지, 그렇다면 뭘 어떻게 해야 하는지 알아보려 하지 않았어요. 지금 고등학생이 된 딸에게도 여전히 툭하면 늦었다고 말합니다.

유선 씨도 늦었다는 말을 자주 하는 사람이었습니다. 초등 2학년인 아이가 너무 덜렁거려서 큰일이라고 하길래 매일 체크하고 챙기는 습관을 들여야 한다고 자세한 방법을 설명해 주었어요. 그런데 그 말을 들은 유선 씨는 "이미 늦은 건 아닐까?"라고 했습니다.

그 아이가 4학년이 되면서 문해력이 상당히 떨어졌는데 알고 보니 수학도 기초가 전혀 잡혀있지 않은 게 드러났습니다. 당연히 난리가 났어요. 여태 영어와 수학과 논술에 들인 돈이 상당했기 때문입니다. 저에게 어떻게 하면 좋을지를 묻길래 선행하는 수학학원을 관두고 아이와 함께 이러이러한 것들을 하면 6학년이 될 때는 수학도 문해력도 아무런 문제없이 잘할 수 있게 될 거라고 아주 긴 시간을 들여 알려주었습니다. 그런데 그때도 유선 씨는 하기 싫다는 뉘앙스로 "이미 늦은 거 같은데"라며 말끝을 흐렸어요.

첫 사례의 선영 씨가 늦었다고 말하는 대부분은 상대적인 것들이었습니다. 주위를 살펴보면 항상 더 빠르고 더 잘하는 아이들이 있는데, 선영 씨는 그런 아이들을 볼 때마다 버릇처럼 "우리 애는 늦었다" "우리 애는 안 되겠다"라고 했습니다. 그저 아이를 믿어주면서 응원하고 기다리면 문제없이 해나갈 일들이고 공부였어요. 물론 정말 좀 늦었다 싶은 것도 있었을 겁니다. 그러면 그걸 파악해서 도와주면 되었을 텐데요. 선영 씨는 잘하는 아이들을 보면서 우리 애는 늦었다고 걱정하고 낙심하기만 할 뿐 움직이지 않았습니다.

유선 씨의 경우는 조금 달랐어요. 유선 씨가 걱정하는 아이의 문제는 모두 엄마가 개입해서 함께 노력하면 해결되는 문제들이었습니다. 늦은 건 아니지만 빨리 시작해야 하는 것, 그리고 그럴수록 성과가 더 좋을 것이었지요. 그런데 유선 씨는 해결책을 들으면 오히려 놀랍도록 느긋해졌습니다. "아이 몰라, 괜찮겠지" "그냥 내버려둬 봐야지" "좀 기다려 보려고"라고 했지요. 늦었다고 발을 동동 구르며 난리 칠 때는 언제고 제가 해결 방안을 제시하면 갑자기 터무니없이 낙관적인 태도로 게으름을 부렸습니다. 저는 매번 유선 씨에게 아주 긴 설명을 하면서 설득했습니다. 그러면 유선 씨도 잘 알았다면서 아이를 위해서 이런 일들을 해내겠다고 몇 번씩 다짐하며 결의를 다지곤 했어요. 하지만 일주일도 안 되어 나 몰라라 하였습니다.

선영 씨와 유선 씨의 공통점은 직접 개입해서 문제를 해결해야 할 때는 한발 물러서는 결정을 한다는 거였어요. 두 사람에게 행동의 기준점은 자기가 들여야 하는 노력의 여부였습니다. 문제의 사안이나 상황을 보고 판단하는 것이 아니라 자기가 노력을 들여야 하는 부분에서는 움직이지 않고 기다리자는 결정을 하는 겁니다.

일주일 정도 노력을 기울여서 바뀌는 일이었다면 아마 노력했을 겁니다. 하지만 아이의 습관 들이기, 얼마간 돌아가서 다시 되짚어 가며 함께 공부하기는 장기 프로젝트입니다. 유선 씨는 제 이야기를 듣는 순간 이미 '못 하겠다, 난 그렇게 오래는 못 하겠다'는 마음을 먹은 거예요. 선영 씨도 아이의 문제점을 파악하는 것부터 노력을 기울이기 힘들었던 거고요. 문제를 파악하고 해결 방안을 찾는 것만도 보통 일이 아니겠다고 짐작하고 실행에 옮기기 싫었던 겁니다.

학원에서는 부모의 불안을 부추기려는 목적으로 늦었다고 합니다. 부모는 하기 힘들어 보이고 노력을 기울이기 싫을 때 이미 늦었다고 하고요. 그러니까 애초에 아이들의 일을 놓고 '늦었다'는 건 나쁜 말입니다.

늦었다고 말하는 부모의 특징은 돈만 들이면 되는 쉬운 방법은 바로 실행하는 실행력이 있다는 겁니다. 그러고 자신의 역할을 했다고 착각해요. 하지만 아이를 키우면서 돈으로 해결할 수 있는 건 많지 않습니다. 대체로 부모의 고민과 노력이 긴 시간 녹아들어야 성과가 나타나고 의미 있는 변화가 생깁니다. 노력을 들이기 싫어서 한발 빼면서 늦었다는 평계를 대는 건 비겁하지 않나요? 쉬운 방법으로 얻을 수 있는 성과는 미약하다는 걸 기억하세요.

어떤 일은 기다린다고 해결되지 않습니다. 충치처럼 점점 더 나빠지기만 할 뿐입니다. 부모가 적극적으로 개입하고 해결해야 하는 일들이 생각보다 많아요. 그걸 게을리하거나 방관하지 않는 게 부모의 역할입니다.

그렇게 하는 것이 영 어렵다면 왜 그런지 이유를 찾아야 합니다. 당장 현실을 마주하기 두려워서 회피하는 것인지, 내가 들여야 하는 노력이 암담해서 낙관하기로 마음을 정한 것인지 들여다보세요. 걱정되는 부분을 넘기지 말고 알아보고 고민하고 대화해 보세요. 그것이 정말 문제인지를 파악하고, 문제가 있다고 여겨지면 미루지 말고 노력을 기울이세요. 아이의 일에 늦는 건 없습니다.

과학고 준비에 든
사교육비 8만 원

제 아이는 과학고에만 지원했으나 보통은 영재학교와 과학고를 동시에 준비합니다. 준비 과정이 다르지 않은 데다가 영재학교 입시가 끝난 후에 과학고 입시가 시작되기 때문에 말하자면 밑져야 본전이죠. 꼭 가고야 말겠다는 특정 과학고가 있지 않고서는 두 번의 기회를 마다할 이유가 없습니다. 영과고 입시에서 모두 탈락한 학생들은 자사고나 일반고로 진학합니다.

영과고 준비는 이르면 초등 4학년 때부터, 늦어도 중학교 입학과 동시에 시작합니다(유치원 때부터 준비해야 한다고 말하는 학부모도 보았습니다). 그러니 우리가 중학교 3학년이 되면서 '과학고에 지원해 볼까?' 하고 생각한 건 뭘 몰라서 할 수 있었던 생각이었을지 모릅니다. 나중에 우리끼리 어떤 이야기를 했느냐면요, 그때라도 급하게 대비 학원에 갔다면 대비반 학생들의 공부량이나 수준, 선행 정도에 놀라서 지원을 포기했을지도 모르겠다고 했습니다.

학원에 가지 않았던 게 오히려 지원할 수 있었던 이유가 되었다는 게 아이러니하지만, 그렇다고 저희가 영과고를 대비하는 학생들의 수준이나 노력을 영 모르는 건 아니었습니다. 그래서 무척 고민했어요. 하지만 우리에게는 목표를 가진다는 것 자체로도 지원해 볼 이유가 충분했습니다. 혼공하는 아이에게 뚜렷한 목표가 있는 것과 목표 없이 중3을 보내는 건 아주 많은 차이가 있을 것이니까요. 이것은 과학고 합격 여부와 상관없이 무조건 도움이 되는 일이라 여겼고, 아이에게도 이 점을 꽤 자주 상기시켜 주었습니다.

중3 여름방학부터는 본격적으로 과학고 입시 준비에 들어갑니다. 8월 말쯤에 원서 접수를 하는데 그 전에 자기소개서를 써두어야 하거든요. 자기소개서부터 큰 난관이라 방학 내내 이것만 붙들고 씨름해야 했습니다. 그러면서도 '학원에 다니는 아이들은 전문가의 도움을 받았을까?' '우리 애 자소서만 생뚱맞은 건 아닐까?' '다들 자소서는 수월하게 쓰고 다음 단계를 준비하려나?' 등의 바보 같은 생각은 하지 않았어요. 언제나 그렇지만 우리는 우리의 길을 가면 되는 거고, 그게 여태 우리가 살아온 방식이었습니다.

과학고 원서 쓰기는 2학기 개학과 동시에 시작됩니다. 응시 원서와 함께 생활기록부와 자기소개서와 교사 추천서를 제출하고 면담 준비도 해야 하죠. 30분의 집중 면담 점수와 서류 점수가 합산되어 11월 초에 1차 합격자가 발표되고, 1차 합격자들은 문제를 풀고 말로 설명하는 2차 면접시험을 치르게 됩니다. 최종합격자는 12월 초에 발표합니다(과학고마다 조금씩 일정에 차이는 있습니다).

과학고 준비를 위한 사교육비 8만 원은 1차 합격 후에 쓴 돈입니다. 학원에 다니지 않는 아이가 2차 시험 대비로 할 수 있는 건 중학교 과정을 다시 한번 훑어보는 것과 과학고 2차 시험 기출 문제를 풀어보는 것밖에 없습니다. 다행히 지난해의 기출 문제는 과학고 홈페이지에 모두 공개됩니다. 비슷한 문제가 나오지는 않아도 문제가 어떤 식으로 출제되는지는 알 수 있고, 그걸 어떻게 풀었는지 말로 설명하는 연습을 해볼 수 있어요.

그런데 해답지가 없다는 것이 문제였습니다. 어려운 문제를 이리저리 궁리하고 풀어보았지만, 과연 옳게 생각한 것인지 알 수 없어 답답했지요. 여기저기 찾아보다가 한 인터넷 강의 사이트에서 과학고 기출 해설 강의 세 개를 발견했어요. 그 비용이 바로 8만 원이었습니다.

〈영과고 대비 사교육 1인당 1억 6,000만 원〉이라는 뉴스가 있었습니다(2019.4.24. mbc 뉴스투데이). 여기저기서 이 정도의 사교육비가 당연한 것처럼 말하니, 1억 6,000만 원까지는 아니어도 1억 원 언저리는 되나보다 싶지요. 보통의 가정에서는 도무지 엄두가 나지 않는 금액입니다. 그리고 그 정도의 돈은 들여야 합격할 수 있는 것처럼 말하니, 결국 많은 부모는 돈 때문에 과학고를 보내지 못하는 부모가 됩니다. 또 초등 때부터는 대비 학원에 다니는 게 일반적이라고 하니, 일찍부터 알아보고 결정하지 못해서 기회를 주지도 못한 부모가 됩니다.

제가 말하고 싶은 건 이겁니다. 사교육비 때문에 지레 포기할 필요가 없다는 겁니다. 꼭 들이지 않아도 되는 돈입니다. 그리고 언제부터 시작해야 한다는 것도, 또 언제까지 이런 공부가 끝나있어야 한다는 것도 없어요. 영과고 입시에 매뉴얼은 없습니다. 동네 엄마들과 학원가에서 말하는 진도, 예를 들면 '초등 6학년 말에는 고등 수학을 들어가야 하고, 중등 때는 고등 수학의 선택과목까지 전부 다 끝내야 하고, 과학은 물리, 화학, 생물, 지학을 2 과정까지 전부 다 끝내고, 각종 경시대회도 준비해야 한다' 이런 매뉴얼은 없다는 겁니다. 얼마를 들여야 하고 언제부터 뭘 해야 하고, 어디까지 끝내야 한다는 말 때문에 주춤하거나 포기할 필요가 없습니다.

실제로 영과고 합격자 대부분은 대비 학원에 다닌 아이들입니다. 특히 수도권은 더 그렇습니다. 그걸 보면 '거봐, 학원에 다녀야지 될까 말까야'라고 생각할 수 있죠.

하지만 제 생각은 다릅니다. 사람들은 학원 없이도 된다는 걸 아예 생각해 본 적도 없는 거예요. 대비 학원에 안 다녀도 준비할 수 있다는 걸 모르기 때문이라고 봅니다. 실제로 과학고 합격 후에 "그냥도 된다고?"라는 말을 정말 많이 들었습니다. 절대다수의 부모님들이 특목고는 대비 학원에 다녀야만 준비가 된다고 생각했던 거예요.

남들은 1억 원 넘는 돈을 들여서 보내는 과학고를 단돈 8만 원만 들여서 보냈다, 그래서 잘났다는 말이 아닙니다. 다른 아이들은 초등 4~5학년부터 대비 학원에서 치열하게 공부하는데 혼공하고도 합격했다, 그래서 잘났다고 하는 말이 아니에요. 1억 6,000만 원과 8만 원, 영과고 대비반과 혼공의 극명한 차이를 보시라는 겁니다. 돈을 안 들이면 안 될 것 같다는 생각은 틀렸다는 말이에요. 굳이 일찍부터 대비 학원에 넣지 않아도 된다는 말입니다. 학생도 부모님도 미리부터 단념하지 말라는 거예요.

과학고는 중등 과정까지 학습에 결손이 없고 매사 성실하게 노력한 아이라면 넘을 수 있는 관문입니다. 선발 과정이 면밀한 과학고에 합격했다는 건 선행 여부와 상관없이 그곳에서의 배움에 충분한 역량이 있다는 뜻입니다.

물론 합격 이후를 걱정할 수 있는데요. 합격 이후를 대비한 선행은 아이의 학습 역량이 충분하다고 생각했을 때 시작해도 늦지 않습니다. 아이의 역량을 파악한 후에 결정하는 게 많은 부분에서 안전하고도 유리합니다. 왜냐하면 아이의 역량이 수준에 미치지 못하거나 준비 기간이 지나치게 길면 중간에 낙오하기 쉽기 때문입니다.

영재학교와 과학고에서 선발하는 학생은 매년 전국에서 고작 2,400명입니다. 서울대 입학 정원이 3,400명 정도인 것과 비교하면 너무 적은 인원입니다. 문제는 그 작은 관문을 바라보면서 일찍부터 달리는 인원이 너무나도 많다는 거예요. 이 말은 불합격을 받는 아이들 또한 무척 많다는 뜻입니다.

지쳐서 중간에 포기하는 학생들과 마지막까지 달렸지만 결국 합격증을 받지 못하는 아이들의 심정은 상상하기 어렵습니다. 또 준비하는 동안 본인에게는 역량이 없다는 걸 알게 되는 아이들도 있습니다. 하지만 여태 달려온 시간이나 부모님의 기대를 생각하면 멈추기 어렵습니다. 그런 아이들이 느끼는 슬픔과 낙담이나 지독한 마음고생은 짐작할 수도 없습니다. 노력을 들인 기간이 긴 만큼이나 낭패와 절망의 마음이 클 수밖에 없어요.

고작 1년을 준비하면서도 저와 남편이 아이에게 끊임없이 준비시켰던 건 '붙으면 좋아! 떨어지면 더 좋아!'의 마음이었습니다. 붙을 가능성보다 떨어질 가능성이 훨씬 더 큰 게 현실이라면 그 준비도 하는 게 마땅합니다.

합격을 목표하는 건 좋지만 맹목적이지 않도록 부모님이 굉장히 노력해 주어야 합니다. 또 아이의 역량이나 흥미를 파악하기도 전에 타이틀에 대한 부모의 욕심 때문에 시작하는 일은 정말로 없어야 합니다.

부모는 항상 플랜 B를 가지고 있어야 해요. 계획이 뜻대로 되지 않는 경우가 훨씬 더 많으니 늘 여러 대안을 생각해야 합니다. 목표는 목표를 이루기 위한 노력이 성장을 이끌어야 그 가치를 가집니다. 목표 달성만이 꽃밭으로 가는 유일한 길이 아니라는 걸 자녀에게 잘 알려주려면 부모가 먼저 깨달아야 합니다.

옳은 말은
무시당한다

나와 이해관계가 없는 사람의 말, 아이를 잘 키워낸 사람의 말, 그쪽 분야를 공부하고 많은 사례를 본 전문가의 말에 귀를 기울여야 한다고 앞서 말씀드렸습니다. 하지만 학부모가 가장 많이 대화하는 사람은 나와 이해관계가 있는 사람(학원)과 나와 같은 걱정을 품고 사는 사람(친구나 동네 엄마)입니다. 대화만 나누면 괜찮겠지만 그들의 말을 가장 많이 들어 그런지 거부감 없이 잘 받아들입니다.

항상 동네 엄마들과 대화하고 상의해서 결정하는 친구가 있어요. 그런데 어쩜 매번 잘못된 선택을 하는지요. 조금만 깊이 생각해 보면 그른 선택이라는 걸 알 수 있는 게 대부분입니다.

안타까운 건 선택 전에 늘 저에게도 물어본다는 거예요. 그러면 저는 또 제 일처럼 남편과 심사숙고해 보고 그 선택에 따른 결과를 정리해서 친구에게 한참을 이야기합니다. 하지만 친구는 항상 원래 하려고 마음먹었던 것, 주변 사람들이 깊이 생각하지 않고 동조한 것을 선택하더란 말이에요.

그리고 잠잠하면 저도 그냥 그런가 보다 할 텐데 문제는 그 이후예요. 얼마간 시간이 지나면 제게 전화해서 한숨을 크게 내쉬며 "그때 네 말 들을걸! 시간을 돌리고 싶다"라고 땅이 꺼지게 후회합니다. 정말이지 부아가 치밀 때가 한두 번이 아니에요.

한번은 어차피 마음대로 할 거면서 왜 매번 저에게 의견을 묻는지 물어봤어요. 그랬더니 항상 저만 다른 말을 한다는 거예요. 그래서 당시에는 도저히 제 말을 들을 수 없다는 겁니다.

친구의 문제는 주위에 아는 엄마들이 너무너무 많다는 거였어요. 남의 일에 시간을 들여서 진심으로 고민해 주지 않는 사람들의 말이 절대다수가 되어 힘을 가진다는 게 친구가 매번 빠지는 큰 함정이었습니다.

이 친구뿐 아니라 많은 분이 공부 카페나 강연, 블로그 등을 통해서 제게 육아와 자녀 교육의 고민을 말하고 의견을 묻습니다. 저는 질문을 볼 때마다 나라면 어떻게 할 것인가 굉장히 심사숙고해서 답변을 드리는데요. 정말 다양한 상황과 어려움이 있지만 큰 틀에서 보면 비슷한 질문이기도 합니다. 간단히 말하자면, 다수가 믿고 행하는 매뉴얼이 있는데 그걸 하는 게 힘들다는 거예요.

질문을 들여다보면 매뉴얼을 따르고자 하는 부모님들의 목표와 의지만 있고, 정작 왜 그것을 따르려고 하는지에 대한 고민이 없는 경우가 많습니다. 심지어 질문을 하면서도 아이의 성별, 학년, 성향, 현재 아이의 학업 역량에 대한 정보도 주지 않고 방법을 묻습니다. '공부를 매뉴얼대로 잘 시켜야만 한다'는 생각이 너무 큰 나머지 마음이 급해서 그렇다고 생각해요.

제가 마음을 다해 고민하고 드리는 답변이 도움이 될 때가 있습니다. 제 조언 덕분에 해결책을 찾았다면서 다시 답장을 주시는 분들이 더러 있어요. 하지만 대부분은 제가 고민한 시간만큼도 제 답변을 숙고해 보지 않습니다. 몇 시간을 들여서 쓴 장문의 답변을 잘 읽어볼지 의문이 생기는 경우도 심심찮게 있고요. 아마 대부분은 제 친구처럼 자기가 이미 생각하고 정한 바대로, 주위의 대다수가 하는 방식으로 결정할 겁니다.

최근에 《쇼펜하우어의 행복론과 인생론》(을유문화사, 2023)이라는 책을 읽다가 깜짝 놀랐습니다. 제가 늘 의문을 품었던 문제의 답이 있었기 때문이에요. 저는 전문가들의 한결같은 말이 학부모들에게 이토록 영향을 끼치지 못한다는 사실이 항상 의아했습니다. 저만 그런 거라면 이해하련만, 수많은 전문가의 말도 마찬가지 신세라는 게 무척 의문이었단 말이에요. 그런데 쇼펜하우어가 말하길 원래 그렇다는 거예요. 대중은 원래 전문가들의 말과는 반대로 가는 법으로, 여태 그래왔고 지금도 그러하고 앞으로도 그럴 거라는 겁니다. 그러니 제 말은 오죽했을까요. 쇼펜하우어는 이미 1800년대에 이걸 알아차리고 글로 남겨놓았습니다. 시대를 막론하고 옳은 말은 잘 먹히지 않는 것이라는 글을 보니 속이 다 시원하더라고요.

책을 찾아 읽으시는 분들은 이미 받아들이겠다는 의욕과 마음을 가진 분들입니다. 바르고 좋은 이야기를 많이 접하면 불안을 이겨내고 차츰차츰 변할 수 있어요. 내가 원하기만 하면 전문가들의 말을 얼마든지 들을 수 있는 세상입니다. 부모 교육이나 자녀 교육 쪽에 유독 좋은 콘텐츠가 넘쳐나는 걸 보면 의욕을 가진 부모님들이 얼마나 많은지 알 수 있죠.

저는 아이가 중등이 되면서 본격적으로 공부하기 시작했는데요. 처음에는 '어쩜 나랑 이렇게 생각이 같을 수 있지?' 하고 굉장히 신기하게 생각했습니다. 그런데 그게 반복되었고 결국 모두 같은 말을 하고 있음을 알게 되었어요. 각자 중요하게 생각하는 부분을 더 강조하거나 각자의 전공 분야에 걸맞게 풀어내거나 각자의 삶과 상황에 따른 이야기를 각자의 말투로 하고 있을 뿐, 본질은 같았습니다. 부모가 기필코 가져야 하는 마음이나 아이를 잘 키우는 방법, 육아의 모범 답안 같은 본질은 결국 같은 이야기라는 걸 깨달았지요. 더불어 놀랐던 지점은 우리 부부가 전문가들이 한결같이 말하는 올바른 육아를 잘 해왔다는 사실이었습니다.

우리 부부는 육아 전문가도 아니고, 아이가 태어나자마자 작정하고 눈에 불을 켜고 육아를 공부한 것도 아닙니다. 그런데도 육아 인생 2회차인 것처럼 전문가들의 말에 부합하는 육아를 했다는 건데요. 대체 어떻게 그럴 수 있었을까요?

저는 그 답을 대화에서 찾습니다. 남편은 "우리는 100년을 산 부부다"라는 말을 곧잘 합니다. 이미 100년을 산 부부만큼의 대화를 했다는 뜻으로요. 《아이의 꽃말은 기다림입니다》(청림Life, 2022) 책에서도 저는 대화를 강조하면서 우리 가족의 대화량은 평균보다 몇 배 수준이 아니라 나이아가라폭포와 같은 수준이라고 쓴 적이 있어요. 지켜보면 다들 깜짝 놀라 쓰러질 수준이라고 생각합니다.

저희는 늘 대화하며 살았지만, 아이가 태어나면서부터는 더더욱 대화의 바닷속에서 살았습니다. 말하자면 이것이 비법이라고 생각해요. 저희가 언제나 옳은 육아만 했겠습니까? 대화를 통해서 서로의 생각과 마음에서 오류를 찾아 없애고, 서로의 강점은 더 발전시키고 단점은 보완할 수 있었던 거예요. 대화하면서 어려움도 함께 견디고 늘 최선인 선택과 바른 방향을 찾았습니다. 대화에는 생각보다 훨씬 더 막강한 힘이 있습니다. 다음 장에서 구체적으로 말씀드릴게요.

2장

생각보다 더 막강한
대화의 힘

모르는 것과 부끄러운 것

아이들은 질문 기계입니다. 이렇게까지 온 세상의 모든 게 궁금할까 싶을 정도로 질문을 쏟아냅니다. 엄마 아빠가 웃으면 왜 웃는지도 궁금하고, 어른들의 대화에는 귀를 더 쫑긋 세우고 참견하죠. 삼라만상에 대한 궁금증과 더불어 가장 많이 물어보는 질문은 단어의 뜻인데요. 아이의 질문에 답해주다 보면 내가 이런 단어까지 설명할 수 있다는 것에 놀라기도 하고, 또 분명히 알고 있는데도 설명하기 힘든 단어가 정말 많다는 사실도 알게 됩니다. 부모의 역할에는 아이의 질문에 잘 대답해 주는 것도 포함되어 있다고 생각해요. 여러분은 아이의 질문에 얼마나 잘 대답해 주셨나요?

몇 년 전 티브이에서 본 광고 이야기를 할게요. 멋진 거실의 큰 원목 식탁에 모여 앉아 다과를 즐기는 화목한 대가족이 나옵니다. 광고 속에서 가족들은 뉴스를 보고 있었는데요, 뉴스를 보던 아이가 이렇게 질문해요. "엄마, 친환경 보일러가 뭐야?" 질문을 받은 엄마는 갑자기 전화를 받는 척하며 자리를 떠났습니다. 그러자 할아버지, 할머니, 아빠, 언니 모두 자신에게 질문이 올까 봐 급히 딴청을 피우는 장면이 차례차례 나왔어요.

　저는 이 광고를 보고 굉장히 놀랐습니다. 아이의 질문에 대답하지 못하는 걸 저렇게까지 난처해하며 저토록 창피해하다니요. 아이가 물어보는 걸 모르는 것이 왜 창피할까요? 아이가 우습게 여길까 봐 걱정되어서요? 부모로서의 체면이 깎이는 느낌이 드나요? 똑똑하고 멋진 어른으로 보이고 싶은 마음이 큰가요?

　이 광고 속의 모습이 현실의 모습을 대변하고 있는 거라면 문제라는 생각이 들었습니다. 왜냐하면 아이의 질문에 답변하지 못하는 경우는 생각보다 너무 많기 때문이에요.

　내 자녀에게 모르는 게 없는 부모이고픈 마음은 이해하나 그것은 아예 불가능한 미션입니다. 그러니 털끝만치도 바라지 말아야 합니다. 모르는 걸 아는 척하거나 두루뭉술하게 넘어가는 일에는 한계가 있고 결국은 아이의 질문을 꺼리고 회피하는 부모가 되고 말 테니까요. 그러면 아이도 눈치채고 더는 질문하지 않게 되고 대화는 줄어들게 됩니다.

　아이의 질문에 논리적이고 과학적으로 막힘없이 잘 설명해 주는 것보다 아이가 언제든 질문할 수 있는 부모가 되는 것이 더 중요합니다. 아이의 질문을 들어주는 나의 태도를 생각해 보세요. 스마트폰을 하면서 대충 대답하진 않았는지, 그런 건 아빠에게 혹은 엄마에게 물어보라고 미루진 않았는지, 학교에서 배우라고 말하진 않았는지, 크면 알게 된다고 피하진 않았는지요. 설마 그만 좀 물어보라며 짜증을 내지는 않았겠지요?

　사실 종일 질문 세례를 받는 건 상당히 귀찮습니다. 저도 겪어 충분히 알고 있어요. 하지만 아이의 입장을 헤아려 보면 달리 물어볼 사람이 없잖아요.

　저는 궁금증을 백과사전에서 해결하는 어린이였습니다. 부모님이 큰맘 먹고 장만해 주신 크고 무거운 30권짜리 백과사전(《두산동아 세계대백과사전》으로 80년대 가정에서 유행이었습니다)이 제 지식의 원천이었습니다. 백과사전을 뒤적이며 꽤 많은 궁금증을 해결하였는데, 반대로 백과사전을 벗어난 궁금증은 해결할 방법이 없었죠.

　지금은 부모가 마음만 있다면 무엇이든 답해줄 수 있는 상황이 되었습니다. 정말 고맙게도 우리에겐 척척박사 스마트폰이 있으니까요. 그래서 아이들이 몹시도 궁금해하는 세상의 많은 일들, 예를 들어 하늘이 왜 파란지, 벌이 어떻게 꽃을 찾는지, 새가 왜 한쪽 다리로 서있는지, 폭포의 그 많은 물은 쉬지 않고 어디서 계속 나오는지, 별이 왜 빛나는지 등등에 답을 줄 수 있습니다. 물론 아이가 직접 답을 찾을 수도 있습니다만, 그건 좀 컸을 때의 이야기입니다.

아이가 질문했을 때 그것을 받아주는 부모의 태도가 정말 중요하다고 생각해요. 아이한테 스마트폰을 쥐여주면서 검색해 보라고 할 순 없습니다. 학교에 가서 배우라거나 선생님께 여쭤보라며 회피할 수도 없고요. 무엇보다도 귀찮게 여기는 태도를 보이면 안 됩니다. "그러고 보니 엄마도 궁금하네?" 하면서 함께 찾는 것이 그렇게 어려운 일은 아니잖아요. 하고 있던 일이 있다면 "엄마 하던 거 끝내고 같이 찾아보자" 하고 나서 잊지 않고 함께 찾아봐야죠. 중요한 것은 친절해야 한다는 거예요. 그래야 질문한 아이가 민망하거나 쑥스럽거나 상처받지 않습니다. 내 어렸을 때를 생각하면 아이에게 조금 더 친절해질 수 있습니다. 특히 어른이 내 질문을 비웃거나 모른 척해서 마음이 상했던 기억이 있다면 말이에요.

저와 남편은 아이의 질문을 묵살한 적이 한 번도 없어요. 손님이 왔을 때나 바쁠 때도 기억해 두었다가 나중에 반드시 답을 주었습니다.

예나 지금이나 가장 많이 물어보는 질문은 단어의 뜻이고 고등학생이 된 지금도 여전합니다. 두세 살 때부터 지금까지 아이가 단어를 물어보면 항상 아이의 눈높이에 맞추어 설명해 주고 반드시 예문을 들어주었습니다. 단어의 뜻만 간단히 알려준 적은 단 한 번도 없었어요. 단어의 뜻을 알려준 다음에는 남편도 저도 약속이나 한 듯이 꼭 두 가지 이상의 예문을 함께 말해주었습니다. 서로 그러자고 한 것은 아니고 잘 알려주고 싶은 마음에 절로 그렇게 되었어요.

아이가 자라면서 질문하는 단어도 조금씩 어려워집니다. 그래서 제가 알고 있는 뜻이 정확한지 사전을 자주 찾아보게 됩니다. "엄마가 알고 있는 게 확실한지 찾아볼게" 아니면 "엄마도 잘 모르겠네. 사전을 찾아볼까"라고 하면서요. 그렇게 찾은 다음에는 사전에 나온 여러 가지 뜻과 사전에 나온 예문도 함께 알려주었습니다. 가끔 제가 잘못 사용하고 있던 단어도 발견하는데, 그럴 때는 엄마가 잘못 알고 있었다는 사실과 어떤 식으로 잘못 사용했었는지도 알려주었어요. 결국 제대로 알게 되었다는 사실이 중요합니다. 또 한자어가 정말 많지요. 그때는 한자를 하나씩 하나씩 따로 검색해서 어떤 뜻의 한자가 쓰였는지까지 알려주었습니다. 저 역시도 함께 배우고 알아가는 과정이었어요.

아이가 물어보는 단어 중에는 영어도 참 많습니다. 뉴스만 봐도 외래어와 영어가 어찌나 많은지요. 저는 지금도 그렇지만 학창 시절에는 영어를 더 못했어요. 아이에게도 엄마는 영어를 잘하지 못했다고 진작부터 말했습니다. 그래서 아이가 중학생이 되었을 무렵부터는 영단어를 물어볼 때마다 부지런히 사전을 찾아야 했죠. 그것이 창피한 일입니까? 모르는 것을 아는 척하는 것이 부끄럽지, 모르는 것을 모른다고 하는 건 부끄러운 게 아닙니다. 그리고 내가 그런 마음을 가지고 있으면 그것은 아이에게도 그대로 전해져요. 아이 역시도 모르는 것을 부끄러워하게 되고, 그래서 질문하지 못하고 넘기는 아이가 된다는 말이에요. 제 아이는 모르거나 궁금한 것이 생기면 '이 질문이 괜찮은 질문일까' 같은 복잡한 생각을 하지 않고 당당하게 묻는 아이가 되었습니다.

아이들이 가장 많이 물어보는 삼라만상에 관한 질문은 과학적 설명이 필요한 것이 대부분입니다. 그때는 동영상을 적극적으로 활용해 보세요. 과학 관련 유튜브 콘텐츠가 정말 무궁무진합니다. 또 아이가 보면 좋을 만한 다큐멘터리도 얼마나 많은지요. 그런 것들도 부지런히 같이 보세요. 함께 대화하면서 보는 것과 혼자 보는 건 천지 차이입니다.

아이가 궁금해하는 것은 엄마 아빠도 관심을 가지고 함께 알아본다는 마음가짐이 필요해요. 예를 들어서 아이가 빛의 속도에 대해 궁금해했을 때, "빛의 속도? 그걸 엄마가 어떻게 아니? 검색해 봐" 하는 부모가 있을 겁니다. 반면에 아이가 궁금해하는 것은 시간을 들여서 함께 찾아보고 함께 감탄하고 함께 이야기하는 부모가 있고요. 저희는 언제나 후자였습니다. 아이의 궁금증을 항상 저희도 궁금해했고 함께 배웠어요. 이런 일들이 5년, 10년, 15년 쌓인다고 생각해 보세요. 어마어마한 차이가 있는 겁니다. 지금은 저희가 질문할 때도 많은데요, 그럴 때마다 아이는 단 한 번도 귀찮아하지 않고 대충 대답하지도 않습니다. 과하다 싶게 자세히 설명해 줘요. 저희가 그랬던 것처럼 말입니다.

당신은 아이의 질문에 어떻게 반응하는 부모입니까?

꼬리에 꼬리를 무는 질문

질문 이야기가 나온 김에 한 가지 더 말씀드릴까 합니다. 아이의 질문에 친절하고도 적극적으로 대답한다는 걸 말씀드렸는데요. 질문과 답이 한 번 오가고 끝나는 경우는 거의 없고 대부분 꼬리를 물고 한참 이어집니다.

그런데 이건 '부모니까 이렇게 해줘야지' 혹은 '이런 식으로 하면 아이의 지식이 조금이라도 늘어나겠지' 하는 마음으로는 힘들지 않나 생각합니다. 왜냐하면 어떤 성과가 보이는 게 아니기 때문이에요. 체중이 줄지 않으면 다이어트를 지속하기 힘든 것과 마찬가지입니다. 이건 그저 내 아이와 대화하려는 마음만 있으면 저절로 되는 거예요. 물론 말하는 걸 즐기는 사람이라면 조금 수월한 면은 있겠습니다.

실제 있었던 예를 들어보겠습니다. 아이가 초등학교 저학년쯤이었을 거예요. 함께 예능 프로를 보는데 추성훈 씨가 나왔어요. 재미있던 일화를 이야기하고 있었습니다. 티브이를 보던 아이가 "엄마, 그런데 저 사람은 왜 저렇게 까매?" 하고 물었어요. 저는 "태닝을 해서 그래. 격투기 선수였던 건 알지? 더 강해 보이려고 그러는지 항상 태닝을 하더라"라고 말했어요. 그러고 나서 아차 싶어 바로 다시 물어봤죠. "너, 태닝이 뭔지 알아?" 아이는 모른다고 합니다. "태닝은 영어인데 햇볕에 그을려서 갈색으로 만든다는 뜻이야. 선탠 한다는 말은 들어본 적 있지? 태운다는 영어 탠(tan) 앞에 태양의 영어인 선(sun)을 붙인 거야. 바닷가 가서 놀면 까매지잖아? 그렇게 햇빛에 피부가 타는 게 선탠이야. 근데 햇빛에 피부를 골고루 잘 태우기 어렵고, 해 좋은 날에 어디를 가야 하니까 연예인들은 기계로 태닝을 한대. 골고루 예쁘게 그을려 주는 태닝 기계가 있대." 아이는 "아하!" 합니다.

　그러고 잠시 후 아이가 다시 물었어요. "근데 까맣게 되면 강해 보여?" 처음의 제 대답 때문에 나온 질문이죠. 티브이에서는 무슨 이야기가 나왔는지 다들 왁자하게 웃고 있어서 조금 궁금하지만, 아이의 질문이 먼저입니다. "응. 왜냐하면 피부색이 진하면 근육이 훨씬 더 잘 보이거든. 그래서 보디빌더들이 대회 때 일부러 갈색 액체를 몸에 발라. 그래야 근육이 하나하나 더 잘 보인대." 그러고 바로 스마트폰으로 보디빌더 대회 사진을 찾아 보여줍니다. 얼굴색과 달리 몸에 어두운 색깔을 칠한 보디빌더들의 모습을 본 아이가 선수들의 근육을 보고 놀라워하며 이 질문은 마무리되었어요.

꼬리에 꼬리를 무는 질문을 어렵게 생각하시기도 해서 한 가지만 더 예를 들어볼게요. 여행을 좋아하는 우리 가족은 〈걸어서 세계 속으로〉라는 프로를 즐겨 봅니다. 주말 오전 식사 시간과 맞아떨어지기도 하고요.

언제 한번은 베트남 여행 편에서 사이공이라는 단어가 나왔어요. 아이는 어렸을 때 2년 정도 지구본에 빠져 살았던 터라 지구상의 거의 모든 나라와 도시의 위치를 알고 있습니다. 그런데 사이공은 생소한 모양인지 어디냐고 물어봤어요. "베트남에 호찌민시티 알지? 사이공은 호찌민의 옛날 이름이야"라고 알려주었지요. 호찌민시티의 정확한 위치를 알고 있는 아이는 머릿속으로 세계지도를 그리고 호찌민을 찾았겠지요. 그러더니 또 질문합니다. "왜 이름을 바꿨지?" "호찌민은 베트남 사람들이 존경하는 인물 이름인데 첫 대통령이기도 해. 기억하고 싶어서 바꾼 거야." 다시 아이가 질문합니다. "그럼 그 전에 사이공은 왜 사이공이었는데?" 이제 제가 모르는 영역입니다. "글쎄, 엄마는 그걸 궁금하게 생각해 본 적도 없네. 한번 찾아볼까?" 하고 검색했어요.

답을 찾는 중에 '동나이강 지류인 사이공강'이라는 문구가 보이길래 지류가 뭔지 아냐고 물어보았습니다. 아이는 "지류? 지류?" 하더니 뭔지 알 것 같은데 설명은 못 하겠대요. 그래서 또 함께 지류를 검색해 보았지요. "지류는 우리 예상대로 한자어네. 원줄기로 흘러들거나 거기서 나오는 물줄기가 지류야. 그러니까 동나이강이 더 큰 강이고 거기서 한 줄기 나온 강 이름이 사이공이네." 아이와 저는 지류 옆에 적힌 한자를 보고 뜻을 추측하면서 다시 한자 사전에서 각 글자의 뜻도 찾아보았죠. 지도에서 확인해 보고 싶다고 해서 아빠와 함께 구글 어스를 통해서 호찌민시를 지나는 사이공강을 보고 본류인 동나이강이 바다로 이어지는 모습까지 살펴보았습니다.

이런 이야기를 들으면 '와, 이런 식으로 지식이 계속 쌓이면 어마어마하겠네?'라고 생각하실지도 모르겠어요. 사실 여러분이 생각하는 것보다 훨씬 더 방대한 대화가 오갑니다. 어려서부터 매일 함께 뉴스도 봐왔기 때문에 무척 다양한 대화가 꼬리에 꼬리를 물고 오가고 그게 산을 이룬 지 오래입니다.

그런데 이렇게 오간 대화들을 차곡차곡 지식으로 저장하진 못합니다. 그건 불가능해요. 그것에 욕심을 내면 안 됩니다. 이것은 일상이지 공부가 아닙니다. 얼마 전에도 제가 트위터를 보다가 "베텔게우스 폭발이 임박했대!"라고 남편과 아들을 향해 말했는데요. 이 말 한마디로도 폭발이 베텔게우스의 시점인지 640광년 떨어진 우리가 그 빛을 보는 시점인지, 그러니까 이미 베텔게우스는 없고 이제야 우리가 그 폭발을 알 수 있는 시점이 임박했다는 의미냐 아니면 실제로 곧 폭발해서 640년 후쯤 빛이 사라진다는 거냐 등등 다 쓸 수도 없는 양의 대화가 오갔습니다. 그래서 결국 실제 어떻게 된다는 건지, 최소한 베텔게우스의 이모저모에 대해 다시 한번 찾아보고 뭐라도 하나 지식으로 저장했는지가 중요한 게 아닙니다. 서로의 생각을 말하고 의견을 나누며 대화했다는 게 중요한 것이죠.

대화를 통해 지식이 늘어나길 바라면 안 됩니다. 그건 목적이 다른 데 있는 대화예요. 지식은 제가 집어넣을 수 없어요. 아이가 정말 원하고 신경을 써야만 기억합니다. 이건 공부의 메커니즘이기도 하지요. 누가 백날 떠들어도 내가 정말로 기억하려고 마음을 먹고 노력을 기울여야 기억할 수 있습니다.

아이의 머릿속에 지식으로 들어가는 건 매우 일부분이라는 사실은 같은 질문을 여러 번 한다는 것에서도 증명이 됩니다. 매우 비슷한 걸 반복적으로 물어보거든요. 같은 질문이 네댓 번쯤 반복되면 저도 슬쩍 알려줍니다. "이거 지금 적어도 네 번째 물어보는 거거든. 이렇게 계속 물어본다는 건 네가 매번 궁금해한다는 거잖아? 그러니까 이번에는 조금 신경 써서 잘 들어봐"라고 알려줍니다. 그래도 그걸 잘 기억했는지는 알 수가 없죠. 시험을 보는 것도 아니니까요. 아이의 머릿속에 들어가는 지식이 중요한 게 아니고, 뭐든지 궁금한 건 질문할 수 있고 그것을 엄마 아빠와 즐겁게 대화하며 답을 찾을 수 있다고 인식하는 것과 그 과정 자체가 중요합니다. 그 시간이 즐거운 거고요.

사실 저 역시도 아이의 질문을 통해서 알게 되는 것에 대한 기쁨이 만만치 않게 있습니다. 그래서 "와, 이게 이런 거였구나. 이번에 정확히 알았네" "네 덕분에 엄마도 이제야 알게 됐다, 정말 신기하다!" 이런 반응을 하게 되는데요. 제 반응이 크면 클수록 아이에게는 훨씬 더 즐겁고 신나는 순간이 되는 것 같습니다.

뭐든지 재미있는 건 못 따라가는 거 같아요. 놀이를 가장한 학습 교구를 아이들이 끝까지 재미있게 하지 못하는 이유가 거기 있습니다. 아무리 어린 아이라도 눈치를 채고 맙니다. 놀이처럼 시작해도 의도가 학습에 있다면 그런 마음과 의도와 계획은 티가 날 수밖에 없으니까요. 그냥 뒀으면 재미있게 할 수도 있는 걸 자꾸만 교구의 의도대로 하길 바라는 마음, 그래서 지능이든 뭐든 조금이라도 발달했으면 하는 마음, 못하면 옆에서 안타까워하고요. 내 아이가 이런 것도 척척 잘했으면 좋겠다는 마음이 아이에게도 전해집니다.

인간은 얼마나 예민한지 즐거움을 저해하는 그런 불순한 마음을 귀신같이 눈치챈다니까요. 저도 조카에게 물려받은 교구를 아이에게 들이밀어 본 적이 있어요. 그런데 아이가 매뉴얼대로 하기를 원하면서 시범을 보이면 아이는 바로 흥미를 잃었습니다. 고집이 있었지요. 그게 몇 번 반복되고 나서야 깨달았습니다. 억지로 몰고 가서는 성과를 내기 어렵다는 걸 말이죠. 이후로는 마음대로 가지고 놀게 두었습니다.

그러니 꼬리에 꼬리를 무는 질문도 순수한 탐구의 마음이 있어야 가능합니다. '이걸 알려줬으니까 지식이 늘어나겠지' 이런 생각은 아예 하지 말아야 합니다. 또 꼬리 질문을 하는 게 좋다고 해서, 억지로 질문을 만들어서 아이에게 들이대고 생각하길 강요하면 안 됩니다. 모든 과정이 물 흐르듯 자연스럽고 즐거워야 합니다.

새로운 것을 알아가는 순수한 즐거움을 아이가 느끼길 바란다면 부모도 그것에 순수한 기쁨을 느껴야 해요. 억지로는 아무것도 되지 않는다는 걸 꼭 기억하세요. 그런데 억지로 되는 게 아니라는 사실이 조금 위안이 되기도 하지 않나요? 억지로 시켜서 더 잘하게 만들 수 있는 거라면 너무 책임이 막중해지지 않겠습니까? 그래서 오히려 저는 참 다행이라는 마음이 드는걸요.

부부 대화의
힘

육아는 난도가 매우 높은 종목입니다. 조력자 없이는 넘기 어려운 큰 산이 줄줄이 버티고 있습니다. 그중 '아이의 공부' 영역도 대단한 장애물이에요. 매 순간 내 아이의 성향과 상황과 필요에 따른 최선의 선택을 해야 하는데, 그걸 혼자 생각하고 혼자 결정하는 건 너무 버겁고 어려운 일입니다.

그래서 대화할 상대를 애타게 찾게 되고, 그 상대는 주로 동네 엄마들이 됩니다. 아이들의 나이나 학교의 인연으로 엮인 동네 엄마들과는 공통점이 많고 관심사도 비슷해서 대화가 아주 잘되기 때문이에요. 척하면 착 알아듣는 이들과 대화하다 보면 점차 아이에 관한 모든 상의를 그들과 하게 됩니다. 아이의 학년이 올라가면 여기에 새로운 대화 상대가 끼어들게 되는데, 그들은 학원의 상담실장 또는 학원 선생님이에요. 이제 내 아이의 공부에 관한 대화는 '나 ― 동네 엄마 ― 학원'의 삼각 울타리 안에서 이루어집니다. 이쯤 되면 내 아이의 또 다른 양육자인 남편은 이미 저만치 멀어져 있죠.

하지만 생각해 보세요. 동네 엄마나 학원의 말만 믿고 내 아이의 일을 결정할 수는 없습니다. 그 사람들은 내 아이를 잘 모릅니다. 내 아이의 미래를 위해서 자신의 시간을 쏟아가며 성심성의껏 깊게 고민해 주지 않습니다. 하루가 멀다고 만나서 심각하게 대화한들 얻을 수 있는 게 별로 없어요. 정보는 얻을 수 있지 않겠나 싶겠지만 근거 없고 옳지 않은 정보가 무성합니다. 학년이 올라갈수록 다들 자기 코가 석 자라 다른 아이 일은 더더욱 안중에 없게 됩니다.

그래서 함께 고민할 사람은 결국 양육자밖에 없어요. 진심으로 내 아이의 현재와 미래를 걱정하는 사람과 의논하고 대화해야 그나마 잘 선택할 수 있습니다. 양육자끼리 한 팀이 되어 대화해야만 내 아이에게 최적인 방향을 찾을 수 있고 그 방향으로 나아갈 수 있어요. 하지만 문제는 아이의 공부에 관해서 갑작스레 남편과 대화하고 상의하기가 어렵다는 데 있습니다.

부부는 항상 서로 대화하려 노력해야 합니다. 이런 난관에 봉착하게 되니까 대화해야 한다는 게 아니고, 부부니까 필연적으로 대화해야 합니다. 아이의 공부 문제는 사실 아주 일부분일 뿐이에요. 부부끼리 대화가 어려우면, 뜸하면, 줄어들면, 없으면 반드시 문제가 생깁니다.

결혼생활이 그렇지 않나요. 상의할 일들이 매일 한 보따리입니다. 상의할 것이 없더라도 배우자는 나의 일상과 마음을 솔직하게 말할 수 있는 유일한 사람이죠. 사심 없이 공감과 위로를 주고받을 수 있는 상대입니다.

대화할 시간은 없지 않습니다. 남는 시간을 이용하려 하지 말고 일부러 시간을 만들어야 해요. 스마트폰 보는 시간을 줄이고 아이들을 일찍 재우고 함께 시간을 보내야 합니다.

아이의 일은 양육자끼리 매일 깊이 고민하고 상의해서 결정해야 합니다. 그런데 자녀의 교육 문제만큼은 한발 빼려는 남편이 있을 수 있습니다. 예전과 많이 바뀌었다고는 하지만 '그런 건' 알아서 하라는 남편들이 여전히 꽤 많을 거예요.

제 남편의 친구들만 봐도 모두 아주 기초적인 사항조차 모르고 있습니다. 입시생 자녀를 둔 친구도 예외 없어요. 한 친구는 "우리가 교육이나 입시에 관심 두거나 물어보는 거 와이프도 싫어해"라고 말했는데요, 이건 비겁한 변명이지요.

물론 아내들이 싫어했을 수 있습니다. 그렇다면 왜 싫어했을까요? 항상 대충 흘려들으니까 매번 같은 소리를 하고 또 하는 일이 거듭되었던 거 아닐까요? 아이의 친구나 선생님, 공부나 학교생활에 대해 아내의 10분의 1만큼도 관심을 두지 않고 아내가 말할 때마다 귀찮다는 티를 낸 건 아닐까요? 나는 돈을 벌어오는 사람이니 골치 아픈 일에서는 좀 빼달라는 뉘앙스를 풍기지는 않았을까요? 계속 이런 태도였다면 아내라고 뾰족한 수가 있었겠습니까?

변화무쌍한 교육제도 속에서 내 아이에게 유리한 진학 방향을 알려면 상당한 품이 드는데, 그런 것에 시간을 들이기 싫어하는 남편은 또 다른 의미의 장벽입니다. 그래놓고 나중에 아이의 입시가 코앞에 닥치면 화들짝 놀라면서 문제와 책임을 아내에게 모두 전가할 테지요. 아직도 아빠의 무관심이 아이의 공부를 잘하게 만드는 비결이라는 시대착오적인 관념 뒤에 숨는 건 비겁합니다.

혹은 아내와 남편의 교육관이 너무 다르면 상대방의 관심이 정말 싫을 수 있습니다. 내 판단이 맞고 그래서 나 혼자 결정하는 게 편하다고 생각하는 거죠. 실제로 그렇게 생각하는 사람을 본 적도 있어요. 지금은 사교육의 시대인데 남편은 자꾸 옛날 이야기만 한다는 거였지요. 하지만 들어보니 남편의 생각은 타당했습니다. 지금 아이의 공부 방법 중에 잘못된 지점도 정확하게 알고 있었고 아이의 성적이 이러하니 오히려 이런 걸 하는 게 나을 텐데, 사교육을 줄여야만 그 시간이 생길 거 같다는 말에는 그른 점이 없었어요. 하지만 아내는 들어볼 생각도 하지 않고 있었습니다.

'당신은 나와 생각이 다르니 빠져줬으면 좋겠어.' 이것은 잘못된 생각입니다. 누구 한 사람의 아이가 아닙니다. 누구 한 사람의 생각만 옳은 것도 아니고요. 그렇게까지 자기 생각이 옳다면 상대에게 설명하고 이해시키고 설득해야죠. 서로의 생각이 다를수록 더 치열하게 대화하고 고민해서 합의점에 도달해야만 합니다. 두 사람이 맞춰가는 겁니다. 같이 힘을 합쳐도 힘든 게 육아입니다. 모든 일과 상황마다 일일이 대화로 접점을 찾아가는 것이 결혼생활이고요.

아이의 공부, 학원, 학교생활, 온갖 걱정과 불안 등은 혼자 감당할 수 없을 정도로 큰 무게입니다. 함께 걱정하고 고민하고 해결책을 의논하세요. 또 주변의 이야기에 휘둘리기 쉽기에 서로 감시하고 잡아주고 안심시키고 다독여 주는 역할을 해야 합니다. 아이 일로 속상한 내 마음을 솔직하게 말할 수 있는 사람이 또 누가 있겠어요.

그런데 이런 이야기를 하면 남편이 (혹은 아내가) 말이 없는 사람이라서 대화가 힘들대요. 핑계는 전부 다 끌어옵니다. 아이의 핑계는 참지 못하면서 나에게는 온갖 핑계가 있는 거예요. 물론 말이 없는 성격이 있습니다. 하지만 최소한 아이의 일로는 말을 해야지요. 의견을 내야지요. 상대가 회피하면 내가 단단히 작정했다는 걸 알게 하세요.

그런데도 귀찮아하고 말을 안 하려 든다면 그건 사랑과 관심이 덜한 겁니다. 책임이 없는 거예요. 회사 일이었다면 과연 그럴 수 있을까요? 중요한 회의지만 나는 과묵한 성격이라 말하지 않겠다고 하면

용납이 될까요? 조금만 생각해 봐도 이건 말도 안 되는 핑계라는 걸 알 수 있습니다. 도무지 변명의 여지가 없는 일이에요.

양육자끼리 대화를 잘하는 집은 당연히 아이와도 대화를 잘합니다. 아이가 어려서, 사춘기라서, 공부하느라 힘들어서 등등의 핑계 없이 대화를 할 수 있어요. 어려서부터 부모님과 대화를 많이 나누며 자란 아이는 사춘기 꼭대기에 와있대도 대화를 끊지는 않습니다. '이제부터 대화하고 삽시다'라고 선언한다고 대화를 할 수 있는 게 아니듯 아예 끊기도 어렵거든요.

아이와 계속 대화할 수 있으면 많은 부분이 해결되고 걱정도 상당히 줄어듭니다. 부모도 그렇지만 아이도 그럴 거예요. 그맘때 가장 불안하고 걱정이 많은 건 아이 본인입니다. 그런 마음을 아이가 부모님께 표현할 수 있고 대화로 갈등과 고민을 해소할 수 있다는 건 어마어마한 가치를 가집니다. 이 모든 걸 위해서 부부끼리 대화할 시간과 마음을 만드는 데 최대한의 노력을 기울이세요. 부부의 대화가 우선입니다.

아이의
생각과 의견

부모라는 이유로 자녀의 마음을 잘 알 수 있을까요? 아이가 어릴 때는 표정, 분위기, 태도, 말투로 미루어 아이의 마음을 짐작할 수 있습니다. 그때는 아이가 직접 말로 잘 표현하기도 하고요. 하지만 대여섯 살만 되어도 슬슬 사회적인 눈치가 생기므로 자기 마음을 숨길 수도 있고, 엄마와 아빠를 너무 사랑해서 엄마 아빠가 원하는 방향으로 대답할 수도 있습니다.

분명한 사실은 해가 지날수록 내 아이에 대해 모르는 부분은 점점 늘어난다는 거예요. '에이, 아니야. 우리 애는 그런 거 안 좋아해.' 내 아이는 내가 잘 안다고 여기지만 아이를 가장 모르는 건 부모라는 말을 실감하는 순간은 금방 찾아옵니다.

그러니 항상 아이와 대화해야 합니다. 대화라는 건 이야기를 주고받는 거예요. 자녀와 대화하다 보면 부모가 일방적으로 말하는 상황이 되기 쉬운데 아무리 어려도 자기의 생각과 의견이 있다는 걸 늘 생각하고 아이에게 말할 기회를 주어야 합니다.

아이가 자란다고 자기 생각 말하기를 절로 잘하게 되지 않습니다. 이게 생각보다 연습이 좀 필요한 일이더군요. 연습이 안 되어 있으면 어른이 되어도 그게 어렵습니다. 그래서 아이의 의견을 물어봐 주는 게 중요합니다. 그래야 자기의 일에 대해서 스스로 생각해 볼 수 있어요. 생각을 해봐야지 의견이 생깁니다. 계속 대신 결정해 주면 생각조차도 못 하는 사람이 되기 쉽습니다.

아이에게 시간을 주세요. 스스로 생각해 볼 수 있게, 그래서 어떻게 하면 좋을지 고민해 보게요. 내 마음이 어떤지 들여다보고 말로 표현할 수 있는 충분한 시간을 줘야 합니다. 그래야 나중에도 자기의 생각과 의견을 부모님께 말합니다. 자기 의견을 말해본 경험, 자신의 말에 부모님이 귀 기울여준 경험, 서로의 의견 차이를 좁혀본 경험, 다른 의견을 수용했던 경험, 이런 경험이 중요하거든요.

아이와 대화를 잘하려면 아이를 인격체로 대해야 합니다. 그래야 일방적인 소통이 되지 않고 의견을 주고받을 수 있어요. 인격체로 대해야지 아이의 생각과 의견을 물어볼 수 있고, 경청할 수 있고, 수용할 마음도 생깁니다.

안전이나 생활 습관, 건강에 대한 부분처럼 부모가 가이드를 명확하게 제시해야 하는 일이 있고 아이의 의견을 묻는 게 필요하고 더 나은 일들이 있습니다. 그것을 판단해서 아이에게 충분히 생각해 볼 기회, 의견을 말할 기회, 선택할 기회를 주세요.

공부도 공부하는 주체인 아이의 의견이 중요한데 아이와 상의도 없이 부모님이 결정해 버리는 일이 많습니다. "학원 두 개만 정리할까?" "사회도 문제집을 풀게 할까?" "영어학원을 옮길까?" 아이 공부에 대한 의견을 저에게 묻는 친구에게 아이는 뭐라고 하는지를 물어보면 단 한 번도 아이와 말해본 적이 없어요. 아이의 의견은 궁금해하지도 않습니다. 아이는 뭘 모를 거라고 생각해요.

그런데 잘 모르더라도 그 공부를 하고 학원 수업을 듣는 건 아이니까 당연히 의견이 있을 것이고, 어떤 의견은 결정적인 역할을 하기도 합니다. 학원을 옮겨야 한다고 생각했으면 부모님이 먼저 깊게 고민해 보고, 아이의 의견도 물어보고, 엄마가 왜 그렇게 생각했는지 알려주고, 서로의 생각을 교환해서 최종 결정을 해야 맞습니다. 그런데 아이의 의견은 아랑곳없이 다른 엄마들의 말에 학원을 정리했다가 늘렸다가 이리저리 옮깁니다. 아이는 결과만 통보받고요.

본인의 일은 본인이 심사숙고하고 본인이 선택하는 게 맞습니다. 물론 아이니까 잘 모르는 게 당연하고 깊이 생각하는 힘도 턱없이 부족해요. 그러니 아이가 어릴수록 부모님이 더 많이 생각하고 따져봐야 합니다. 그러고 나서 아이에게 알맞게 설명해 주고 대화해야죠. 그중에서 아이가 선택할 수 있는 사항이 있으면 선택할 수 있게도 하고요. 아이도 자신의 선택이 항상 받아들여지는 건 아니지만, 받아들여지지 않을 때는 합당한 설명이 따라오니까 이해하고 수용합니다.

어릴 때부터 아이의 생각과 의견을 묻고, 수용할 건 수용해 주는 연습을 해보세요. 부모님의 의견을 아이에게 권할 때도 강압이나 통보 대신 설명과 설득의 과정을 거치세요. 모든 걸 빠르고 쉽게 가려 하지 말고 시간과 품을 들이세요. 물론 양육자끼리 먼저 충분한 대화를 하는 것은 필수이자 기본입니다.

소통은 글로도 가능합니다. 글로 하는 소통은 말로 할 때보다 곰곰이 생각해 볼 시간을 충분히 가질 수 있다는 게 매우 큰 장점이에요.

한글을 읽고 쓸 줄 아는 어린 자녀와 할 수 있는 놀이 하나를 소개할게요. 질문과 답을 서로 적어 교환해서 보는 것인데 제 아이는 '문제 놀이'라고 부르면서 굉장히 좋아했습니다. 우연히 아이의 연습장에 간단한 질문을 적었던 걸 계기로 시작하게 되었는데요, 덕분에 아이의 생각을 많이 알게 되었어요.

예를 하나 들면요, 제가 '미끄럼틀을 왜 싫어하나요?'라는 질문을 적었더니 아이가 '너무너무 급격해서요'라고 답을 적었습니다. 미끄럼틀이 싫다는 말만 했었는데 그런 거였다니 놀랐죠. 그래서 이후에는 완만한 미끄럼틀을 찾아다니면서 재미있게 타고 놀았습니다. 밥 먹다가 안 먹는 이유(너무너무 놀고 싶어서), 유치원을 다니게 된다면 걱정되는 부분(급식), 혼날 때 반성을 하는지(반성보다는 슬픈 생각) 등등 많은 것에 대한 아이의 생각을 알 수 있었습니다.

재미로 했던 거지만 엄마의 질문지를 기쁜 마음으로 받아들고 곰곰이 생각하면서 글로 써봤던 건 여러모로 정말 좋은 놀이였다는 생각이 들어요. 게다가 말로 물어볼 때는 아이가 생각하는 시간이 길게 느껴져서 재촉하는 일이 많았는데요. 글을 기다릴 때는 제 마음이 전혀 급해지지 않더라고요. 인내심이 절로 생겨서 저에게도 많은 도움이 되는 놀이였습니다.

지금도 글로 소통하는 부분들이 있어요. 제 아이는 저를 따라서 여섯 살부터 블로그를 했습니다. 블로그에 일기와 여행기도 쓰고, 레고나 종이접기 사진도 올리고, 피아노 연주 영상도 올리고, 만화를 그려 연재하기도 하고, 서평도 썼지요. 아이가 포스팅을 올리면 저와 남편은 언제나 답글을 달아줍니다. 그러면 거기에 아이가 또 답을 하는데, 여전히 답글만큼은 서로 존댓말을 쓰지요. 최근에는 공부에 관한 글을 가끔 올리는데요. 아이를 향한 응원이나 위로의 말이야 평소와 다를 바 없지만, 말과 글은 느낌이 좀 다릅니다. 마음이 좀 더 잘 담기는 듯하거든요. 아이 역시도 흘러가는 말로 듣는 것과 엄마 아빠의 마음을 글로 읽는 건 퍽 다를 거라고 봅니다.

굳이 블로그까지 갈 것도 없이 요즘은 문자로 하는 소통이 모두에게 가장 편하고 자연스러운 방식입니다. 저도 아이가 학교에 있을 때는 항상 카카오톡 메신저(이하 카톡)나 문자로 대화를 하거든요. 저는 이게 너무 좋다고 생각해요. 꼭 전화로 안부를 전하고 목소리로 소통하라는 법은 없습니다. 그리고 카톡이나 문자는 전화보다 말을 건네기에도, 속마음을 털어놓기에도 부담이 덜하다는 매우 큰 장점이 있지요. 또 이모티콘을 이용해서 조금 더 수월하게 마음을 표현할 수도 있다는 점도 너무 좋다고 생각해요.

상황에 따라 아이의 대답이 성의 없는 단답형일 수도 있고 아이가 아예 답변을 안 할 수도 있어요. 그런 것에는 너무 의미를 두지 말았으면 해요. 마음을 전한 것으로 만족하면 됩니다. 대화 창구가 있다는 것만으로도 다행으로 생각해야죠.

가족 간의 대화는 습관처럼 이루어져야 합니다. 그러려면 역시 어려서부터 계속 대화를 해왔어야 하는데, 이때 다양한 주제로 대화했던 경험이 매우 중요합니다. 아이랑 하는 대화가 주로 공부에 관한 것뿐이었다면 아이가 크면 클수록 다른 주제로는 대화가 거의 안 됩니다. 부모님과는 공부밖에 이야기한 기억이 없으니까 공부 외의 대화가 너무 어색해지는 거예요. 대화 주제의 다양성이 굉장히 중요하다는 걸 꼭 알고 계시기 바랍니다. 청소년들이 어른과 대화를 안 하는 게 아닙니다. 부모하고 안 하는 거예요. 청소년들을 보면 식당, 미용실, 학원 등에서 어른과 잘만 대화하고 웃고 떠들거든요. 부모님하고만 자연스럽게 대화하지 못하게 된 겁니다.

아이와의 대화가 이미 조금 어색하다면 지금부터라도 부지런히 의견을 물어봐 주고 경청해 주고 아이의 생각을 받아들일 마음의 여유를 가져보세요. 모든 것이 그렇지만 마음먹는다고 바로 순탄하게 되지 않아요. 이제부터 생각을 말하란다고 아이가 말하지 않습니다. 오래 걸려요. 대화가 잘 안 됐던 시간 이상으로 노력해야 합니다. 지금부터 차츰차츰 애쓰길 바랍니다. 신경 쓰고 노력한 만큼 좋아집니다.

불안을 지워주는 지우개

부모가 되는 건 걱정과 불안이 사방으로 무한 증폭되는 일입니다. 초반에는 아이의 안전에 대한 걱정과 불안이 아주 크지요. 저는 이 걱정이 상당했던 엄마라 늘 가슴 한쪽에 서늘한 불안주머니를 가지고 사는 느낌이었습니다.

지금도 여전히 자잘한 일들을 푸짐하게 걱정하며 살고 있는데요. 지나간 걱정들을 돌이켜 보면 쓸데없는 일로 마음을 갉아먹은 게 대부분입니다. 걱정이란 게 보통 그렇잖아요.

불안과 걱정이 없는 부모는 없습니다. 하지만 아이에게 불안을 전가하고 싶은 부모가 있고 아이의 불안을 없애주려 애쓰는 부모가 있습니다. 그리고 이건 경향성이 있고 버릇이 되는 것 같아요. 주로 불안의 말을 던지는 사람은 모든 상황에서 습관적으로 아이에게 그런 식의 말을 합니다.

저는 불안이 높아 걱정이 많은 타입이라서 아이에게는 그러지 않으려고 꽤 노력해야만 했어요. 이것도 연습과 노력이 필요한 일이라 아이가 어렸을 때는 잘 해내지 못했습니다. 저의 불안한 마음을 아이에게 여러 방식으로 전달하곤 했지요. 그래서 아이가 아예 시도해 보지 못한 것들과 여전히 두려워하는 것들이 있습니다. 불안해하는 아이의 감정을 충분히 공감해 주고 불안이 사그라들도록 많은 이야기를 해주고, 넉넉한 마음으로 기다려 주었다면 참 좋았을 텐데요.

하지만 저의 이러한 성향을 알고 있기에 노력했고 점차 나아졌습니다. 지금은 어떤 상황에서도 즉각적으로 불안을 없애주는 말을 제법 그럴듯하게 던질 줄 알게 되었어요. 또 사람마다 불안을 더 느끼는 지점이 다를 겁니다. 제가 안전에 대한 불안이 높듯이 인간관계나 성적에 불안이 높은 사람도 있을 거예요. 나는 어떤 부분에서 불안이 높은지를 스스로 아는 것도 중요하겠습니다.

"너 이제 큰일 났다" "내일 학교 가면 혼나겠네" "뭐가 되려고 이래?" "이러면 아무도 너한테 말도 안 걸어" "이 점수로는 아무 데도 못 가!" "이렇게 마르면 큰일 나" "살찌면 사람들이 싫어해" "한 번만 더 망치면 대학은 끝이야" 등 아이의 불안을 부추기는 부모의 말들은 끝도 없습니다. 그런데 굳이 왜 이런 말을 하는 걸까요? 제 생각에는 그러면 아이가 노력할 줄 알고 그러는 거 같아요. 더 잘하려는 마음을 먹어줄까 봐, 그래서 나아질까 하고요.

하지만 그건 잘못된 생각이고 말도 안 되는 희망입니다. 비난받으면 마음을 고쳐먹나요? 불안하면 열심히 하게 되나요? 우리가 아주 잘 아는 것처럼 마음에 걱정이 있으면 아무것도 안 됩니다. 그러니 더 잘하라는 마음으로 불안을 부추기는 거라면 그것은 역효과가 일어난다는 걸 알아야 합니다.

그런데 그런 의도 없이 그저 화를 참지 못하거나 혹은 버릇처럼 하는 걸 수도 있어요. 말이란 게 경향성을 가지기 때문에 금방 자리를 잡습니다. 눈 깜짝할 새에 습관이 된단 말이에요. 그리고 설령 입 밖으로 내지 않는다고 해도 부모의 불안한 눈빛을 아이가 눈치채지 못할 리 없습니다. 아이들은 우리 생각보다 엄마와 아빠의 표정을 훨씬 더 잘 살핍니다. 우리 어릴 때를 떠올려보면 알 수 있지요. 엄마 아빠의 미묘한 냉기나 심기 불편함을 절대 모르지 않습니다.

아이가 용기 내어 자신의 불안을 말하면 우선 그 마음을 이해해 주어야 합니다. 어른의 마음으로는 그 불안이 안타깝고 이해가 되지 않을 때도 많지만 아이는 불안하니까 말한 거죠. 그런 조마조마한 마음에 대고 "그게 불안할 일이야? 너는 별게 다 불안하다"라고 일축한다면 아이의 마음은 어떨까요. 불안할 일이 아니란다고 아이의 불안이 사라지지 않습니다. 다음부터 말하길 꺼리게 될 뿐이겠죠.

그렇다고 "그러게, 불안하겠다. 어떡하니?"라고 공감하고 걱정하는 걸로 끝내면 안 됩니다. 불안을 조금이라도 줄여주어야 해요. "맞아. 엄마도 어릴 때는 이런 일로 너만큼 불안했어. 그런데 이렇게 생각해 봐"하면서 이야기를 이어나가야 합니다. 그리고 말이란 정말 신기하지 뭐예요. 아이에게 지어서라도 불안을 없애주려는 말을 하면 정말 괜찮다고 여겨집니다. 그리고 저도 아이도 점점 불안이 적어지는 사람이 되는 거예요.

아이의 안위에 대한 걱정이 조금 줄어들 즈음이면 그 자리에는 다른 걱정이 치고 들어옵니다. 걱정 그 자체가 줄어드는 법은 절대 없지요. 아이의 사회생활이 시작되면서 학교생활, 선생님, 사회성, 아이의 친구, 아이 친구의 엄마까지 걱정은 대폭 늘어납니다.

초등 때는 특히 친구 관계로 불안해하는 아이들이 많지요. 그런데 엄마들의 불안이 아이보다 더 높은 경우도 꽤 있습니다. 아이의 친구 관계로 불안과 걱정을 떠안고 절절매는 엄마들이 생각보다 많더라고요. 자신의 경험을 아이에게 투영해서 그럴 거예요. 자신의 경험은 좋고 나쁘고를 떠나 아이를 키우는 기준이 되니까요. 내가 경험하지 않은 다른 방향을 생각하기 참 어렵고, 특히 자신에게 부정적인 경험이 있다면 그것에 대해 과한 걱정을 달고 아이에게 무리하게 적용하게 됩니다. 그래서 나와는 다른 경험을 했을 배우자와 대화하는 것은 불안을 낮추는 가장 좋은 방법입니다.

어릴 적부터 친구가 많은 사람을 몹시 부러워하면서 그렇지 못한 자신은 외로웠고 부끄럽기도 했다는 한 후배는 자기 아이도 그런 기분을 느낄까 봐 지레 걱정하였습니다. 저에게도 강조했지요. "언니도 일부러 시간을 내서 엄마들이랑 어울려야 해. 안 그러면 내 애는 친구가 없다니까? 애를 위해서 못 할 게 어딨어?"

후배의 말대로 엄마들과 어울려야 내 아이에게 친구가 생기는 시절이 있습니다. 하지만 그 목적으로 일부러 엄마가 나서는 상황은 성향에 따라 생각보다 지치는 일이 될 수도 있어요. 못 할 게 없다고 하던 후배도 점점 지쳤습니다. 아이의 성향과 자신의 성향, 신체와 정신의 피곤함을 무시하고 단지 내 아이에게 친구가 많기를 바라며 동네 아이들과 엄마들이 모이는 곳은 모두 따라다니느라 녹초가 되었습니다. 그리고 인간관계가 그렇듯이 마음 상하는 일 또한 끊이지 않아서 후배도 마음고생을 많이 했어요. 정작 후배의 아이는 친구에 별로 신경 쓰는 성미가 아니었습니다.

왕따 경험이 있다는 다른 친구도 딸의 친구 관계에 무척 예민해서 딸 아이의 카톡을 일일이 모니터링하며 말 한마디에도 크게 마음이 상하곤 했죠. 나와 아이는 다른 인간이라는 걸 알면서도 내 경험에서 벗어나 생각하는 건 참 어려운 것 같습니다.

아이의 친구 관계에 대한 걱정이 좀 사그라지면 공부와 성적 걱정이 치고 올라옵니다. 자녀의 성적은 부모님들이 가장 불안해하는 요소일 텐데요. 열망이 크니 불안이 높은 게 당연합니다. 하지만 가장 불안한 건 당사자인 아이들입니다. 그런데 아이의 시험 기간에 엄마가 더 긴장합니다. 아이가 시험을 잘 볼지 못 볼지 심장이 두근거려서 못 견디겠다고 합니다. 내내 안절부절못하다 시험 끝날 시간이 되면 제정신이 아닐 정도고, 매번 시험 결과에도 크게 동요합니다. 떨려서 실수라도 할까 봐 괜찮다는 아이에게 청심환을 먹이기도 하죠. 시험 때마다 새벽기도를 간다는 분도 있습니다. 아이가 열심히 공부하니까 엄마도 정성을 쏟고 싶은 마음일 테지요.

하지만 수능 날도 아니고 학교 시험 때마다 그런다면 아이가 압박감을 느끼지 않을까요? 불안이 높은 아이들은 시험 기간에 잘 먹지도 못합니다. 시험 자체도 걱정인데 부모의 걱정과 기대와 압박까지 등에 지고 시험을 치러야 하는 아이들은 매번 속탈이 납니다. 아이의 인생에 수많은 시험이 있는데 그때마다 부모의 불안까지 감당하며 살 수는 없습니다. 아이의 마음을 먼저 헤아려 도닥여 주는 게 그렇게 어려운 일입니까? 시험으로 기진맥진한 아이들이 자신의 마음은 추스를 겨를도 없이 부모의 마음을 먼저 달래주는 일은 없어야죠. 대체 누가 어른입니까?

제 아이는 시험에 좌불안석하지 않습니다. 누군가는 아이가 공부를 잘하니까 그런 거 아니냐고 하더군요. 하지만 공부 잘하는 아이들은 훨씬 더 치열한 세상에서 삽니다. 한 문제 더 틀리고 맞느냐에 따라 등락 폭이 훨씬 더 큰 세상에서 살기에 아이도 부모도 무척 예민해요. 그런데도 그것에 연연하지 않을 수 있는 건 순전히 시험 결과를 가지고 불안해하지 않는 부모 덕분입니다. 시험 성적이 자신의 인생에 큰 영향을 끼치지 않는다는 걸 매번 들어왔기 때문입니다. 성적으로 불안을 조장하지 않는 부모를 만난다는 건 꽤 운이 좋은 거죠.

저와 남편은 아이의 불안을 잠재우는 것에 최선을 다합니다. 인생에 타격을 주는 건 시험 성적이 아니라는 걸 이 정도 나이가 되면 아주 잘 압니다. 그래서 그것을 잘 설명해 줘요. 물론 그걸 잘 아는 부모도 아이가 공부를 잘했으면 하는 마음이 너무 크면 담담하기 어려워집니다. 그러니 내 마음을 잘 다스려야 합니다.

고등학생이 되어 기숙사 생활을 시작해야 하는 아이를 두고 저는 다시 불안한 엄마가 되었습니다. '기숙사 온도는 어떨까' '밤에 이불은 잘 덮을까' '샤워할 때 뜨거운 물이 갑자기 쏟아지는 건 아니겠지' '날씨에 알맞은 옷차림을 스스로 챙길 수 있을까' '속상한 일이 생기면 혼자 어떡하나' 온갖 걱정과 불안이 저를 덮쳤습니다. 먹힐지 안 먹힐지도 모를 당부의 말을 끝없이 하는 저에게 아이가 뭐라고 했는지 아세요? "엄마, 살아있기만 하면 되는 거 아니야? 걱정 마." 그 말을 듣는 순간 웃음이 나면서 마음이 놓였어요. 결국 제가 걱정하는 건 이렇게도 자질구레하고 쓸데없는 걱정이었다는 걸 또 한번 느꼈으니까요.

불안은 나누면 곧잘 사그라드는 종류의 감정입니다. 부모의 노력으로 아이의 불안을 확실하게 낮출 수 있다는 게 정말 다행이지요. 날마다 서로의 불안을 열심히 지워주는 지우개 역할을 충실하게 해볼까요.

장점 찾기
선수

불안이나 불만을 지워주는 좋은 방법 한 가지를 말씀드리려 합니다. 제가 사람들에게 정말 자주 하는 말은 "좋게 이야기해 주세요"입니다. 여기서 좋게 이야기하기는 친절하게 이야기하기와는 조금 다릅니다. 물론 뭐든 친절하게 말하면 좋게 되는 편이지만, 아이가 처한 상황을 잘 넘길 수 있도록 설명을 잘해주라는 말입니다. 한마디로 관점을 전환해 주라는 것인데요, 옛날부터 사람들은 많이들 그래왔습니다. 결혼하거나 이사하는 날 비가 오면 속상한 마음을 달래주기 위해서 "잘 산다더라" "부자가 된다더라" 이런 말들을 하곤 했잖아요. 그것과 비슷합니다.

예를 들어서, 아이가 전혀 친하지 않은 급우와 모둠활동을 해야만 하는 상황이 불만일 때는 어떤 말을 해주면 좋을까요. "어쩔 수 없지. 이 기회에 그 친구랑 한번 친해져 봐." 정도가 되겠지요. 이걸 좀 더 좋게 말해볼까요. "엄마도 그런 경험이 있었어. 어색하고 불편했지. 근데 어쩔 수 없이 말하다 보니까 생각보다 괜찮더라고. 다 그랬던 건 아니지만 그러다 친해진 친구가 몇 명이나 있어. 엄마도 낯선 사람하고 말하는 거 진짜 어렵거든. 근데 확실한 건 항상 생각보다 괜찮다는 거야. 이번에 너도 그 친구랑 친해지든 아니든, 그건 알게 될 거야. 그리고 다음에 분명 이런 일이 또 생길 텐데 그때는 마음이 훨씬 나을 거고. 그래서 경험이 중요한 거야."

둘의 차이는 상세한 상황 설명입니다. 아이가 더 잘 받아들일 수 있게 자신의 경험에 조미료를 마구 쳐서 잘, 좋게, 친절하게, 아이 눈높이에 맞춰서 말하는 거예요. 이건 효과가 정말 좋아요. 말하는 시간과 품이 더 든다는 게(사실 고작 15분 정도입니다) 꼭 단점이지 않습니다. 왜냐하면 장기적으로 봤을 때 어떤 것이 더 효과적이었는지는 명백하거든요.

아이들은 어려운 것도 못마땅한 것도 많기에 불안도 높고 불만도 많습니다. 자신에게 조금만 불리한 것 같으면 불만이지요. 불만은 윽박지른다고 사그라지지 않습니다. 설령 겉으로는 잠잠해진 것 같아도 속으로는 더 커지는 게 보통이지요. 아이들의 이런 마음도 모두 우리가 겪어봤던 것입니다. 그런 걸 생각하면 친절해지는 일은 어렵지 않아요.

그런데 부모님 중에는 내 아이보다 남의 아이에게 더 친절한 경우가 많습니다. 그래서 아이를 가르칠 때 남의 아이 가르치듯 하라는 말이 있는 거겠죠. 가장 친절해도 모자랄 내 아이에게 친절하기가 왜 이렇게 어려울까요? 익숙해서일까요, 아니면 덜 친절해도 별 탈이 없기 때문일까요? 퉁명스럽게 대해도 아이는 계속 나를 사랑해 주니까요? 어쩌면 평소에 너무 많은 말을 하니까 친절하고도 길게 말하기가 어려울 수 있겠어요. 엄마도 아빠도 감정이 언제나 꽃밭은 아니니까요.

그래도 아이를 위해서 조금 더 품을 들였으면 해요. 좋게 말하기가 처음에는 다소 어렵게 느껴질 수도 있을 거예요. 하지만 몇 번만 해보면 별거 아니라는 걸 알게 됩니다. 아이들이 겪는 상황에서 장점을 끄집어 내는 건 어른에게는 그렇게 어려운 일이 아니거든요. 마음만 있으면 할 수 있습니다. 다음의 몇 가지 예만 봐도 아실 수 있을 거예요.

발표 수업에서 첫 발표자가 되었다는 아이가 불안해합니다. 이럴 때도 아이의 불안을 공감해 주고 친절하게 말해줘야죠. "첫 발표자가 떨리긴 하지. 그걸 선생님도 아시고 친구들도 다 알아. 모두 그런 경험이 있으니까. 오히려 그게 자연스러운 거야. 근데 첫 발표자가 좋은게 뭔지 알아? 다들 처음이니까 잘 들어준다는 거야. 사람들이 잘 들어주지 않는 발표는 정말 어렵거든." 이렇게 말해주면 아이는 불안을 조금 내려놓고 용기를 낼 수 있겠죠.

반대로 마지막 순서라서 불만이면요? "마지막 발표자가 좋은 게 뭔지 알아? 먼저 발표하는 친구들을 보면서 내가 적용할 수 있는 걸 찾을 수 있다는 거야. 말이 너무 빨라서 듣기 어려운 친구가 있었다면 '나는 좀 천천히 말해야겠다' 하고 생각할 수 있다는 뜻이야. 다른 사람의 발표를 보면 그런 게 한둘이 아니거든. 그리고 마지막 사람한테는 이제 끝이니까 박수를 많이 쳐준다?" 이렇게 말해주면 마음도 좀 누그러지고 친구들의 발표에 귀를 기울이면서 배울 점이 있는지 찾아볼 수도 있겠죠.

아이 6학년 때의 일도 말씀드릴게요. 그날은 수학 단원평가를 본다는 날이었어요. 늘 그랬듯이 성실하게 준비했습니다. 하지만 아이가 집으로 들어오는 발걸음부터 심상치 않았죠. 항상 하던 까불이 인사도 안 하고 굳은 표정으로 들어왔어요. 아이는 손을 씻고 식탁에 앉더니 금세 눈가가 촉촉해지며 오늘 있었던 '억울한 일'을 이야기했습니다.

별다르지 않은 단원평가였습니다. 검산까지 다 끝낸 아이는 시간이 얼마나 남았나 궁금해서 교실 뒤에 걸린 시계를 보기 위해 돌아보았답니다. 여기까지는 아무 문제가 없었는데요. 그 모습을 본 친구가 시험 잘 봤냐는 제스처로 웃으면서 엄지손가락을 들어 올렸고, 아이도 같은 의미로 엄지척을 했다는 거예요. 그걸 본 선생님께서 두 아이에게 0점을 주셨다는 게 아이의 억울한 일이었습니다. 아이와 친구는 그런 게 아니었다고 몇 번이고 설명하였지만 담임선생님께서는 굴하지 않으셨대요.

아이는 믿어주지 않는 담임선생님이 이해가 되지 않고, 수학 0점도 기가 막히고, 자신에게 엄지손가락을 들어 올린 친구까지 미워진 마음과 더불어 엄마 아빠에게 이걸 어떻게 말할지 걱정되는 마음을 안고 집으로 돌아온 거였습니다. 이럴 때 어떤 말을 해줄지 잠시 생각해 보세요.

"그렇게 왜 쓸데없는 짓을 해! 다 풀었으면 가만히 있지 왜 뒤에 있는 시계를 보고 야단이야"라고 타박할 수도 있을 겁니다. 아니면 왜 오해받을 짓을 하느냐고 다시는 그러지 말라고 타일렀을 수도 있고요.

이날은 마침 남편도 집에 있었는데요, 남편은 아이의 이야기를 곰곰이 듣고 잠시 생각하더니 오늘 일은 너에게 아주 잘된 일이라고 말했습니다. 더불어 담임선생님이 정말 훌륭하신 분이라고도 했고요. 척하면 착이라 저도 남편의 생각을 알아채고 거들었지요.

저희가 아이에게 한 이야기는 이렇습니다. '너는 오늘 정말 좋은 경험을 했다. 담임선생님 덕분에 아주 큰 교훈을 얻었다. 억울해도 그것은 부정행위가 맞다. 시험시간에 하는 불필요한 행동은 모두 부정행위다. 담임선생님은 너희 둘의 결백을 아시지만, 단단히 가르치시

려고 0점을 주셨다. 네가 0점을 맞아도 아무런 상관이 없는 시험에서 이런 일이 생긴 것은 너의 인생에 아주 큰 도움이 될 것이다.'

아이는 억울함과 속상함과 두려움이 뒤범벅된 채로 납덩이처럼 무거워진 다리를 질질 끌면서 집까지 겨우 왔을 겁니다. 그런데 설명을 듣고 무척 홀가분한 마음이 되었겠지요. 이것도 아이에게는 무척 값진 경험이라고 생각해요.

제 아이는 체육을 굉장히 좋아하지만 잘하지는 못합니다. 그래서 체육 수행도 매번 다른 아이들의 몇 배를 노력해야 겨우 성과를 낼까 말까였지요.

어느 날은 축구공 리프팅을 같이 연습하는데, 이게 놀라울 정도로 어렵더라고요. 아이는 물론이고 요령이 잘 붙는 저나 남편도 애를 먹었습니다. 아이는 자기가 잘하는 종목은 절대 수행으로 나오지 않고 꼭 못하는 종목만 수행이라며 불평을 늘어놓았어요. 짜증 낼 시간에 연습하면 지금보다는 잘하겠다고 말하고 싶은 걸 꾹 참고, 도를 닦는 마음으로 좋게 이야기했습니다. "근데 이 수행이 아니었다면 너는 평생 리프팅을 해볼 일이 없었겠지? 엄마랑 아빠도 마찬가지고 말이야. 이 기회에 이런 것도 해보고, 덕분에 이게 얼마나 어려운지 알게 됐다는 게 중요 포인트야. 손흥민 선수는 리프팅으로만 운동장을 스무 바퀴씩 돌았다잖아. 한 번이라도 떨어뜨리면 다시 스무 바퀴를 돌아야 연습이 끝났대. 얼마나 힘들었을까? 또 우리가 자주 보는 축구 예능에서 리프팅이 진짜 많이 나오잖아. 이제 우리는 그걸 옛날하고 완전히 다른 마음으로 볼 수 있게 된 거야. 저렇게 잘하려면 얼마나 연습해야 하는지 이젠 똑똑히 아니까." 한 달 내내 매번 낙담하는 아이의 마음을 이런 말들로 다독이면서 열두 개의 리프팅을 위해 수많은 땀과 말을 쏟아내었습니다.

언제 한번은 강연 때 한 학부모님이 이런 질문을 하셨어요. 모든 학생이 방과 후 활동이 의무인 초등학교에 다니는데, 아이는 그게 너무 불만이래요. 이럴 때는 어떻게 좋게 말할 수 있을지를 물어보셨어요. 여쭤보니 모두 예체능 활동이라고 했습니다. 저는 이렇게 말씀드려 보았어요. '예체능 활동은 한두 가지만 해보려 해도 일부러 학원을 찾고 시간을 내어 다녀야 하는데, 이렇게 다양한 기회를 학교에서 마련해 준다니 이보다 더 좋은 일이 있겠느냐. 또 내가 흥미를 느끼거나 잘할 수 있는 걸 찾기가 참 어려운데, 다양한 활동을 하면서 내 취향이나 소질을 발견할 기회가 저절로 주어지다니 이보다 더 좋은 건 없다. 이 학교에 다니는 게 진짜 행운이다.' 이런 식으로 말해주면 아이도 그렇게 생각하고 조금은 나은 마음으로 활동할 수 있지 않겠냐고 말씀드렸습니다.

장점 찾기를 계속하다 보면 상황마다 해주어야 할 말이 금방금방 생각납니다. 물론 아이가 싫어하거나 힘들어하는 모든 것마다 억지로 장점을 만들어서 하게 하는 건 옳지 않아요. 하지만 불만과 불안을 덜어내고 조금이라도 나은 마음으로 할 수 있게 도와줄 수는 있습니다. 돌이킬 수 없는 상황이나 어쩔 수 없는 상황을 털고 일어날 수 있도록, 힘들고 어려운 일도 끝내 해낼 수 있도록 말이에요.

 '장점을 찾아 좋게 말해주기'는 어려운 미션이 아닙니다. 적은 노력으로 수월하게 할 수 있어요. 하지만 때때로 독한 말을 내뱉을 때도 있을 거예요. 저도 물론 그럴 때가 있습니다. 그런 것은 크게 자책하지 말고 얼른 털어내세요. 다시 마음을 다잡으면 됩니다. 말이란 건 버릇이 들기 쉽다고 했잖아요. 다시는 그러지 않도록 내 마음을 다독이고 조심하면 돼요. 같은 이유로 좋게 말하는 것도 몇 번 하다 보면 그 방향으로 수월하게 달릴 수 있습니다. 처음에 몇 번 노력을 기울여서 묵직한 페달을 돌리기만 하면 됩니다.

 장점 찾기는 스스로에게도 꽤 만족스러운 부분이 있어요. 매우 긍정적인 사람이 되거든요. '오히려 잘됐어' '좋아' '괜찮아' 이런 마음이 필요할 때가 꽤 많지요. 또 사람을 볼 때도 일부러 좋은 면을 찾게 되고 좋은 마음으로 대하게 됩니다. 아주 좋은 습관이지요. 아이 덕에 점점 더 괜찮은 사람이 되어가는 기분은 꽤 괜찮습니다.

선입견의
무서움

제 두 번째 책인《내 아이의 배낭여행》(꿈의지도, 2018)에는 '선입견이 쏘아 올린 작은 공'이라는 꼭지가 있습니다. 여행할 때 선입견이 얼마나 사람을 위축시키는지에 관한 내용이에요. 그곳을 먼저 여행했던 여행자들의 말 한마디가 얼마나 내 여행에 한계를 만드는지 직접적으로 느꼈거든요.

또 음식에도 선입견이 크게 작용합니다. 고수라는 식물은 지금은 제가 키워서까지 먹는 향채지만, 처음에는 시도조차 해보지 못했습니다. 20년 전 책에서 읽은 '행주 빤 물의 냄새가 난다'는 문장 때문에요. 고수가 들어있는 줄 모르고 먹은 음식 덕분에 제가 고수의 맛과 향을 꽤 좋아한다는 걸 알고 나서 억울해하며 방방 뛰었지요. 아이에게도 선입견을 주지 않으면 외국 음식도 대체로 잘 먹습니다. 심지어 제 아이는 지옥의 냄새와 천상의 맛이라는 두리안도 아주 맛있다며 처음부터 잘 먹었어요.

아이들은 맛과 향, 질감, 모양, 색, 기분 등 여러 이유로 편식하는데, 여기에는 엄마의 선입견이 꽤 작용하기도 합니다. 음식에 편견이 없고 먹는 걸 좋아하는 성향의 엄마는 진심으로 맛있다며 음식을 권하기에 아이도 흔쾌히 시도해 보기 쉽죠. 새로운 음식에도 긍정적인 호기심을 내비치니까 아이도 비슷하게 됩니다.

하지만 편식이 있는 엄마는 본인이 싫어하는 음식을 만드는 게 어렵기도 하고, 골고루 먹여야 한다는 마음으로 준비한들 나에게 별로인 음식을 열렬한 마음으로 권하기는 어려워서 약하게라도 장벽이 생깁니다. 새로운 음식을 보면 두려운 표정을 짓기 때문에 아이도 마찬가지가 되기 쉽고요.

사실 엄마의 편식 여부를 떠나서 모든 엄마는 자녀의 식사량이나 반응에 예민합니다. 그래서 아이가 어떤 음식을 잘 먹지 않았을 때는 다음에 그 음식을 배제하거나 아이의 눈치를 살피며 조심스레 언질을 주기도 해요. "지난번에 네가 싫어했던 재료가 들어갔지만 이건 맛있을 거야"라든가 "생긴 건 별로지만 그래도 먹어봐" "유명한 음식이니까 냄새가 좀 독특해도 먹어보자"라는 식으로요. 하지만 이런 말들은 오히려 장벽이 됩니다. 잘 먹길 바라면서 하는 엄마의 어떤 말 때문에 선입견이 생기고, 오히려 식사가 더 어려워질 수도 있어요.

아이를 키우는 동안 나의 말이 아이에게 콱 박힌 경험이 다들 몇 번쯤은 있으셨을 겁니다. 저도 많았어요. 아이들은 부모의 말을 너무 신뢰해서 그런지 우리가 어떤 말을 하면 그것이 아이의 생각이 되는 경우가 많습니다. 그래서 어떤 사람이나 상황을 대할 때 아이가 선입견을 품지 않도록 말조심할 필요가 있어요. 부모가 먼저 넘겨짚어 속단하고 단정하는 일이 없어야 합니다. 아이의 선생님이나 친구에 대해 섣불리 말하지 않아야 하고, 아이의 마음도 예단하여 단정하지 말아야 해요.

선입견에 대해 말씀드릴 만한 사례가 최근에도 있었어요. 과학고에서는 매 학기 연구 논문을 써야 하는데요, 빨리 주제를 정해서 연구해도 빠듯한 시간인데 담당 선생님께서 번번이 주제를 반려하셔서 아이가 꽤 속상해했습니다. 선생님과 주고받은 카톡을 보니 분통을 터뜨릴 만도 했는데 저까지 선생님이 너무하신다고 할 수는 없는 일이죠. 저는 아이 앞에서는 훨씬 더 선생님께 예의를 갖추고 언제나 좋은 점만 강조해서 말합니다. 이건 굉장히 중요해요. 그래야 아이가 선생님께 잘 배울 수 있거든요.

아이는 지금 자기 팀만 애를 먹고 있다며 불만을 쏟아냈습니다. 저는 머리를 쥐어짜냈어요. "어쩌면 이 선생님은 최대한 다양하게 생각해 보는 게 공부라고 생각하시는 거 아닐까? 이런저런 주제를 생각해

보고 관련한 논문이 있는지도 찾아보고, 그럼 '조금 틀어서 이런 연구를 해볼까' 고민하는 자체가 꽤 공부가 될 거 같거든. 엄마 생각엔 그래"라고 말하자 아이는 "그런가?" 하였지만 좀처럼 마음은 풀리지 않았어요.

그런데 다음 날 다시 대화하다가 이유를 알았습니다. 담당 선생님이 정해졌을 때 선배에게 이 선생님은 어떤 분이냐고 물어봤대요. 그랬더니 선배가 선생님에 대해서 엄청나게 부정적인 말들을 가득 쏟아냈더라고요. 그래서 아이는 시작 전부터 선입견을 있는 대로 장착하였고, 선생님이 무슨 이야기를 해도 좋게 받아들일 마음이 턱없이 부족한 상태에서 출발했던 거였어요. 결국 논문 마감 때까지 내내 힘들었습니다.

선입견은 이토록 무서운 겁니다. 어릴수록 사고가 깊고 단단하지 않아 귀가 얇아요. 그래서 아이들은 또래의 생각에 물들기 쉽고, 선배나 선생님처럼 자기가 신뢰하는 사람의 생각을 그대로 받아들이는 일도 많습니다. 특히 부모님이 중요한데요, 부모는 내 아이의 취약점을 너무 잘 알고 그걸 확대하는 버릇이 있지요. 또 거기서 그치지 않고 단정해 버리기 일쑤입니다. 예를 들어 겁이 많다, 예민하다, 소심하다, 까다롭다, 무뚝뚝하다, 집중력이 부족하다, 공부 머리가 없다, 노력을 안 한다 등등 아이의 세상에 울타리를 칩니다. 그걸 아이에게 말하는 것도 모자라 다른 사람들에게까지 내 아이의 선입견을 씌우죠.

저 역시 제 아이를 단정하는 말을 많이 했습니다. 이런 부분이 다른 면에 비해 조금 부족하니까 이렇게 노력해 보자는 식으로 이끌어 주어야 마땅한데, 오히려 틀을 씌워서 그 속에서 맴맴 돌게 만드는 잘못을 저질렀어요. 그러니 아이 앞에서는 더욱 말을 조심해야 합니다. 부모의 생각이 아이의 생각으로 옮아가기 너무 쉽습니다. 마음조차도 부모님이 말한 모양으로 바뀔 수 있어요.

그런데 상황이 이러하다면 역으로 선입견을 이용해 볼 수도 있습니다. 선입견을 이용해서 무서운 상황을 덜 무섭게 여기도록 할 수도 있고, 어려운 일을 조금 나은 마음으로 하게 만들 수도 있고, 기대에 부풀어 음식을 더 맛있게 먹게 할 수도 있는 거지요.

최근에 저도 선입견을 역으로 이용한 적이 있어요. 고등학생이 된 이후 피곤해하는 아이에게 비타민이라도 먹이고 싶어서 좋다는 비타민을 추천받아 샀습니다. 그런데 제 말을 들은 친구가 자기 아이는 너무 시고 맛이 이상하다며 치를 떨더니 그 비타민을 절대 안 먹는다는 거예요. 친구 이야기에 걱정이 됐습니다. 약도 꽤 비쌌거든요. 그래서 제가 먼저 먹어보고 할 말들을 생각해 놓은 다음 아이를 기다렸죠. "이 비타민 진짜 좋다고 난리야. 피로가 확 풀린대. 엄마도 한번 먹어봤는데 대박인 게 뭔지 알아? 우리가 좋아하는 생귤탱귤 있잖아, 완전 그 맛이야. 생귤탱귤을 농축시켜 놓은 맛! 입안에서 상큼함이 폭발한다?" 제 말을 듣고 비타민 맛을 본 아이는 첫맛은 꽤 시었던지 인상이 절로 구겨지긴 했지만 정말 응축된 생귤탱귤 맛이라고 하면서 흔쾌히 털어 먹었습니다. "이거 되게 시고 감기약 맛이 날 수도 있는데 좋다고 해서 비싸도 샀으니까 꼭 먹어라"보다는 훨씬 낫지요?

요즘은 아이와 부모가 굉장히 밀접합니다. 덕분에 아이의 학교생활이나 친구와의 일들도 꽤 많이 알 수 있어요. 그래서 경계하는 마음을 가지고 있어야 합니다. 부모의 판단이나 말은 아이에게 굉장한 위력이 있습니다. 자칫 잘못하면 나의 개입이 내 아이의 경험과 선택을 방해할 수 있다는 사실을 알고 있어야 합니다.

알면 조심할 수 있어요. 아이와 대화할 때 선입견을 주지 말아야 한다는 걸 알고 있어야 신경을 쓸 수 있습니다. 의외로 내 생각이나 판단을 별다른 의도 없이 말하는 일이 정말 많습니다. 다시 한번 강조합니다. 선입견은 정말 무섭습니다.

진심을 담은
한마디

"90점도 안 되는데 잘했다고 해줬어." 제 사촌 동생이 시험을 보고 온 아들에게 한 말입니다. 아들의 시험 결과에 항상 과민한 반응을 보여서 제가 정말 오랜 시간을 잡고 이야기한 게 불과 며칠 전이었거든요. 전화로 이 말을 들은 저는 "해줬다고? 잘했다고 생각하지는 않는데 말만 그렇게 했다는 뜻이야?"라고 물었습니다. 그랬더니 동생은 "고작 87점 맞아 왔더라고. 퍼붓고 싶은 걸 언니 때문에 겨우 참은 거야"라고 하더군요.

사촌 동생의 아들은 엄마의 말을 어떻게 들었을까요? 잘했다는 말을 잘하지 못했다는 표정으로 전하는 엄마의 진심을 과연 아이가 모를까요? 오히려 더 뼈아프게 느낄 수도 있을 겁니다.

기대에 못 미치는 자녀의 성취에 대해 "잘했어" "괜찮아, 다음에 더 잘하면 돼" 같은 말을 진심으로 할 수 없다면 저는 차라리 솔직한 편이 낫다고 생각해요. 물론 솔직한 것도 정도와 방식의 차이는 있겠지만요. "열심히 했는데 점수가 이래서 엄마도 너만큼 속상하다. 우리 맛있는 거 먹고 다시 힘내자!" 이런 식이면 괜찮지 않을까요? 네? 속상하면 말이 이렇게 안 나온다고요?

　　아이는 어느 정도 자라면 부모의 마음과 말 사이의 틈을 봅니다. 부모니까 이런 말을 해주어야 한다는 생각으로 건네는 말과 속마음에 괴리가 있다면 그것은 뻔하게 티가 난다는 말이에요. 어쩌면 아이는 부모의 그런 '척'에 더 마음이 상할 수 있습니다. 그렇다고 부모가 되어 실망의 마음을 낱낱이 드러낼 수도 없는 노릇이니 참 어렵지요. 실망의 마음이 크면 절로 티가 나기도 하지만 때론 일부러 티를 내기도 합니다. 그것도 모자라 아이를 혼내거나 비난하거나 화를 내기도 하고요.

　　부모니까 사랑하는 내 아이가 감당할 실망과 좌절 때문에 속상한 건 당연합니다. 하지만 속상한 마음속에 자신의 체면이 깎인다는 이유나 남한테 말하기 자랑스러운 자녀가 아니라는 이유가 존재한다면, 그래서 나의 실망과 속상함이 당사자인 아이보다 더 크다면 그건 마음공부가 필요한 상태라는 것을 인지하세요. 아이의 성취를 나의 트로피로 여기고 싶은 허영심이 있는 겁니다. 아이의 성취를 나의 체면치레의 도구로 삼고자 하는 마음이 있는 거예요.

실제로 자녀의 학업 성취를 부끄러워하는 부모가 꽤 많습니다. 그러니까 아이 성적이 나오기 시작하면 동네에서 얼굴을 감추는 사람들이 나타나는 겁니다. 실제로 초등 때까지 동네에서 이른바 '돼지엄마(교육열이 매우 높고 사교육에 대한 정보에 정통하여 다른 엄마들을 이끄는 엄마를 이르는 말)' 노릇을 하다가 석차가 나오면 사라지는 엄마들이 있다고 해요. 그러면 다른 엄마들은 자기 아이 공부 잘하는 줄 착각하고 나대더니 꼴좋다고 하고요.

어느 쪽이건 모두 부끄러운 줄 알아야 합니다. 공부 못하는 아이가 부끄럽다면 부족한 자신을 먼저 부끄러워해야 맞습니다. 또 잘난 척하던 엄마의 아이가 공부를 못하기로, 그것을 고소하게 생각하는 사람들도 마찬가지고요. 이런 마음으로 어떻게 아이를 잘 키웁니까?

체면치레 이야기가 나왔으니 체면에 대해 생각해 봅시다. 체면(體面)을 사전에서 찾아보면 '남을 대하기에 떳떳한 도리나 얼굴'이라고 나옵니다. 체면 자체로는 나쁠 게 없지만, 체면을 너무 중시하면 문제가 됩니다. 체면을 중시하는 사람은 자신과 가족을 동일시하기 때문에, 특히 아이의 성취에 굉장히 민감합니다. 자신의 체면을 위한 선택이 항상 우위에 있으므로 제대로 된 선택을 하지 못하는 건 물론이고 심한 경우엔 아이의 성취를 부풀리거나 거짓말을 하기도 하죠.

온라인에서 알게 된 분 중에 자신의 체면에 얽힌 이야기를 들려주신 분이 있었습니다. 그분은 자식이 조금이라도 뒤처지는 것을 못 보는 엄마의 성미 때문에 어려서부터 매우 시달렸다고 해요. 급기야 고등학교 2학년 때는 외국에 버려졌다고 했습니다. 어떤 수를 써도 명문 대학에는 들어갈 수 없다는 걸 알게 된 엄마가 아무런 대책이나 준비도 없이 자신을 외국에 보냈다고 해요. 더 기가 막힌 사실은 그곳에서 제대로 된 학교에 다니지도 못하고 방황하다 몇 년 후에 돌아왔더니, 자신은 유명한 고등학교를 나와 이름 있는 대학을 다니는 인간이 되어있었다는 겁니다. 자신의 엄마는 딸의 인생 따위는 상관없이 본인 체면만 중요한 사람이라고 하더군요.

이렇게까지 유별난 경우는 드물겠지만, 도피성 유학은 실제로 빈번하게 벌어지는 일입니다. 또 아이의 성적이나 입시 결과가 부끄러워서 동네 커뮤니티나 SNS에서 사라지거나 거짓말하는 일도 심심찮게 있어요. 자신이 부끄러워서 남들 앞에서 우왕좌왕하고 거짓말까지 하는 부모를 보는 아이의 심정은 감히 상상할 수조차 없습니다.

아이의 시험 결과는 부모의 기대에 못 미치는 경우가 대부분입니다. 모든 부모가 실망과 다행의 스펙트럼 사이를 계속 왔다 갔다 하죠. 하지만 아무리 실망이 크대도 그 순간 아이의 마음을 먼저 생각하는 게 대다수의 부모입니다.

혹시 아이보다 더 실망하고 좌절한다면 내 속마음을 곰곰이 들여다 보세요. 내가 왜 이토록 실망하는 것인지, 무엇 때문에 괴로운지를 스스로 묻고 또 물어 솔직한 내 마음을 알아야 합니다. 원인을 알아내야 합니다. 아이의 성취가 내 아이의 행복을 보장한다고 믿고 있어서인지, 아이의 성취가 고스란히 나의 성적표처럼 느껴져서 그러는 것인지, 어릴 적 내가 경험한 일들 때문인지 말입니다. 자신의 성취 앞에서 심하게 낙담하고 실망하는 부모의 모습을 보는 건 아이에게는 너무 가혹한 일이니까요. 원인을 알아야 변할 수 있습니다. 그래야 진심을 담아 "괜찮아"라고 말할 수 있어요.

부모의 눈에는 아이의 노력이 부족하게 느껴지기 쉽습니다. 하지만 아이들은 대부분 자기가 할 수 있는 만큼 노력을 기울이고 있어요. 그걸 알아주자고요. 알아주고 등 두드려 줄 사람이 부모밖에 더 있겠습니까. 아이들도 자기 자신에게 퍽 가혹하거든요.

아이가 커갈수록 부모의 사랑과 지지와 응원과 믿음도 함께 커져야 하는 것 같습니다. 자라면서 스스로 실망하는 일이 부쩍 많아지는데 그때마다 부모님의 격려를 발판 삼아 다시 자신을 믿어보자는 마음을 가질 수 있도록 말입니다. 아이의 노력이 부족했다고 느껴질 때도, 그래서 더 노력했으면 좋겠다는 생각이 들 때도 마찬가지고요. 아이에게 그만한 양분은 없습니다.

납득의
힘

육아하면서 가장 힘든 것 중 하나는 아이의 잘못된 행동이나 생각 등을 고치는 일입니다. 나쁜 버릇이나 태도 고치기 같은 것인데, 정말 호락호락하지 않죠.

아이의 생각이나 행동의 변화를 이끌어야 할 때면 종종《바람과 해님》이라는 동화가 생각납니다. 지나가는 사람의 외투를 누가 먼저 벗기는지 해와 바람이 내기하는 내용으로 모르는 분이 없을 거예요. 바람이 세질수록 외투를 더 꽉 틀어쥐고, 햇빛이 쏟아지니 저절로 외투를 벗더라는 이야기는 아이의 마음을 움직이게 하는 원리와 크게 다르지 않습니다.

하지만 많은 부모님이 바람을 택합니다. 햇빛이 효과적이라는 걸 알면서도 바람을 택하죠. 그게 쉽기 때문입니다. 그리고 바람이 동화처럼 아예 효과가 없는 것도 아니고요. 오히려 당장 효과가 빨리 나는 건 바람 쪽일 때가 많습니다.

하지만 아이의 생각이나 행동의 변화가 장기적으로 이어지길 바란다면 바람이 아닌 햇빛이 필요합니다. "이렇게 해!"라는 강압적인 말로는 아이를 근본적으로 변하게 할 수 없습니다. 변하는 것처럼 보일 수는 있지만 그건 얼마 가지 않을 거예요. 아이를 정말 변하게 하려면 이해시켜야 합니다. 그것이 따뜻한 햇볕에 저절로 외투를 벗게 만드는 일이에요.

어떤 것이든 아이가 이해해야 지속적인 변화를 가져올 수 있고 좋은 마음으로 행할 수 있습니다. 하지만 아이를 이해시키는 일이 쉽지는 않습니다. 꽤 많은 말을 해야 하고, 아이의 질문에 몇 번씩 답해야 하고, 시간을 제법 투자해야 합니다. 그래서인지 부모님들은 쉬운 방법인 바람을 선택하는 경우가 많아요. 하지만 그것은 지속성이 떨어지기 때문에 주기적으로 계속 강권해야만 하고, 그러면 서로 피곤하고 감정이 상하게 됩니다.

제 아이는 초등학교 내내 스마트폰을 가지고 있지 않았습니다. 스마트폰을 사주지 않는 걸로 아이는 단 한 번도 불만을 내비친 적이 없고 사줬으면 하는 바람을 말한 적도 없었어요. 간혹 어른들에게 "스마트폰 가지고 싶지 않냐"라는 질문도 받았는데요, 그때마다 아이는 "저는 아직 그게 필요하지 않아요"라고 대답했습니다.

제 친구는 초등 내내 스마트폰이 없던 것보다 한 번도 조르지 않았다는 게 더 믿기 힘들다고 했어요. 스마트폰을 왜 가지면 안 되는지, 그것이 자기에게 어떤 영향을 끼치는지 이해하고 있어서 그렇다고 했더니 친구는 아무리 그래도 불가능할 것 같다고 했죠. 저희가 아이에게 건넨 말들과 시간과 노력을 모르기 때문일 겁니다. 실제로 스마트폰을 왜 안 사주는 건지, 그것이 있으면 어떤 일들이 벌어지는지, 그래서 불편한 것이 있다면 어떤 식으로 해소할 수 있는지를 차근차근, 오래, 여러 번 설명해 주었어요. 아이는 이유를 충분히 납득했고 그래서 스마트폰이 없는 것에 불만을 품지 않았습니다.

중학생이 되어 스마트폰을 사주었는데, 당연하게 규칙이 필요해졌습니다. '방으로 스마트폰 가지고 들어가지 않기'와 '스마트폰으로는 게임하지 않기'가 대표적인 규칙이었어요. 이번에도 이유에 대해 충분히 설명하고 아이의 질문에 답하며 이해시켰습니다. 의문과 불만이 없을 정도로 설명을 듣고 납득했기 때문에 고등학생이 된 지금까지도 이 규칙을 지킵니다.

더불어 중학교 때 아이의 스마트폰 사용 제한 시간은 30분이었습니다(전화와 문자는 언제든 가능합니다). 이걸 듣는 분들은 그게 가능하냐면서 꽤 놀라시던데요. 제한 시간을 정할 때도 이러이러하니까 30분만 하라고 강권한 게 아니라 수없이 상의하고 시간을 다양하게 사용해 보면서 조정한 것입니다. 한 시간이었던 때도 있고 두 시간이었던 때도 있고 제한이 없을 때도 있었습니다. 전화와 문자 빼고 다 잠갔던 때도 있었어요. 여러 시간대를 사용해 보고 매주 가족회의를 하면서 결국 정착한 시간이 30분인 겁니다.

고등학생이 되었을 때는 이 과정을 훨씬 많이 거쳤습니다. 지금은 40분으로 정착했고요. 가끔이지만 '카톡 5분만 늘려달라' '인터넷 10분만 열어달라'는 문자가 오긴 합니다. 그리고 제가 그 메시지를 한참 후에 볼 때도 있어요. 하지만 아이가 그걸로 불만을 내비친 적은 한 번도 없습니다. 이런 방식은 아이도 저도 상당히 귀찮고 때로는 곤란한 일도 생기지만 제한이 필요하다는 것에 서로 동의하고 있어서 감내하고 있습니다.

중학생이 되면서부터는 아이 방에 컴퓨터도 생겼습니다. 컴퓨터를 사용할 때는 방문을 열어두어야 한다는 규칙이 생겼어요. 더불어 고등학교 입학을 앞두고는 인터넷 강의(이하 인강)를 보기 시작했는데, 그때는 한술 더 떠서 제가 늘 앉아있는 식탁에서 잘 보이는 곳으로 아이의 모니터를 옮겼습니다. '네가 컴퓨터로 딴짓할지도 모르니까 방문을 열어두자' '인강 볼 때 유튜브를 볼 수도 있으니 모니터를 이쪽으로 옮기자'고 통보한 게 아닙니다. 인간의 의지가 얼마나 약한지부터 시작해서, 그러니까 환경을 만드는 게 중요하다는 이야기를 아이가 납득할 수 있을 만큼 했습니다. 수능 만점자 이야기도 해주었어요. 인강으로만 공부했다는 어느 수능 만점자가 인강을 볼 때 자꾸만 다른 게 보고 싶은 마음이 들고 실제로 그러기도 해서 엄마에게 자기 뒤에 앉아있어 달라고 부탁했다는 인터뷰를 본 적이 있거든요.

의지만으로는 안 된다는 걸 알고 있다는 것부터가 너무 훌륭하지 않나요? 수능 만점을 받을 정도로 노력에 도가 튼 사람도 유혹에 시달리는 건 당연한 일이고, 실제로 유튜브를 보지 않아도 보고 싶다는 마음 자체가 방해물이기 때문에 스스로 이런 조치를 생각하고 선택했다는 점이 대단히 존경스럽다고 하면서 많은 이야기를 나누었습니다. 그걸 아이가 충분히 이해했고 그래서 받아들였어요.

학습적인 부분에서도 마찬가지입니다. 공부는 어렵고 힘든 것이라 내가 해야 하는 것의 효용을 명확히 알고 하는 것과 모르고 하는 것의 차이가 큽니다. 하라니까 하는 것과 이것을 하면 어떤 것에 도움이 되는지 이해한 채로 하는 것에는 어마어마한 차이가 있어요. 납득의 힘이 대단하다는 걸 꼭 인지하셔야 합니다. 설명하는 데 쓰는 시간은 가치가 있습니다.

같은 맥락으로 부모님이 납득의 효용을 완벽하게 인지하고 있어야 노력을 기울일 수 있습니다. 친절하게 설명하고 이해시키기 위해 노력하는 부모의 모습은 아이에게 대물림됩니다. 아이가 크면 처지가 바뀌어서 부모를 설득할 일들이 부지기수로 생기는데요. 그때 아이는 자기가 경험하고 배운 대로 시간을 들일 줄 압니다. 상대를 이해시키기 위해서는 친절하게 잘 설명해야 한다는 걸 배웠으니까요.

육아에서는 부모가 가이드를 명확히 제시해 주어야 하는 상황이 아주 많습니다. 특히 위험한 행동이나 건강에 관한 부분에서는 타협의 여지가 없지요. 단호해야 할 때는 단호해야 합니다. 하지만 이때도 이해가 바탕이 되는 게 중요해요. 부모가 지켜보지 않는 상황에서도 규칙을 지키게 해주거든요.

아이의 의견을 수용할 수 없는 상황에서는 조금 더 친절하고 자세하게 설명해 주세요. 아이에게 명령하지 말고 이해시켜야 합니다. 그 규칙을 왜 만들었는지, 왜 규칙을 지켜야 하는지, 이 규칙을 지키는 것이 나에게 어떤 도움이 되는지를 아이가 명확하게 이해하고 알아야 규칙에 힘이 생깁니다. 그 시간을 아까워하지 마시고 아이 스스로 외투를 벗을 수 있도록 만들어주세요.

사춘기 청소년과의 대화

아이가 사춘기라서 힘들어 죽겠다는 말이 무성합니다. 혹독한 사춘기를 겪는 아이가 낯설고 안타까워 펑펑 울었다는 분도 있고, 제 친구도 달라진 아이가 적응이 안 된다면서 무척 힘들어했어요. 부모에게 차마 못 할 말을 하는 청소년도 있고, 아예 대화를 안 하려는 아이, 매사 짜증을 내는 아이, 부모의 말이라면 무조건 반대하고 보는 아이도 있습니다. 하루가 멀다고 큰소리가 나는 상황도 많아서 정말 힘들겠다고 생각해요. 뭐가 되었든 공통적인 특징은 부모와 자녀가 서로를 이해하지 못하고 대화가 안 되는 상황이라고 볼 수 있습니다.

사춘기를 사전에서 찾아보면 '육체적, 정신적으로 성인이 되어가는 시기로 보통 15~20세를 이른다'고 나와있습니다. 부모님들이 체감하는 나이와 좀 차이가 있지요. 현실에서는 아이 때문에 가장 힘든 시기를 사춘기라고 통칭하는 경향이 있고, 그래서 초등생에게도 사춘기가 왔다고 말하곤 합니다.

제 아이는 16세 생일도 지났으니까 사전상 사춘기의 적정 나이가 되었는데요, 큰 변화는 없어서 예전과 다르지 않은 일상을 보내고 있습니다. 블로그를 통해 일상을 나누는 온라인 이웃이나 직접 아이를 보는 제 친구들은 예나 지금이나 한결같은 아이의 모습이 정말 신기하다고 말합니다. 제 아이와 비슷한 또래거나 이미 그 시기를 지난 자녀가 있는 분들은 "만화에서나 나올 법하다" 하고, 어린 자녀를 키우는 분은 "우리 아이도 이랬으면 좋겠다"라고 말합니다. 하지만 아이 일은 장담하는 게 아니라고 하니 저희도 항상 마음의 준비는 하고 있어요.

자녀의 사춘기로 대화가 안 되는 상황에 닥치면 안타까운 마음은 잠시 미뤄두고 그전의 대화는 어땠는지 먼저 생각해 보시면 좋겠습니다. 사춘기가 오기 전에는 대화가 정말 원활했는지, 소통이 잘 되었는지, 아이도 자신의 생각을 말할 수 있었는지 등을요.

예전에는 아이와 대화를 잘했다고 말하는 부모님 중에는 대화가 아닌 걸 대화라고 착각하는 분들이 많습니다. 단지 부모의 말을 잘 들었던 걸 두고 대화를 잘했다고 여기는 거죠. 대화라고 여겼던 게 사실은 일방적인 소통에 가깝다면 아이가 청소년이 됐을 때 부모님이 여태 해왔던 그런 대화는 당연히 잘될 리가 없습니다. 아이의 생각이 복잡하고도 단단해지는 사춘기 때 예전처럼 부모 말을 따르기는 힘들지요. 여태 대화다운 대화를 하지 않았는데 아이가 커서 자기의 주장을 내세운다고 대화가 안 된다면서 사춘기 탓을 하면 안 됩니다.

제가 많은 사례를 본 건 아니지만 사춘기를 혹독하게 겪는 그룹에는 대체로 비슷한 특징이 있었습니다. 아이의 요구가 아닌 부모의 욕심으로 자녀에게 무리한 스케줄을 들이밀었던 경우가 그러했습니다. 어릴 때는 부모의 뜻대로 움직이고 따르다가 서서히 자기 자신과 주위를 둘러보는 눈이 생기면 각성하는 순간이 오는 것 같았어요. 여태자신의 의지로 한 게 없다는 자각, 제대로 놀지도 못한 어린 시절을 보냈다는 자각, 두드러진 성과도 없는 공부를 부모님 때문에 힘들게하고 살았다는 자각 같은 거죠. 물론 같은 길을 걸어도 큰 문제 없이청소년기를 보내는 아이도 있습니다만 아이마다 그릇과 역량은 다릅니다. 내 아이에게는 무척 버거웠을 수 있어요. 계속 아이와 대화하고아이의 표정과 컨디션을 살펴야 하는데 너무 맹목적이면 그런 걸 보지 못합니다.

아이는 자라면서 점점 많은 걸 알게 되고 자신도 부모도 객관적으로 평가할 줄 알게 됩니다. 언제까지 부모가 하라는 대로만 하는 어린이가 아니에요. 그때라도 제대로 대화를 해야 하는데 사춘기의 자녀와 갑자기 대화다운 대화를 하는 건 거의 불가능합니다. 계속 대화를 잘해왔던 가정도 아이가 사춘기가 되면 대화가 어려워지는 마당에, 그러지 못했던 관계에서는 상상 초월로 어렵습니다. 하지만 어려워도 해내야죠. 그동안 아이가 무척 힘들었겠다는 걸 인정하고 이제라도 대화를 위해 부모가 노력해야 합니다.

사실 사춘기 증상이 있건 없건 자녀가 청소년이 되면 고려해야 하는 점이 많습니다. 아이에게도 자신만의 세상이 있다는 걸 먼저 인식하고 인정하는 게 순서입니다. 질풍노도의 격랑에 휩쓸리는 청소년이 되었어도 아이들은 부모가 자신의 감정이나 생각을 알아줬으면 해요. 아직 아이니까요. 그렇다고 해서 지금 마음이 어떠냐고 집요하게 묻는 건 피해야겠죠. 항상 몇 발자국 떨어져야 합니다. 아이가 자란 만큼 공간을 넓혀주어야 한다는 걸 염두에 두고 대해야 해요. 이건 저도 잘하지 못할 때가 많은데요. 그래도 이제는 자기만의 세상이 있고 그 경계를 부모라는 이유로 아무 때나 넘나들 수 없다는 걸 늘 생각합니다.

사춘기 자녀가 어렸을 때처럼 직설적으로 자기 생각과 감정을 말하길 기대하면 안 됩니다. 어쩌다 정말 용기 내어 자신의 감정이나 생각을 표현했을 때 들어줄 준비가 되어있으면 됩니다. 비판이나 편견은 넣어두세요. 아이의 생각과 마음과 기분을 수용하겠다는 마음가짐을 연습해야 합니다. 자신의 감정에 대한 이해와 공감을 원하니까요. 그래야 부모가 나를 이해해 준다고 생각합니다.

또 예전만큼 시간을 함께 보내지는 못하지만, 자녀의 관심사에 대해서는 부모도 관심을 기울이고 있어야 합니다. 그래야 대화를 시작했을 때 같이 이야기할 수 있어요. 공부나 성적 이야기만 잔뜩 하면 안 됩니다. 앞서도 대화 주제의 다양성에 대해서 말씀드렸었지요. 어려서부터 다양한 주제로 대화해 본 경험이 있어야 해요. 그러한 경험이 있어야만 공부가 아닌 다른 이야기를 나눌 수 있습니다. 이도 저도 모르겠을 때는 아이가 좋아하는 음식을 해주세요. 맛있게 먹은 음식을 기억하고 있다가 해주면서, 지난번에 네가 워낙 잘 먹어서 더 맛있게 하는 법을 검색해 봤다는 이야기를 슬쩍 해도 좋고요.

무엇보다 사춘기 자녀와 싸우는 일은 정말 없어야 합니다. 사실 자녀와 싸운다는 표현 자체가 말이 안 되지요. 화를 내는 것도 마찬가지예요. 어떤 문제건 대화를 통해 해결해야지 화를 내서는 아무것도 되지 않습니다. 무엇보다 큰소리가 오가면 서로에게 너무 타격이 크죠.

물론 아이가 잘못을 저질러서 훈육해야 할 때가 있습니다. 그때는 그것에 대해서만 나무라면 됩니다. 큰소리 내지 말고요. 훈육할 때는 소리를 지르거나 온갖 일들을 가져와서 비판하면 안 됩니다.

사춘기 자녀에게는 격려만 하겠다는 마음을 장착해야 해요. 물론 사춘기 증상이 없는 아이에게도 마찬가지입니다. 항상 긍정적인 피드백을 주려고 부단히 노력하세요. 과정에 박수를 보내고 터럭만 한 일에도 칭찬할 수 있어야 합니다.

그리고 정말 중요한 건, 대화하겠다고 오버하지 않는 겁니다. 사춘기가 온 청소년 자녀와의 대화는 자녀가 준비되었을 때, 자녀가 대화를 원할 때만 할 수 있습니다. 붙들어 앉혀놓고 대화를 일방적으로 시작할 순 없습니다.

사춘기 때는 늘 공부가 걸림돌이 되지만, 공부에 대한 걱정은 좀 내려놓고 초심으로 돌아가는 게 필요합니다. 저는 종종 남편과 '초심으로 돌아가는 버튼'에 대해 말합니다. 욕심이 생기려는 눈치가 보이거나 자기의 의도대로 아이가 움직여 주길 바라는 마음이 느껴지면 상대에게 초심으로 돌아가는 버튼을 누르라고 말하는 거죠. 그러면 '어이쿠, 큰일 날 뻔했네' 하면서 초심으로 돌아갈 수 있습니다.

자녀를 사랑하는 눈빛으로 봐주면 자녀도 그걸 알아요. 느끼죠. 아이들에게는 부모의 다정한 말투와 눈빛과 한없이 깊은 사랑이 나이와 상황에 상관없이 항상 필요합니다.

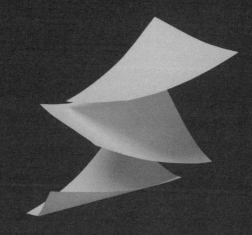

3장

보이지 않는 것의
가치

아이 놀린다는 말

아이 놀린다는 말이 있습니다. 저희도 그 말을 참 많이 들었는데요. 우리의 육아에 지지를 보내던 지인들도 아이가 초등 4학년이 되도록 별다른 움직임이 없자 걱정의 말을 하기 시작했습니다. 친언니는 시키면 잘할 애 같은데 왜 계속 놀리고 있냐며 안타까워했고, 친구들은 조금 더 과격한 언어로 진짜 어떡하려고 그러냐고 했어요. 온라인 친구들은 부럽다는 말을 더 많이 했습니다. 그렇게 내버려둘 수 있는 강단이 부럽다고도 했고, 매일 신나게 노는 아이도 참 부럽다고요. 애는 이렇게 키워야 한다고 응원하기도 했죠. 놀기도 맘껏 놀았지만 여행도 많이 다녔습니다. 아이가 일곱 살 때부터는 거의 매년 제법 긴 배낭여행을 떠났는데요. 아이의 학년이 올라갈수록 우려의 말도 늘어났습니다.

그러다가 아이가 과학고에 합격하자 그간 말을 아끼던 사람들도 한마디씩 했습니다. '이제는 말할 수 있다' 같은 거였죠. "사실은 그동안 애를 계속 놀리기만 해서 걱정했었다" "아이를 저렇게 방치해서 큰일이라고 생각했었다" "애 생각은 안 하고 자기들 좋을 대로만 산다고 생각했었다" 등등 고백 같은 말들이 이어졌습니다.

제가 줄곧 들었던 아이 놀린다는 말은 공부시키지 않는다는 뜻입니다. 노는 거 좋고 중요한 것도 알지만 아이의 미래를 위해서는 마냥 놀리면 안 되고 공부를 시켜야 한다는 의미죠. 마냥 놀리면 안 된다고 할 때, 그럼 그 시기는 대체 언제일까요? 초등학생이 되는 때일까요? 아니면 초등 3학년 때부터일까요? 늦어도 초등 3학년부터는 장난감도 싹 치우고 예체능 학원도 싹 정리하고 공부시켜야 한다는 말도 들었거든요.

하지만 요즘 아이들의 문제는 놀아야 할 시기에도 놀지 못하는 것에 있다고 봐요. 한마디로 부모들이 '아이 노는 꼴'을 못 보는 데 있습니다. 욕심을 부려서라기보다 불안해서일 거예요. 아이가 재미있게 노는 걸 흐뭇한 마음으로 지켜보다가도 그 놀이가 오래 지속되면 서둘러 마무리하고 공부를 시켜야 마음이 놓입니다. 최소한 공부에 도움이 될 법한 놀이라도 해야 안심이 되지요.

놀린다는 말에는 방치한다는 의미 또한 담겨있습니다. 학습지도 안 하고 학원도 보내지 않고 엄마표 공부도 안 하면서 놀게 한다는 건 방치에 가깝다고 보는 거죠. 물론 교육적 방치가 정말로 있습니다. 하지만 유치원생이나 초등생이 영어나 수학을 따로 공부하지 않는다는 이유로 들을 수 있는 말은 아니라고 생각해요.

반대로 생각해 보면 어떨까요? 오히려 학원에 보내는 것으로 부모의 역할을 거의 다했다고 여기는 것이 어떤 의미에서는 방치라고 말입니다. 그런데 어떤 경우에서는 정말 그렇기도 하지 않나요? 돌봄 문제로 어쩔 수 없이 학원에 보내야 하는 상황이 아닌데도 방과 후 시간을 모두 학원으로 꽉 채운다거나, 부모와 함께 할 수 있는 줄넘기나 독서조차도 학원에 맡겨버리는 상황은 어느 쪽에 가까운가요? 쉬운 방법을 선택한 거 아닙니까? 함께 땀 흘리기 귀찮다는 건 아닐까요? 내 시간을 나누기는 싫은 거 아닙니까? 아니면 이건 돈을 썼으니까 방치는 아닌 겁니까? 겉으로 드러나는 것만으로 판단하고 방치한다거나 놀린다는 말을 쉽게 하는 세상이니 저도 비슷하게 말해보았습니다.

육아는 겉으로 드러나는 것보다 보이지 않는 부분이 훨씬 더 큽니다. 그리고 그것이 매우 중요한 시기가 있고요. 그러니까 저 깊은 물밑에서 아이에게 필요한 사랑, 관심, 감정, 경험, 관계, 태도, 습관, 규칙, 상호작용, 지지, 신뢰 등을 모자람 없이 채워주고 가르치는 데에 최선을 다해야 하는 중대한 시기가 있습니다. 아이가 태어나면서부터 초등까지가 가장 중요하겠고요. 물론 그 이후도 소홀할 순 없지만, 초등까지 애쓰면 아이의 성격과 인격과 태도와 습관은 어느 정도 자리 잡힌다고 볼 수 있습니다.

그래서 그 중요한 시간을 더할 나위 없이 충실하게 보내고 있는데, 단지 남들 다 보내는 학원에 보내지 않거나 집에서 수학 문제집을 풀게 하지 않는다는 이유로 놀린다거나 방치한다고 여기는 건 잘못입니다. 마찬가지로 학원에 보낸다는 이유로 넘겨짚어 판단하는 것도 옳지 않고요.

모두에게는 각자의 사정이 있습니다. 다만 미취학이나 초등 저학년 때는 드러나지 않아도 꼭 신경 써야 하는 것들이 있다는 걸 강조하고 싶어요. 부모가 아이를 돌보는 것에 정신적, 신체적 어려움이 있는 경우가 아니고서는 반드시 부모가 길러주고 채워줘야 하는 것이 있습니다. 시간이 많고 적고는 크게 중요하지 않다고 봐요. 물론 시간이 많으면 심적인 여유가 더 있겠지만, 많은 시간이 양질의 시간을 담보하는 것은 아닙니다(그 반대가 되기 일쑤죠).

그러니 일한다는 이유로 미안해할 필요는 없어요. 함께하는 시간이 적다면 그때만큼은 알차게 보내면 됩니다. 그러면 충분합니다. 보이지 않아도 그 가치를 헤아릴 수 없는 것이 정말 많아요. 이것들을 잘 다져놓으면 그 이후의 일들이 훨씬 수월하고 순탄해집니다.

성취감이
중요한 이유

성취감이 중요하다는 건 누구나 다 아는 바입니다. 모두가 성취감이 중요하다고 외치는 세상이죠. 그렇다면 성취감이 왜 중요할까요. 그 이유로 자존감, 긍정적 태도, 행복감, 사회적 인정, 동기부여, 자신에 대한 믿음 등등 많은 이야기를 할 수 있을 거예요.

제가 생각하는 성취감이 중요한 이유는 내가 노력을 기울일 수 있게 만드는 원동력이 되는 감정이기 때문입니다. 사람은 성취감을 느낄 수 없거나 성취감이 미약한 상태로는 잘 움직이지 않습니다. 노력을 기울일 마음이 들지 않지요. 아이들이 게임에 집착하는 것도 단순히 재미 때문만은 아닙니다. 단계마다 성취감을 느낄 수 있는 장치가 계속 있어서 그렇습니다. 그런데 사실 공부도 게임과 다르지 않아서 단계마다 성취감을 느껴야 맞아요. 더군다나 학년이 올라갈수록 어려워지니까 매년 더 높은 성취감을 느껴야 맞습니다.

그런데 아이들이 성취감을 좀 빼앗기는 측면이 있습니다. 부모가 너무 관여하기 때문이라고 생각해요. 이거 해라 저거 해라, 이거 했니 왜 안 했니, 하면서 계속 간섭하니까 이게 자신의 일이 아닌 것처럼 느껴진단 말이에요. 온전한 자기의 일로 느껴지지 않으니까 뭔가를 해내도 그것에서 성취감을 느끼기가 힘듭니다.

엄마가 시켜서 억지로 하는 공부나 학원에서 내준 숙제를 겨우 해내면서는 성취감을 느끼기 힘듭니다. 성취감이라는 게 그렇습니다. 성취감은 자기의 의지로 노력을 기울여서 뭔가를 해냈을 때 가장 크게 느낄 수 있어요. 스스로 일궈내야만 온전한 내 것으로 만들 수 있어요. 계속 넘어지면서도 스스로 자전거 연습을 멈추지 않다가 어느 순간 균형을 잡고 달릴 수 있을 때, 수영도 그렇고 줄넘기도 그렇죠.

하다못해 퍼즐을 맞추는 상황도 마찬가지입니다. 신이 나서 퍼즐을 맞추는 아이 옆에서 엄마가 계속 잔소리하는 상황을 상상해 봐요. 퍼즐은 가장자리부터 맞추는 거라면서 엄마가 자꾸 거들고 아이가 틀릴 때마다 그 조각은 이 자리라고 알려줍니다. 재미있겠다고 들떠서 시작한 퍼즐이건만 엄마의 간섭에 신났던 아이의 마음은 벌써 바래졌겠지요. 이쯤 되면 완성해서 멋진 그림이 나타나도 성취감은 상당히 사라진 상태가 되고 맙니다.

아이들이 시행착오를 좀 겪어봐야 하는데, 부모들은 내 아이가 못하는 걸 잘 못 견딥니다. 그래서 자꾸만 이건 이렇게 하는 거라고 참견하고 도와주죠. 물론 끝까지 잘 해낼 수 있도록 도와줘야 하는 건 맞지만, 때로는 너무 과해서 탈입니다.

가장 문제는 내 아이의 결과물이 괜찮았으면 하는 욕심 때문에 거드는 경우입니다. 엄마가 거들어서 그럴듯한 결과를 냈다고 해봐요. 그러면 아이는 엄마가 도왔기 때문에 괜찮게 됐다는 생각을 당연히 하겠죠. 그래서 엄마가 기뻐하는 만큼 기뻐하지 않습니다. 아이가 느껴야 할 성취감을 엄마가 대신 느끼는 거예요.

아이들은 좀 못해도 괜찮습니다. 어른의 눈으로나 별로지, 아이들은 자기가 해낸 결과물에 대해 항상 애정이 있거든요. 근데 그걸 탐탁지 않게 생각하면서 자꾸만 이렇게 고쳐볼까 저렇게 고쳐볼까 하면서 손을 대면 그건 이미 아이의 것이 아니게 됩니다.

아이의 결과물을 대견하게 여기고 칭찬해 주세요. 칭찬할 때도 부모니까 당연히 칭찬해 주어야 한다는 마음으로 하지 말고 진심으로 칭찬해야 합니다.

작은 부분들을 칭찬해 주는 것도 좋은 방법이에요. 예를 들어 아이가 가족을 그렸다면, "와, 우리 가족 너무 잘 그렸네. 잘했다"로 끝날게 아니라 조금 시간을 들여서 봐주세요. "손가락을 이렇게 표현한 거야?"라든가 "눈 모양이 너무 귀엽다" "이건 강아지야?" "어머, 머리에 핀도 꽂았네!" 이런 식으로 아이가 표현한 것을 세심하게 봐주는 거죠.

아이들이 어렸을 때는 그림을 많이 그리잖아요. 아이가 그림을 보여줄 때마다 항상 진심으로 들여다보고 칭찬하는 겁니다. 엄마가 내 그림을 되게 열심히 잘 봐준다, 그리고 내가 노력을 기울이고 신경 쓴 부분을 알아봐 준다는 걸 아이가 느끼면 성취감을 차곡차곡 쌓아갈 수 있습니다.

공부에서도 성취감을 느끼면 공부가 한결 수월해지고 할 맛이 납니다. 그런데 요즘 아이들은 학원 숙제가 항상 쌓여있으니까 성취감을 느끼기 굉장히 힘들어요. 특히 수학은 오랫동안 고민하던 문제를 결국 풀어냈을 때의 성취감이 대단한 과목인데요. 안타깝게도 아이들은 한 문제를 오래 잡고 있지를 못합니다. 숙제가 너무 많으니까요. 또 엄마도 오가면서 계속 보죠. "너 아까도 7번 풀고 있었는데 여태 7번이야? 뭐 하는 거야? 너 공부 안 하니?" 이렇게 나옵니다.

이런 상황을 크게 바꿀 수는 없겠지만 아이들이 조금이나마 성취감을 느낄 수 있도록 우리가 말이라도 요령껏 했으면 해요. 학원 숙제가 많다고 힘들어하는 아이에게 "너만 이렇게 하는 거 아니야. 다른 애들은 너보다 더 많아. 얼른 해. 투덜댈 시간에 하면 빨리 끝나겠다" 이러지 말고요. "숙제가 이렇게 많아? 게다가 이렇게 어려운걸. 네가 벌써 이렇게 어려운 공부를 한다니 정말 대단한 거 같아." 말이라도 이런 식으로 해보자고요. 매일 똑같은 말을 하는 건 소용이 없겠지만, 유독 아이가 하기 싫어하는 날에는 숙제가 많아서 얼마나 힘들겠냐고 하면서 이야기해 볼 수 있겠죠. 좋아하는 간식도 챙겨주고요. 그러면 아이는 조금 힘을 낼 겁니다. 그리고 엄마가 잔소리하면서 시킨 게 아니니까 자기 공부를 하게 될 거고요.

이 경우 아이가 숙제를 다 하면 반드시 엄마한테 자랑하게 되어있어요. 엄마가 이걸 하는 건 대단한 일이라고 했으니까요. 그러면 또 한 번 정말 대단하다고 칭찬해 주고, 얼마나 힘들었냐고 노력에 대해서도 인정해 주어야죠. 숙제 하나 끝낼 때마다 빨리 다음 숙제 하라고만 하지 말고 애쓴 아이의 노력을 인정해 주어야 합니다. 친절하게 말하는 게 그렇게 어려운 일은 아니잖아요.

엄마의 다정한 말 한마디가 아이에게는 정말 큰 에너지입니다. 사실 노력에 대한 인정만 잘해줘도 아이들이 이렇게까지 힘들지는 않을 거예요. 성취감도 쌓을 수 있고요.

어릴 때부터 성취감을 느끼고 배우는 건 굉장히 중요합니다. 여러 활동에서 다양한 성취감을 차곡차곡 쌓아온 아이가 결국은 노력하는 사람이 됩니다. 특히 성취감에는 주도성이 굉장히 중요한 요소입니다. 그래서 최소한 초등까지는 부모가 권하는 것보다 아이가 원하는 걸 하는 게 맞습니다. 주변에서 좋다고 하는 것을 아이에게 권하기 전에 아이가 하는 것에 먼저 관심을 기울여주세요. 누가 관심을 보여주면 흥이 나잖아요. 작은 성취감이라도 느끼려면 꾸준함이 필요한 법인데, 아이들은 재미가 있고 흥이 나야 꾸준히 할 수 있기 때문입니다. 주의할 점은 관심과 거드는 건 다르다는 거예요. 아이의 요청에 도움을 줄 순 있습니다만 거드는 것을 관심과 혼동하면 안 됩니다.

학교에 다니면서는 연습이 필요한 활동이 많아지는데 이런 활동은 성취감을 배울 아주 좋은 도구입니다. 그것을 잘 활용하세요. 줄넘기, 공놀이, 각종 체육 수행에 관심을 기울이고 연습도 함께 하세요. 저희는 아이 혼자서 연습하게 둔 적이 없습니다. 프로 선수도 아니고 아이가 혼자 어떻게 연습하나요. 같이 하면서 기록도 체크하고, 동작도 체크하고, 함께 땀을 뻘뻘 흘리면서 잘하면 같이 환호하고, 낙담하고 짜증 내면 계속 도닥여 주면서 결국은 해내는 과정이 성취감을 얻는 과정입니다. 이런 것들을 함께 하는 데 생각보다 많은 시간이 필요하지 않아요. 주말이나 저녁에 잠깐씩만 시간을 내면 함께 할 수 있습니다. 조금씩 발전하는 걸 느끼면서 아이가 성취감을 쌓을 수 있도록 옆에서 최대한 도와주어야 해요.

공부도 그래요. 아이 스스로는 공부를 원하지 않는다고 생각하는데 절대 그렇지 않습니다. 내가 원해서 배우고 학습하는 건 굉장히 즐거운 감정입니다. 누가 시켜서 하는 게 싫은 거죠. 어차피 나중에 중고등학생이 되면 싫은 걸 해야 합니다. 그때 어렵고 힘들어도 노력을 기울일 수 있으려면 어렸을 때 성취감을 많이 쌓아놔야 해요. 그래서 흥미가 있는 종목에 스스로 노력해 본 적이 있어야만 합니다.

자기주도성이 중요하다는 걸 다시 한번 강조합니다. 아이가 원하는 것들, 예를 들면 종이접기, 그림 그리기, 줄넘기, 운동, 악기, 퍼즐, 레고, 큐브 맞추기 등등에 몰입해 보는 경험이 필요합니다. 공부할 시간에 저런 거 하고 있다고 생각하지 말고 여유를 가지고 지켜보세요. 수학이나 영어만 중요한 게 아닙니다. 아이가 어떤 한 가지에 폭 빠졌던 경험이 있는 것과 그런 경험이 없는 것은 완전히 다른 거예요. 성취도 측면에서도 노력 측면에서도 너무나 다릅니다. '어떤 것에 흥미를 갖는다 → 그것에 몰입해 본다 → 노력을 기울인다 → 성취감을 느낀다' 이 과정 자체가 엄청난 일 아닙니까? 그런 아이들이 결국 내가 잘하는 것을 찾고 거기에 노력을 기울일 줄 아는 사람이 됩니다.

잘될 수밖에 없는 분위기

공부를 잘하기 위해서는 재능, 노력, 환경 세 가지가 따라야 한다고 합니다. 이 삼총사가 모두 좋다면 뜯어말린다 해도 공부를 잘할 수밖에 없대요. 설령 한 가지가 좀 처지더라도 나머지 두 가지가 높으면 공부를 잘한다고 합니다. 재능이 부족해도 노력을 많이 하고 환경이 좋으면 공부를 잘하고요. 노력이 좀 부족해도 재능이 뛰어나고 환경도 뒷받침된다면 그 아이도 공부를 잘한다고 합니다. 또 환경이 좋지 않아도 공부 재능이 있고 노력까지 엄청나게 한다면 환경을 극복하고 공부를 잘할 거라는 거예요.

공부를 잘하는 데 필요한 덕목들은 부모님에게 배우는 부분이 상당합니다. 심지어 노력을 기울일 수 있는 태도나 마음가짐 같은 것도 부모님께 배우니까요. 하지만 공부 재능을 생각하면 타고나는 부분 또한 분명 있고 그것은 무시할 수 없다는 생각이 듭니다. 그래서 좀 체념의 마음이 들면서 그저 공부에 유리한 기질과 성미와 성향을 운 좋게 타고났기를 바라죠.

상황이 이러하니 우리가 할 수 있는 걸 찾아 노력을 기울이는 것이 유일한 방법일 텐데요. 위의 세 가지 요소 중 환경이 그 유일한 요소일 겁니다. 아이를 둘러싼 환경은 우리의 노력으로 얼마간 바꿀 수 있는 여지가 있는 것이니까요. 물론 그것도 쉽지 않겠으나 아이가 타고나는 부분에 비하면 훨씬 가능성이 크겠다는 느낌이 확 오지 않나요? 공부 재능과 노력의 부분이 월등히 높은 게 아니어도 환경으로 극복할 수 있는 여지를 줄 수 있다는 게 굉장히 희망적이라고 느껴집니다. 또 부모로서 노력할 수 있는 부분이 있다는 것이 참 다행이기도 하고 말입니다.

그렇다면 내 아이가 공부를 잘하게 만드는 환경은 무엇일까요? 제가 부모님들께 가장 강조하는 건 가정의 온도와 분위기 그리고 양육자 간의 관계입니다. 아이를 둘러싼 환경에서 가장 큰 영역을 차지하는 게 양육자와 가정이기 때문입니다.

아이가 자라고 생활하는 공간인 가정과 아이와 가장 밀접한 관계인 양육자는 학교나 학원, 친구와 선생님이라는 환경과는 비교할 수 없을 정도로 중요합니다. "가정의 온도를 높여주세요" "아이가 느낄 집안의 분위기가 편안하고 안정되고 따스하고 긴장감이 없도록 해주세요" "양육자끼리 좋은 관계를 유지하세요"를 제가 강조하는 이유입니다. 이 모든 내용을 간단하게 '화목한 가정'이라는 뻔한 말로 표현해 보겠습니다.

화목한 가정이 중요하다는 건 모두 알고 있습니다. 하지만 너무 당연해서 그런지 고려 대상에서 제외되곤 해요. 그래서 저는 기회가 될 때마다 꼭 끄집어냅니다. 구태여 수면 위로 끌어올려서 다시금 중요성을 일깨우고 결의를 다지고 노력을 들이게 만들려는 작정이에요.

그런데 화목한 가정이 중요하다는 말을 꺼내는 데에는 진입장벽이 있습니다. 화목한 가정이라는 말을 하면 다들 지겨워하고 한숨부터 쉬거든요. '아이고, 그런 뻔한 말을 왜 하나' '우리가 그걸 모르겠냐'는 눈빛을 보냅니다. 하지만 아이가 공부 잘했으면 하고 간절히 바라잖아요. 그걸 위해서 우리가 가장 노력을 들여야 하는 부분입니다. 왜냐하면 이것이 우리가 노력을 기울였을 때 실제로 바뀔 가능성이 가장 큰 일이고 우리가 들이는 노력에 비해 가성비가 가장 좋은 일이기 때문입니다. 그러니 어떡합니까. 말하고 또 말하는 수밖에요. 가장 큰 비율인 데다 가장 움직이기 쉬운 부분을 건드리고 개선해야 효과적입니다. 아이가 공부를 잘하기 위한 가장 효율적인 방법이니 따르고 실천해야 합니다.

화목한 가정이라는 조건에 실망하는 분들이 많겠지만, 언제까지 남편 탓, 아내 탓, 시어머니 탓, 월급 탓, 성격 탓 등등 온갖 탓만 할 수는 없습니다. '내가 먼저 바뀌어 보겠다' '내가 조금 더 다가가겠다' '나부터 친절해져 보겠다'고 결심하는 것만으로도 한결 나아져요. 그럴 거 같지 않다고요? 해보지도 않고 지레짐작하지 마세요. 또 며칠 해보고 '에이, 효과가 별로네. 그만둘래!' 그러지 마세요. 단단한 결심과 지속적인 노력이 필요한 일입니다. 힘들 때마다 내가 해내야만 내 아이가 안정된 정서와 마음으로 공부할 수 있고, 그래야 성적이 오를 거라고 믿으면서 노력을 이어나가세요. 나는 할 수 있는 걸 해보지도 않고 금방 포기하면서 아이는 부단히 노력하고 공부 잘하길 바라나요?

　화목한 가정과 아닌 건 엄청난 차이가 있습니다. 매일 싸우고 큰소리 나는 가정이 아니라고 안심할 일이 아닙니다. 큰소리 안 나고 괜찮은 것과 화목한 건 엄청나게 다른 거예요. 꽤 큰 온도 차가 있습니다. 스스로 이 정도면 괜찮다고 여기지 말고 항상 웃음이 나는 가정, 언제나 서로를 위하는 마음이 느껴지는 가정, 어떠한 긴장감도 없이 편안한 가정을 만드세요. 그게 중요합니다.

　부모가 싸우는 건 아이에게 전쟁을 겪는 정도의 타격을 준다는 연구 결과도 있다잖아요. 그 정도 상처는 아니더라도 부모님이 서로 사랑한다는 감정이 느껴지지 않는 집, 부모님이 언제든 티격태격하는 게 가능한 분위기인 집, 무슨 일로도 타박을 받을 수 있는 집, 깨끗하고 편안한 느낌이 들지 않는 집이라고 아이가 인식하면 안 됩니다. 마음이 불안하고 속상하고 안정적이지 않은데 어떻게 공부합니까. 집이 냉랭한데 어떻게 공부에 집중하겠어요. 그건 어렵습니다. 우리도 다 그 경험이 있잖아요. 부모님이 싸운 싸늘한 분위기에서는 아무것도 할 수 없던 기억, 친구랑 놀아도 전혀 재미있지 않았던 기억, 걱정이 사무쳐 공부에 집중하지 못했던 기억을 다 가지고 있습니다.

한 교육 전문가도 같은 이야기를 했습니다. 몇십 년 동안 공부 잘하는 아이들 수만 명을 봤는데 아이들마다 공부 방법이 정말 다양하더랍니다. 하지만 유일한 공통점이 있었대요. 공부를 매우 잘하는 아이들의 가정은 정말 화목하더라는 거예요. 이건 예외가 없었다고 해요.

이 예외가 없었다는 게 핵심입니다. 예외가 없었다는 건 그만큼 절대적이라는 거예요. 왜 이토록 확실하고 절대적인 방법을 따르려 노력하지 않습니까? 그것도 나의 노력으로 만들어갈 수 있는 건데요. 혹시 노력에 자신이 없는 건가요? 그럼 아이들이 들이는 노력은 쉬워 보이고요? 10년이 넘는 기나긴 시간 동안 들이는 아이들의 노력도 절대 쉽지 않습니다.

따뜻하고 안정적이고 긴장감이 없는 집이라는 건 정말 정말 중요합니다. 뭘 해도 잘될 수밖에 없는 분위기가 생겨요. '왜 저 집은 항상 운이 좋지?' '왜 저 집은 다 잘되지?' '저 가족에게는 왜 행복한 일만 생기지?' 이런 집이 있다면 그 집은 뭘 해도 잘될 수밖에 없는 분위기를 가지고 있어서 그렇습니다. 항상 운이 좋은 게 아니라 사랑과 대화의 힘으로 운이 안 좋은 상황을 잘 넘기는 것이고, 다 잘되는 게 아니라 힘든 상황도 합심해서 잘 이겨내는 겁니다. 서로를 위하고 사랑하는 극진한 마음을 가지고 있어서 걱정이 마음을 파고들게 두지 않으니까 행복해 보이는 거예요. 그래서 아이가 공부도 잘하는 거고요. 공부는 어렵고 힘든 일이기 때문에 안정적이고 따뜻하고 사랑이 넘치는 가정이라야 버티고 힘을 내서 역량을 발휘할 수 있습니다.

이런 글을 읽으면 한부모가정은 마음이 참 힘들 겁니다. 제가 단언하는데 한부모가정, 괜찮습니다! 양육자끼리 매일 싸우거나 서로 냉담한 것보다 나아요. 또 할머니나 할아버지가 양육하는 가정도 괜찮습니다. 아이에게 사랑 주고 대화도 많이 하면서 아주 잘 지낼 수 있어요.

좋고 나쁨의 차이를 내는 요소는 양육자의 구성이 아닙니다. 중요한 건 그 집이 화목하냐는 거예요. 부부여야만 괜찮은 게 아닙니다. 엄마 혼자, 아빠 혼자, 할머니나 할아버지 혼자서도, 또 어떤 구성의 가정이라도 아이에게 충분한 사랑을 쏟아주고 화목하면 걱정할 게 없습니다. 어떤 종류의 결핍이 조금 있기로 불행하거나 잘못 자라는 게 아니에요. 어떠한 결핍도 없는 상황은 없으니까요.

아무리 부모가 잘나고 경제적으로 풍요로워도 대화가 안 되고 가정이 불화하면 아이의 세상은 막막합니다. 자기를 전폭적으로 사랑해 주는 사람, 자기를 이해해 주고 편안하게 대화할 수 있는 어른 한 명만 있어도 괜찮습니다. 하지만 양육자가 혼자가 아니라면 서로 사이가 좋아야 합니다. 양육자끼리 서로 사랑하는지, 또 아이의 모든 것을 함께 상의할 수 있는지 생각해 보세요. 부족하다는 생각이 들면 노력해야죠. 부족한 게 뭔지 아는데도 실천하지 않으면 어떤 것도 달라지지 않습니다.

우리가 가장 시급하게 해야 하는 노력은 가정의 온도를 높이는 일입니다. 노력을 쏟아부어야 합니다. 아이가 학원을 얼마나 많이 다니는지, 얼마나 오래 공부하는지, 어떤 문제집을 푸는지, 어떤 성적을 받는지보다 내 아이가 안정된 정서로 편안할 수 있는지에 모든 신경을 써야 합니다. 그게 장기적으로 정말 중요하다는 것을 꼭 알아주세요. 그래야 공부 잘하는 아이가 됩니다. 아이들이 이렇게 애쓰고 공부하는데 우리도 우리가 할 수 있는 노력을 기울여야지요. 사랑에도 노력이 필요합니다.

이런 이야기를 들은 어떤 분은 자기는 남편한테 잘해주기가 싫대요. 이러면 진짜 어쩌라는 건지 모르겠어요. 그러면서 애 공부 잘하기만 미치도록 바라는 겁니다. 부부 사이의 관계를 개선하려는 의지는 조금도 없으면서 아이는 공부 잘하길 바랍니까. 애가 죽어라 앉아서 공부하는 노력만 중요하고 자기는 아무것도 노력하기 싫다는 거잖아요.

아이들은 부모님이 서로를 사랑한다는 걸 느끼기만 해도 엄청나게 안정된 마음으로 살아가요. 엄마와 아빠의 다정한 모습을 보면 겉으로는 싫은 티도 내지만, 속으로는 되게 안심되고 좋거든요. 자신의 존재 이유에 대한 근본적인 믿음이 생기게 되는데, 그런 탄탄한 안정이 있어야지 공부할 수 있습니다.

가족 구성원이 서로를 위하고 사랑하고 아끼는 가정에는 뭐든 잘될 수밖에 없는 분위기가 있습니다. 그런 분위기가 있어야 마음이 편안해지고 그래야 자기 역량의 최대치를 발휘합니다. 공부 재능이 있다면 날개를 달 거예요. 공부 재능이 뛰어나지 않아도 잘합니다. 공부 재능이 아예 없다 해도 자신이 원하고 잘하는 것을 찾아 행복한 사람으로 살아갈 거고요. 뭐든 잘될 수밖에 없는 분위기에서 자랐으니까요.

생각보다 중요한 힘, 절제력

절제력은 '정도를 넘지 않도록 알맞게 조절하거나 제어할 수 있는 능력'을 말합니다. 어떤 것을 할 때 내가 알맞은 정도를 조절하고 나의 마음이나 상황을 스스로 통제할 수 있다는 뜻으로, 언뜻 생각해도 매우 중요하게 느껴집니다. 세상을 살아가는 데 중요한 덕목이 아주 많지만, 절제력의 유무는 행복할 수 있느냐 없느냐를 가르는 척도라고 생각해요. 왜냐하면 절제력이 없는 사람은 행복에 다가가기가 너무나 어렵기 때문입니다. 절제력이 없다는 건 찰나의 쾌락은 가질 수 있을지 모르지만, 끝내 행복할 수 없는 뼈아픈 조건입니다. 이것은 제가 여태 살아오면서 겪고 보고 느낀 진리입니다.

세상에는 우리를 절망과 불행에 빠뜨리는 유혹거리가 정말 많습니다. 정신적, 물질적 유혹거리가 사방팔방에 넘쳐흘러서 절제력이 없으면 내내 그에 휘둘리는 피곤하고 곤궁한 삶을 살게 됩니다.

허영이 많아 물질을 탐하기 시작하면 행복과는 점점 멀어집니다. 값비싸고 좋아 보이는 새로운 것들은 계속 나오니 그것을 탐하는 무한 굴레에 빠지게 되죠. 탐한 물건을 손에 넣는 순간에는 즐거움이 있지만, 그것으로 그 물건의 역할은 끝났습니다. 다시 나를 행복하게 해줄 물건을 탐하느라 정신과 육체를 소진합니다.

음식도 마찬가지예요. 식탐을 부리기 시작하면 몸까지 망가집니다. 나중에는 알아채도 절제할 수가 없어 몸과 마음은 계속 바스러집니다. 영화 〈센과 치히로의 행방불명〉에서 치히로의 부모가 음식에 탐욕을 부리다가 어떻게 변했는지를 떠올려보세요. 너무 무시무시하지 않습니까? 그 모습은 비단 음식에 욕심을 부리는 것만을 상징하지 않습니다.

어른이 될수록 유혹거리는 많아집니다. 이것들의 특징은 자극적인 즐거움을 주어 시간 가는 줄 모르게 만든다는 거예요. 그리고 비로소 인식할 즈음에는 금단증상을 유발해서 벗어날 수 없게 만듭니다. 나를 망치고 내 행복을 빼앗는다는 걸 인식해도 애초에 절제력이 없었으므로 자력으로 그 상황에서 벗어나기 힘들어요. 그래서 '중독'이라는 단어가 붙죠. 쇼핑 중독, 음식 중독, 설탕 중독, 알코올 중독, 게임 중독, 스마트폰 중독, 주식 중독, 코인 중독, 일중독, 도박 중독,

약물 중독, 성매매 중독 등 우리 일상에도 중독이라는 말이 참 많습니다.

사실 중독까지 가는 경우는 흔치 않을 겁니다. 다만 각자 절제력이 부족한 부분들이 있을 거예요. 알면 고치면 될 일이나 그게 마음처럼 쉽지는 않습니다. 아킬레스건처럼 나의 마음을 번번이 무너뜨리죠.

그런데 문제는 그런 부모의 모습을 보고 자라는 아이들이 그런 행동 양식을 물려받기 쉽다는 거예요. 아이들은 당연하게 부모의 모든 언행을 보고 배우는데, 안 좋은 것일수록 훨씬 더 강력하게 전달되는 경향이 있습니다. 밤에 티브이를 보다가 음식이 나오는 장면을 보면 어제 다졌던 결심이 무색하게 매번 배달 앱을 켜는 부모를 본다거나, 술이나 담배 절제가 안 되고 늘 무너지는 모습을 본다거나, 건강 관리에 소홀한 모습을 보거나, 온갖 핑계를 대면서 쇼핑에 열을 올리는 모습을 보거나, 항상 즉흥적으로 선택하고 결정하는 모습을 보거나, 감정 절제가 안 되어 소리 지르거나 분노하는 모습을 때때로 보고 자란다면 아이가 그걸 배울 확률이 높습니다. 부모님의 절제력 정도를 아이도 차곡차곡 체득하는 거죠.

공부에서도 절제력은 중요한 키워드입니다. 자기조절 능력이 없으면 수많은 유혹을 떨치면서 공부하기 힘들어요. 공부하다 어렵고 힘든 순간이 찾아올 때 유혹에 빠지기가 너무 쉽기 때문입니다. 우리 어른들도 재미있는 책이나 영화를 볼 때조차 스마트폰을 짬짬이 들여다보곤 하는데 공부하는 아이들은 오죽하겠습니까. 설상가상으로 공부는 장기적인 종목이기까지 하잖아요. 그래서 반드시 절제력이 필요해요. 자기 절제력을 가지고 있는 아이들이 공부를 잘한다는 건 이미 명백하게 밝혀진 사실입니다.

아이의 자기 절제력을 길러주는 일은 아이가 공부 잘하게 만드는 지름길이고, 장기적으로는 올바르고 행복한 삶을 살 수 있게 만드는 방법입니다. 절제력은 참고, 기다리고, 약속을 지키고, 감정을 다스리고, 내가 주체적으로 상황을 조절하는 경험을 거듭 쌓으면서 키울 수 있습니다. 물론 부모님이 절제력 없는 모습을 보여주지 말아야 하는 건 너무 당연하고요.

내가 30분만 게임을 하겠다고 마음을 먹었으면 그렇게 해내는 것이 자기 절제력입니다. 그러니 아이 스스로 시간이 다 된 걸 알아차릴 수 있게 알람을 맞춘다거나, 중간에 딱 끊기는 어려울 수 있으니 시간이 거의 다 되었을 때는 마무리하는 버릇을 들이도록 해야 합니다.

맛있어 보여도 몸에 좋지 않은 음식은 먹지 않는 것 또한 절제력입니다. 그러니 어떤 게 몸에 좋고 어떤 게 몸에 나쁜 것인지 교육이 필요합니다. 막상 아이는 마음을 단단히 먹었는데 부모님이 "에이, 오늘은 그냥 먹자" "맛있게 먹으면 0 칼로리" 같은 말로 아이의 결심을 무너뜨리면 안 됩니다.

자기 몸을 위해 위생적으로 생활하고 운동하는 것, 기다려야 하는 수많은 일들, 학교의 규칙을 지키는 것, 화날 때 감정표현을 하는 방법, 내가 세운 계획을 지키려는 노력, 사람들과의 관계에서 지켜야 하는 원칙들, 자신과 다른 이와의 약속을 지키는 것, 물건을 아끼고 쓸데없는 소비를 하지 않는 습관 등등 정말 많은 부분을 가르쳐야 합니다. 항상 좋은 말을 해주고 아이가 절제력의 경험을 잘 쌓아갈 수 있도록 도와주어야 해요. 이 모든 것들을 자라면 그냥 저절로 되는 것, 타고나는 것으로 쉽게 생각하고 내버려두면서 때때로 절제력 없는 모습을 보인다면 아이는 필연적으로 어려운 삶을 살게 됩니다. 사는 동안 수많은 유혹거리에 휘둘리고 그것 때문에 인간관계가 나빠지고, 신뢰를 잃고 자괴감을 느끼면서 불행하게 살아가게 됩니다.

우리 부부는 꽤 절제력이 있습니다. 비슷한 성향의 두 사람이 만나서 서로 긍정적인 영향을 주고받으며 살아왔고 그래서 당연히 아이도 절제력이 있는 편입니다. 어려서부터 엄마와 아빠의 그런 모습을 보고 자랐으니까요. 쓸데없이 소비하는 일도 없고, 자기 물건을 아끼고 오래 사용합니다. 몸에 좋지 않은 건 하지도 먹지도 않겠다는 생각이 굳건하죠. 너무 많은 당분을 섭취하지 않으려고 스스로 간식의 당류 함량을 신경 쓰고 소시지 같은 가공육은 먹지 않습니다.

술과 담배에는 훨씬 더 높은 잣대를 가지고 있어요. 저도 본보기가 되어야겠다는 마음으로 2018년에 금주를 선언했는데요. 지금까지 때때로 즐기던 맥주를 비롯해 어떠한 술도 전혀 마시지 않습니다. 아이가 없는 자리에서도요. 아이에게 절제력을 보여줘야 한다면 이 정도는 해야죠. 약속했으면 지켜야 합니다.

물론 아이의 절제력이 번번이 무너질 때도 있어요. 디지털 기기 사용 절제는 정말 어렵습니다. 그것으로 잔소리하는 일이 정말 많고 몇 번의 위기도 있었지요. 하지만 실망하거나 지치지 않고 그때마다 굉장히 노력하고 있습니다.

우리 부부가 꽤 절제력이 있는 사람들이니 크게 신경 쓰지 않았어도 아이가 기본은 되었을 거예요. 하지만 안심하거나 낙관하지 않고 아이가 더 나은 사람이 될 수 있도록 끊임없이 필요한 말을 하고 도와주고 신경 쓰고 노력을 기울였습니다. 건강에 대한 부분, 특히 치아 관리는 지나치다 싶을 정도로 매일 신경 쓰며 습관을 길러주었고요. 지금은 충치 지수가 높은 음식을 명확히 알고 치실도 매일 사용하는 청소년이 되었습니다.

물건을 살 때도 항상 올바르게 소비하는 방법을 가르쳤습니다. 절제력이 부족해서 벌어지는 각종 뉴스를 볼 때마다 이야기를 나누었고요. 또 잘 지켜지지 않는 디지털 기기 사용에 관련해서는 환경을 만들어 도와주었습니다. 스마트폰은 방에 가지고 들어가지 않는다는 규칙이 있으니 당연히 잠자리에 누워서 스마트폰을 보는 일이 없죠. 과제를 옆에 두고 스마트폰을 들여다보는 일도 없게 됩니다. 게임은 거실의 공용 컴퓨터로만 하고, 방에서 컴퓨터를 사용할 때는 방문을 열어두어야 합니다. 그 밖에 자기 마음과 기분을 잘 살피고 돌보는 법 등에도 수많은 말들이 오갔습니다.

아이가 감정 조절이 어렵다, 비싼 물건을 탐한다, 약속을 못 지킨다, 게임에 정신이 팔려서 해야 할 것을 하지 않는다는 건 이미 절제력이 상당히 부족한 것입니다. 그렇다면 지금부터라도 아이가 성인이 될 때까지 지치지 않고 가르치고 도와주어야 합니다. 이것에 사활을 걸어야 합니다. 뭐든 쉽게 되는 법은 없지만 이런 건 더 어렵고 긴 시간이 필요합니다. 또 아이는 부모의 거울이라는 진리를 받아들이고 나의 모습부터 성찰해야 합니다. 고쳐야 하는 부분이 있다면 함께 고쳐나가야 합니다. 아이가 이미 청소년으로 자라있고 나와 비슷한 성향을 보인다면 함께 어떤 노력을 들여서 고쳐갈 것인지를 의논하고 약속하는 것도 좋은 방법일 거예요.

절제력이 없는 부모의 자녀는 절제력이 없을 가능성이 큽니다. 그래서 공부를 잘하기가 매우 어려워요. 그러니 내가 절제력이 부족한 부분이 있다면 지금 당장 뼈를 깎는 노력을 기울여서 고쳐야만 합니다. 정말 턱이 으스러질 정도로 이를 악물어야 합니다. 그것만이 앞으로의 나의 인생, 가족의 인생, 자녀의 인생이 행복해지는 방법입니다.

권위 있는
부모의 힘

'저는 부모로서의 권위가 없는 거 같아 좀 걱정이에요. 하지만 아이와 좋은 관계는 유지하고 싶어요. 권위도 있으면서 좋은 관계를 유지할 방법이 있을까요?' 언젠가 독자분께 이런 질문을 받았습니다. 권위가 좀 있었으면 좋겠으나 그러면 아이와 좋게 지내기는 힘들 것 같아 고민이라는 내용입니다.

이분은 권위의 뜻을 오해하고 계시는 거였어요. 그래서 권위와 좋은 관계는 함께할 수 없다고 여긴 겁니다. 권위를 사전에서 찾아보면 '믿고 따르게 하는 힘'이라고 나와있어요. 좋은 거죠. 하지만 많은 사람이 권위를 권력이나 위력으로 남을 억눌러서 복종시키는 것, 그러니까 권위주의로 생각합니다. 그래서 권위 있는 부모를 위압적인 태도로 말하거나 순종을 강요하는 무서운 부모로 여기는 경우가 많아요. 우리가 권위주의라는 부정적인 말을 하도 많이 사용하고 들어서 권위라고 하면 일단 그 이미지가 떠오르는 탓입니다.

저 역시도 권위라는 단어에 부정적 이미지를 가지고 있어서 부모의 수식어로 쓰는 것에 심적 거부감이 있습니다. 또 권위라는 말뜻에는 '사회적으로 인정을 받고 영향력을 끼칠 수 있는 위신'이라는 뜻도 있어 주저하는 마음도 들고요.

그런데 권위를, 믿고 따르게 하는 힘이라는 의미로만 보면 저와 남편에게는 부모로서의 권위가 있습니다. 그것도 꽤 높은 편이라고 생각해요. 아이와 무척 친밀하고 청소년이 된 지금도 스스럼없이 장난치고 대화하지만, 부모로서의 위엄은 있습니다. 기본적으로 아이가 엄마와 아빠의 말을 굉장히 신뢰합니다. 신뢰하니 따르는 건 당연하고요. 엄마와 아빠의 사랑을 절대적으로 믿고, 엄마 아빠의 생각과 행동은 언제나 자신을 위한 것임을 한 치도 의심하지 않는다는 걸 압니다.

저와 남편은 꽤 엄한 부모입니다. '엄하다'는 단어도 오해를 받는 단어지요. 엄한 부모라고 하면 무섭고, 다정하지 않고, 잘 혼낸다는 이미지가 있잖아요. 이럴 때는 또 사전을 찾아봅니다. '엄하다'의 사전적 의미는 '규율이나 규칙을 적용하거나 예절을 가르치는 것이 매우 철저하고 바르다. 어떤 일이나 행동이 잘못되지 않도록 주의가 철저하다'입니다.

이런 의미에서 저와 남편은 아이에게 꽤 엄하다고 볼 수 있어요. 규칙도 많지요. 또 태도에 대해서는 훨씬 더 엄격한 잣대를 들이댑니다. 태도에 관해 아이에게 건넨 말을 이어붙이면 달까지 몇 번을 왕복할 정도라고 쓴 적이 있는데, 여전히 매일 아이의 태도로 고민하고 말을 건네죠. 모든 문제는 결국 태도에서 비롯되는 경우가 정말 많습니다. 그래서 되고 안 되는 것들에 규칙을 명확하게 두고 그것에 일관성을 가지려고 노력해요.

자녀에게 엄한 잣대나 규칙을 세우고 따르게 하는 것을 부담스럽게 생각하는 부모님들도 계실 거예요. 우리도 그런 것들이 싫었던 경험이 있기 때문일 겁니다. 혹은 그렇게 하면 아이가 힘들어하거나 관계가 나빠질 수도 있다고 생각하기 때문일 텐데요. 실제로 어떤 분은 (잘못된 의미로) 엄했던 부모님을 무척 싫어했던 경험 때문에 자신의 육아 목적을 아이가 부모인 자신을 싫어하지 않는 것에 두었습니다. 그래서 거의 모든 것에서 아이를 제재하지 않고 허용하고 맞춰주는 부모가 되었어요. 그런데 예상할 수 있듯이 갈수록 통제가 어려워지며 금세 총체적 난국을 맞이했습니다.

저는 어떤 규칙이나 일관성 있는 제재는 오히려 아이를 안정시킨다고 봅니다. 어떤 행동의 경계를 아이가 명확히 아는 것은 아이에게 훨씬 더 편한 측면이 있어요. 저지선이 없는 것, 또는 있지만 어떤 경우에서는 넘어설 수도 있는 저지선이라면 아이는 늘 그 선을 넘고 싶고 그것이 가능한지 계속 신경 써야 하죠. 그래서 이렇게도 해보고 저렇게도 해보고 떼도 써보고 한계를 시험하게 되는데, 그 에너지도 만만치 않을 거예요. 안 되는 건 안 된다는 철저한 원칙과 규칙은 아이의 마음에 안정을 줍니다. 그 안에서 자신이 알아서 조절할 수 있게 돼요. 저도 육아를 할 때 명확한 경계는 오히려 아이에게 심적 안정을 준다는 것을 아주 여러 번 느꼈습니다.

부모의 권위 유무에 따라 육아의 질이 꽤 달라진다고 생각합니다. 아이가 부모를 믿고 따른다는 것이 마냥 부모의 말을 잘 듣는다는 것만을 의미하진 않아요. 부모에게 권위가 있다면 아이는 자신이 한 약속을 잘 지키고, 쓸데없는 것에 고집을 피우느라 에너지를 낭비하지 않습니다. 조언이 필요할 때는 언제든지 엄마 아빠와 상의하고, 부모님의 의견에 귀를 기울이고 수용할 줄도 압니다. 규율을 지키고 자신의 행동을 조절하는 데에 스트레스를 받지 않고요. 필요한 부분이 있으면 자신의 의견을 잘 말할 줄도 압니다. 부모의 말을 무시하지 않고 끝까지 경청하고, 혼날 때도 기분 나빠하지 않고 반성하는 마음가짐이 됩니다. 부모와의 좋은 관계를 바탕으로 다른 어른들과도 어렵지 않게 관계를 맺습니다.

부모가 권위를 가지려면 부족함 없이 사랑을 쏟아주어야 합니다. 모든 것의 바탕은 사랑이기에 그렇습니다. 아이에게는 모자람 없는 사랑, 일관성 있는 사랑이 중요해요. 일관성은 육아에서 중요한 키워 드인데, 수두룩한 일관성에서 맨 앞에 우뚝 서있는 건 사랑입니다. 사랑의 일관성은 말, 행동, 훈육, 규칙, 생활 등에서 필요한 모든 일관성과는 비교되지 않을 정도로 앞선 것이에요.

아이가 좀 자라면서부터는 사랑의 일관성을 잃기 쉽습니다. 부모는 그러지 않았대도 아이들은 사랑이 변했다고 느낄 수 있고, 그렇다면 그것은 아이 탓이 아니고 사랑의 양이나 질이 변한 게 맞을 거예요. 아이가 자신의 성취에 따라 부모의 사랑이 변한다고 느낀다면 부모는 권위를 가질 수 없습니다.

또 신뢰도 중요한데요. 신뢰와 사랑은 서로 맞물려 돌아가는 톱니바퀴입니다. 부모의 사랑에 일관성이 없다고 느끼면 아이는 부모를 신뢰하지 않게 됩니다. '엄마 아빠가 다정할 때나 혼낼 때나 나에 대한 사랑은 변함없구나' '내 성적이 좋을 때나 나쁠 때나 나에 대한 사랑은 변함없구나' '내가 실수하거나 잘못해도 나에 대한 사랑은 변함이 없구나' '어떤 일이 있어도 부모님의 사랑만큼은 변하지 않는구나'라고 아이가 믿어 의심치 않아야 합니다. 그래야 부모의 말을 듣고, 믿고, 수용하고, 따르고, 자신의 존재를 사랑하게 됩니다.

또 아이에게 화를 내는 것도 그렇습니다. 화가 나는 것과 화를 내는 건 달라요. 화가 나면 이러이러해서 화가 났다고 말하면 됩니다. 그런데 소리를 지르는 등 화를 내버린다면 부모의 권위를 세울 수도 없고 아이를 바른길로 이끌 수도 없습니다.

화를 내어서는 아이를 바꿀 수가 없습니다. 화를 내고 아이랑 싸우고 심지어 이성을 잃는 모습을 보이는 건 부모의 권위를 내팽개치는 일입니다. 부모니까 무조건 화를 참으라는 게 아니에요. 이러이러한 일로 왜 화가 났는지 말하면 됩니다. 대화하면 돼요. 부모건 부모가 아니건 내 화는 내가 다스릴 수 있어야 합니다.

부모의 권위는 아이에게 보여주는 사랑에서 비롯되지만, 자신의 모습을 갈고닦으면서 세워가는 것입니다. 나의 성장에 애를 써야 합니다. 저는 아이를 키우면서 정말 어른이 되었다고 생각해요. 어렵고 힘든 일들을 겪으면서, 또 즐거울 때나 속상할 때도 매 순간 저는 인격적으로 점점 더 성숙해졌습니다. 물론 저에게 실망하고 좌절한 경험도 그만큼 있지만요. 그 경험 또한 성장의 발판으로 삼았습니다.

내가 먼저 좋은 사람이 되어야 아이를 바르게 대하고 잘 가르칠 수 있습니다. 내가 더 좋은 사람이 되어야 좋은 부모가 될 수 있고, 그것이 권위 있는 부모가 되는 길입니다. 아이가 나를 믿고 따랐으면 좋겠다는 생각에 앞서, 내가 먼저 인품을 가다듬고 성찰을 통해 성숙해지려 노력한다면 그다음은 저절로 따라옵니다.

규칙이 주는
안정

제 아이는 모든 걸 알아서 잘한다고 생각하는 분들이 있습니다. 천만의 말씀입니다. 그럴 리가 있겠습니까? 어느 집이나 비슷해요. 스마트폰 때문에 불화가 일어나고, 깨우는 데 하세월이 걸리고, 뭐 하나 시키려면 수십 번은 말해야 하죠. 어떻게 하면 좀 더 놀 수 있을까의 궁리를 공부로 옮겨오면 좋으련만, 급한 건 언제나 부모입니다. 그래도 겉보기에 뭔가 좀 잘 굴러가는 것처럼 보이는 까닭은 지켜야 하는 것들을 잘 지키면서 살기 때문일 거예요.

우리 집은 규칙이 많은 집입니다. 아이의 의견을 존중하고 수용하는 면이 많지만, 그래도 많은 것에 확실한 가이드가 있습니다. 특히 건강이나 안전, 생활 습관에 관한 부분은 부모가 가이드를 정하고 아이는 지켜야 합니다. 아이의 의견을 참작해야 하는 상황이 있고 부모가 규칙을 정해야 하는 때가 있어요. 물론 아이가 알아듣게 이유를 설명해야 합니다. 그리고 규칙에 힘이 실리도록 일관성을 가져야 하고, 아이가 부모의 말을 따를 수 있게 부모에게는 권위가 있어야 합니다. 부모의 말이 나에게 도움이 된다는 신뢰가 있으면 청소년이 되어도 따릅니다. 성년이 되기 전까지 보호자의 말을 들어야 하는 건 당연하고, 규칙은 규칙입니다.

가장 애를 먹는 규칙은 예상대로 디지털 기기에 관한 것입니다. 게임이나 스마트폰에 관한 건 규칙을 잘 지키는지 계속 눈여겨보지 않으면 금세 흐트러지고 부지불식간에 그 경계를 넘어있습니다. 이 글을 쓰는 동안에도 몇 번이나 디지털 기기 때문에 가족회의를 해야 했어요. 스마트폰에는 제한이 있으니 아이패드가 말썽이었습니다. 과학고에서는 노트북과 아이패드가 필수라고 해서 샀지요. 그런데 학교에서 아이패드를 한도 끝도 없이 보는 겁니다. 압수하려니 수업 시간에 필요한 일이 많다고 해서 수업 시간에만 사용할 수 있도록 설정했어요. 그랬더니 몇 달 후, 이번에는 노트북이 문제였습니다. 잠긴 아이패드 대신 노트북을 보는 시간이 어마어마하게 늘어나 있더군요. 앞이 캄캄해졌습니다.

디지털 기기에 대해서는 중학생 때부터 수없이 이야기해 왔습니다. 정말이지 이쯤이면 문제가 없어야 하련만, 꽤 절제력이 있다고 여겼던 아이도 상황에 따라서는 이렇게까지 도를 지나칠 수 있다니 절망스러운 마음이 피어올랐습니다. 그렇다고 포기하고 주저앉을 수도 없는 노릇이니 어쩌겠나요. 온갖 걸림돌에 걸려 넘어지는 아이를 매번 일으켜 세워 훈육하고 걸림돌을 치워야지요. 디지털 기기는 얽매일 수밖에 없는 물건이니 마음을 단단히 먹으시길 바랍니다. 제재와 규칙, 주기적인 체크를 잊지 마세요. 그런데 제 하소연을 들은 친구는 확인이나 제재가 가능한 상태라는 것만으로도 정말 감사한 줄 알라고 하더군요. 아이고, 정말 쉬운 집이 없구나 싶었습니다.

규칙적인 생활도 매우 중요합니다. 초등학교 학부모님들을 만날 때 제가 가장 강조하는 건 일찍 자고 일찍 일어나기입니다. 이것은 하루의 시작과 끝이기 때문에 더할 나위 없이 중요해요. 게다가 아이가 일찍 자면 엄마와 아빠의 삶에 윤기가 생기는데 이 시간이 무척 귀하고도 요긴합니다. 부모가 되면 아이를 돌보는 삶과 자신을 돌보는 삶의 균형을 잘 맞춰야 하는데요, 아이가 늦게 자면 이 균형이 바로 무너집니다. 아이를 일찍 재우는 것만으로도 부모의 삶의 질이 아주 많이 올라간다는 점을 꼭 새겨두세요.

청소년이 되면 규칙적인 생활이 더 중요합니다. 특히 방학 일상이 흐트러지면 안 됩니다. 학기 중에는 어떻게든 일어나서 학교에 가다가도 방학만 되면 밤낮이 바뀌어 골치라고 해요. 하루 이틀 그러는 거야 괜찮겠지만, 이런 일상이 며칠 계속되는 걸 방치하면 안 됩니다. 아침에 일으켜 앉혀서 하루를 시작하게 해야 합니다. 아이가 말을 안 듣고 난리를 쳐서 그렇게 못 한다는 부모도 많아요. 그건 부모의 권위가 없는 겁니다. 아이에게 설명하고 무슨 수를 써서라도 다음 날부터는 일정한 시간에 일어나게 해야 합니다.

오프라 윈프리가 쓴《내가 확실히 아는 것들》(북하우스, 2014) 책에 이와 관련된 내용이 있어요. 〈오프라 윈프리 쇼〉에 육아 전문가가 나와서 떼쓰는 아이 때문에 힘들어하는 엄마에게 이렇게 말했답니다. "당신이 결정을 내리기 전까지는 어떤 변화도 일어나지 않습니다!" 오프라 윈프리는 이 말을 듣고 소름이 돋았다고 해요. 저 역시 무척 공감합니다. 아이들은 누울 자리를 보고 다리를 뻗습니다. 떼를 쓰는 건, 우기면 스마트폰을 계속 볼 수 있기 때문이고 안 일어나고 버티면 엄마가 포기하기 때문이에요.

제 친구의 사례도 말씀드릴게요. 초등 6학년인 딸과 아직도 함께 자는 친구가 있어요. 남편은 딸 방에서 혼자 자고요. 친구는 그런 딸에 대한 걱정을 늘어놓았는데, 실은 벌써 몇 년째 같은 걱정을 하는 중이었지요. 저는 매번 당장 혼자 재워야 한다고 단호하게 말했지만, 친구는 마음이 약해서 그런지 좀처럼 결심하지 못했습니다. 그러다 얼마 전, 또 이 문제로 이야기하다가 친구에게 충격적인 말을 들었습니다. 아이가 자기 방으로 돌아가면 남편이랑 자야 하는 상황이 벌어지는데 사실은 그게 싫다는 거였어요. 놀랍게도 이것이 아이의 잠자리를 독립시키지 못한 진짜 이유였습니다. 친구는 아이를 혼자 재워야 하는 필요성을 잘 알고 있고 걱정도 되었지만, 남편과 같이 자는 상황이 내키지 않아서 아이를 볼모로 잡고 있었던 겁니다.

제가 이 이야기를 꺼낸 이유는 단호하지 못한 진짜 이유가 있을 수도 있다는 거예요. 아이가 마음에 들지 않는 행동을 할 때 몇 번 싫은 소리를 하다가 내버려두는 진짜 이유가 무엇인지 생각해 보세요. 솔직한 마음을 들여다보세요. 아이를 훈계하거나 가르쳐서 기어이 고치는 것보다 싫은 소리 몇 번 하고 마는 게 더 편하기 때문일 수도 있습니다.

똑같은 일상은 지겨운 게 아닙니다. 루틴이 정해져 있는 일상은 안정감을 주죠. 정해진 일들을 예측할 수 있으니 시간을 계획하고 실행하기 매우 좋습니다. 언제 씻고 언제 유튜브를 볼 수 있는지, 몇 시에 점심을 먹을 테니 그때까지 이만큼을 공부할 수 있겠다든지, 도서관에서는 몇 시에 쉬어야겠다든지 등등 일과가 대체로 정해져 있으면 고민과 걱정이 줄어듭니다.

우리 집의 하루는 아이가 어렸을 때부터 규칙적이었고 주말이나 방학도 여전히 규칙적으로 흘러갑니다. 고등학교 첫 여름방학도 우리 가족은 똑같은 하루하루를 보냈어요. 같은 시간에 일어나 같은 시간에 밥을 먹고 같은 시간에 도서관에 갔다가 같은 시간에 돌아왔습니다. 물론 아이가 학원에 가는 날이나 학교 일로 외출해야 하는 경우, 주말에 해외 축구를 본다거나 놀러 가는 날도 있는데 그런 일정은 따로 정하거나 미리 계획합니다.

자녀의 나이와 상황에 알맞은 루틴을 부모님이 만들어주세요. 그것이 아이를 안정시키고 아이에게 습관을 만들어줍니다. 아이가 '이것을 해도 될까, 안 되려나' 갈등하고 고민하게 만들지 마세요. 정확한 가이드를 줘서 아이의 갈등을 없애주세요. 일상이 버라이어티하길 바라면 안 됩니다. 그건 불가능한 것이니까요. 고요하고 담백한 일상의 행복이 진짜 행복입니다.

내 아이의
자존감을 지켜라

최근 몇 년간 자존감에 관한 말이 아주 많이 쏟아졌습니다. 자존감이라는 단어 하나로도 책과 기사가 끝도 없이 나오고 유튜브에도 관련 영상이 무궁무진합니다. 제가 최근에 본 영상에서는 자존감을 가장 망치는 사람은 가족이라고 하더군요. 자녀의 자존감을 가장 망치는 건 부모고, 아내와 남편은 서로의 자존감을 망친다고 해요. 가장 가깝고 가장 사랑하는 사람들끼리 상처를 주고받는다니, 이렇게 미련하고 안타까운 일이 있을까요?

자존감은 자기를 존중하는 마음을 말합니다. 자기 자신을 존중한다니, 척 봐도 중요하겠다는 생각이 드는데 각계각층의 전문가들도 결국 중요한 건 자존감이라고 한결같이 말하더군요. 성공 여부는 물론이고 행복한 삶을 살아갈 수 있느냐의 여부에서도 가장 중요한 요소로 자존감을 꼽았습니다.

행복은 그렇겠다 싶어도 성공에는 학벌이나 재능이 더 중요하지 않을까 싶은데요. 자존감이 높으면 성취를 이룰 확률도 높기 때문일 거예요. 자존감이 높은 사람은 결국 끝까지 해낼 수 있는 사람일 테니까요. 어떤 것이든 과정에서 많은 어려움과 괴로움과 실패가 있지만, 자존감이 높으면 거듭되는 고난과 실패에도 무너지지 않고 다시 일어날 수 있습니다. 자존감이 높은 사람은 자기 자신을 믿고 부단히 다시 시도하고 끝내 성취감을 맛보는 사람입니다.

자존감은 삶의 행복과 만족감에 있어서 우리 생각보다 훨씬 큰 영향을 주는 것 같아요. 자잘한 일상이나 삶의 중차대한 결정에서 자존감에 따라 선택이 달라지니 결과적으로는 아주 큰 차이를 냅니다.

자존감이 낮은 사람은 대체로 불만과 후회가 많고 자신감도 없습니다. 자신감이 없으니 하고 싶은 게 거의 없거나 매우 한정적이고, 무얼 한다고 해도 자신에 대한 믿음이 낮아 성과를 내기 힘들죠. 한마디로 뭘 해도 끝까지 해내지 못하고 잘 안 되는 일투성이입니다. 그리고 그것은 낮은 자존감을 더 낮추는 역할을 하지요. 자존감이 낮으면 사람들과의 관계에서도 소극적인 태도가 되기 쉬워요. 불안이나 불만, 부정적인 태도 때문에 인간관계가 어려워집니다.

이에 반해 자존감이 높은 사람은 자기의 가치를 알고 자신을 사랑합니다. 자신의 장점을 알고 자신감도 있으니 매사에 적극적인 경향이 있어요. 그래서 새로운 도전이나 기회를 두려워하지 않고 시도합니다. 자신에 대한 믿음이 굳건해서 실패하거나 장애물을 만났을 때도 긍정적으로 대처할 수 있고요. 자존감이 높으면 상호작용에 어려움이 없어 다른 사람들과의 관계도 원활하게 풀어갑니다. 또 자신의 능력을 믿고 목표를 향해 노력을 기울일 줄 알죠. 실패도 배움의 기회로 삼아 난관을 극복하고 꾸준히 노력해서 결국 성취감을 가져옵니다. 이쯤 되면 내 아이의 자존감을 키우는 데에 사활을 걸어야 한다는 생각이 들지 않나요?

저와 남편이 다행으로 여기는 것 중 하나는 아이의 자존감이 높은 편이라는 거예요. 학교 상담 때마다 거의 모든 선생님께 들었던 말이기도 합니다. 아이가 어렸을 때는 자존감이 높다는 생각은 하지 못했습니다. 다만 회복탄력성이 굉장히 높다는 건 알았어요. 그건 눈에 잘 보이는 것이었기 때문입니다. 나빴던 기분이나 스트레스 상황을 바로 털어버리는 아이가 무척 신기하다 생각했지요. 저는 때때로 나쁜 기분을 실타래처럼 길게 끌고 가는 사람이라 더 잘 보였을 겁니다.

회복탄력성이 높은 아이의 높은 자존감, 과연 둘은 관계가 있는 것이었습니다. 자존감과 회복탄력성은 끊임없이 상호작용 합니다. 회복탄력성이 높은 사람은 어렵고 힘든 상황에서 긍정적인 마음으로의 전환이 빠른 사람인데, 이런 능력은 자존감을 점점 더 견고하게 만듭니다. 또 자존감이 높은 사람은 실패나 실수에 긍정적으로 대응하는데, 이때 회복탄력성을 발휘하고 점점 더 그 능력을 더 발전시킬 수 있겠지요. 사실 회복탄력성이라는 의미 자체가 스트레스와 역경에 직면했을 때 빠르게 회복하는 능력을 말하는 것이므로 자존감이 높지 않고서는 회복탄력성이 높을 수가 없습니다. 그러니 회복탄력성이 눈에 띄게 높은 아이가 자존감이 높은 것은 당연한 일이었습니다.

그렇다면 우리가 뭘 어떻게 해서 자존감이 높고 내면이 단단한 아이로 키웠는지를 말씀드려야겠지요. 아이의 자존감이 부모의 말과 행동에 큰 영향을 받으리라는 건 따로 쓰기도 민망할 정도로 당연한 이야기입니다. 사랑 표현하기, 인정해 주기, 공감해 주기, 과정을 긍정적으로 봐주기, 비난하지 않기, 결정권 주기, 실수와 실패를 인정하고 극복하도록 돕기 등등 부모라면 당연히 해야 한다고 알고 있는 것을 저희도 했습니다. 때때로 잘못한 육아가 당연히 있지만, 대체적으로는 계속 나은 방향을 찾아 육아했어요. 별다를 게 없지요? 비법이란 게 다 그런 겁니다.

다만 당연한 것이 비법이 되려면 꾸준함이 필요한데요. 우리는 그것이 수월한 환경이었습니다. 부모가 아무리 잘 알고 있어도 꾸준히 실천하기 힘든 상황에 놓일 수 있는데 우리에게는 그런 상황이 없었다는 말이에요. 어려서부터 아이에게 학습을 시키기 시작하면 아무리 부모가 그러지 않으려 해도 아이의 자존감을 낮추는 말을 할 기회가 반드시 생깁니다. 또 굳이 부모가 아니어도 학습을 하면 어린아이들이 마주하는 현실이 있죠. 그런 상황이 안팎에서 계속 파도처럼 몰아닥치면 자존감은 조금씩 깎일 수밖에 없습니다. 하지만 제 아이는 중등 때까지 경쟁적인 학습을 하지 않았으니 이 부분이 거의 없었을 거예요. 부모로부터 비교나 비난의 말을 들을 일도 없고, 다른 아이들과 경쟁하며 자신을 비하하는 일도 적었을 테죠.

또 아이에게 하는 말은 나에게도 화살이 되는 경우가 많은데, 아이의 자존감을 깎는 말을 할 필요가 생기지 않았던 상황은 부모인 우리에게도 꽤 긍정적으로 작용했다고 생각해요. 모든 부모가 아이를 몹시 사랑하고 부모로서 당위적인 말과 행동을 하려 하지만 상황이 그것을 막는 부분이 분명 있을 겁니다. 돌이켜 보니 이것이 정말 큰 역할을 했다고 생각해요.

글을 깨친 지 몇 년 되지도 않은 초등학생들이 어려운 수학과 영어를 배우고 감당하기 어려울 정도로 많은 양의 숙제를 해야 합니다. 학원에 가면 매번 테스트를 보고 통과하지 못하면 남아서 끝내야 하는 일도 많죠. 레벨로 나뉘는 것도 모자라 다음번에는 반드시 레벨을 올려야 하고, 그러지 못하면 비난당합니다. 놀 시간이 없으니 자투리 시간에는 스마트폰을 보거나 게임밖에 할 게 없는데, 그것도 비난의 대상입니다. 잠도 모자라 늘 피곤하지만, 항상 노력을 요구당하죠. 학교나 학원에서 늘 나보다 잘하는 아이들을 보면서 주눅이 드는데, 집에서도 잘하는 아이들과 비교당합니다. 나는 왜 못하나, 나는 왜 엄마 아빠를 기쁘게 해주지 못하나 자괴감을 느낍니다. 이 정도의 상황이 아니더라도 아이가 학습을 시작하면 비슷한 일은 몇 번이고 일어날 수 있습니다. 이것이 차이점입니다. 우리한테는 아이의 자존감을 낮추는 이런 말이나 행동을 할 만한 상황이 거의 없었다는 사실에 주목할 필요가 있어요.

또 하나 말씀드릴 것은 절대적인 사랑입니다. 지금 벌써 몇 번째 말씀드리고 있지요. 부모의 사랑은 아이의 자존감과도 절대적인 상관관계가 있다고 생각해요. 중요한 것은 내가 주어가 아니고 아이가 주어입니다. 사랑은 느끼는 사람이 기준이니까요. 아이가 느끼는 사랑의 크기와 일관성이 중요하다는 말이에요.

아이가 부모의 사랑을 절대로 의심하지 말아야 합니다. 아이의 가슴속에는 나를 향한 부모님의 사랑이 절대로 변하거나 옅어지거나 거둬지지 않는다는 굳건한 믿음이 새겨져 있어야 합니다. 부모의 사랑에는 변함이 없다 해도 아이에게 비난의 말을 하면 아이는 마음이 약해져서 부모의 사랑을 의심하게 됩니다.

자존감이 깎이는 일은 일상입니다. 학교에서 학원에서 일터에서,

친구들과 선후배와 상사와의 관계 속에서 우리는 수두룩하게 상처를 받고 살아요. 자존감이 반 토막 난 채로 돌아올 때도 많죠. 그래도 안락한 집에서 가족들과 함께하는 시간이 사랑으로 충만하다면 외부의 것들은 내게도 내 아이에게도 내 가족에게도 큰 타격을 주지 못합니다. 그 정도로 강력하지 않아요.

특히 부모는 사랑하는 내 아이의 자존감을 무너뜨리지 않도록 늘 사랑을 말해야 합니다. 상황이 여의치 않더라도 집에서만큼은 비난하지 말고 비교하지도 않도록 해야죠. 노력을 인정해 주고 힘든 것을 알아주고 늘 좋은 이야기를 해주면 아이의 자존감을 키울 수 있습니다.

함께 하는
즐거움

우리 집의 특징 중 하나는 함께 하는 것의 종류가 많다는 거예요. 시간이 많아서 그럴 수 있는 거 아니냐고 하면 대체로 그렇지만, 시간보다는 마음의 여유에 달린 문제라고 생각해요. 저희도 아이가 초등생일 때 하루에 열여덟 시간씩 일하던 시절이 몇 년이나 있었습니다. 누구에게나 밥벌이의 고충이 있고, 물리적으로 시간을 충분히 낼 수 없는 시기가 있어요. 그때는 집안일은 잠시 미루고 짬을 내어 함께 할수 있는 것들을 최대한 했습니다. 그런데 일을 그만두고 시간이 여유로워지자 오히려 스마트폰 보는 시간이 대폭 늘어나고 한없이 게을러지더라고요. 역시 마음이 문제로구나 싶었지요. 아이의 모든 걸 함께 하라는 게 아닙니다. 그럴 수도 없고 그럴 필요도 없어요. 또 어떤 것은 혼자 해야 하고요. 그래도 함께 하면 더 좋은 것들이 있고 그럴 때는 '기꺼운 마음'으로 했으면 합니다.

아이와 함께 하는 활동은 꼭 아이를 위해 내가 노력하고 희생하고 내주어야 하는 시간이 아니에요. 나는 부모니까 아이를 위해서 이런 것들을 같이 해주어야만 한다는 의무감이면 그 시간이 어렵습니다. 재미있기 힘들고 아이도 그걸 느끼죠. 아이와 함께 하는 일들에 드는 시간은 생각보다 길지 않습니다. 그리고 진심으로 함께 하면 매우 큰 즐거움을 느낄 수 있어요.

중요한 건 함께 하는 이유와 마음입니다. 아이가 이걸 하길 바라서 혹은 이걸 해야 하니까, 아니면 습관이 되었으면 하는 생각에서 억지로 또는 시늉으로만 함께 하는 게 아니라, 함께 하면 즐거우니까 기쁜 마음으로 해야 합니다. 공부나 책 읽기도 나는 하고 싶지 않은데 아이가 하게 만들려고 어쩔 수 없이 하는 거면 괴롭죠. 공부도 속 터지는 걸 참아가며 가르치는 게 아니고 같이 배우는 마음으로 해야 하고, 독서도 아이가 책을 읽었으면 해서 옆에서 억지로 읽는 게 아니고 즐거운 마음으로 읽어야지요. 하다못해 레고를 할 때도 아이가 원하니까 옆에 있어주는 게 아니고 함께 레고를 해야 해요. 나는 나대로 창작열을 불태우면서 조립하는 겁니다. 각자 만들면서 상의도 하고 상대에게 보여주고 서로 칭찬도 해주고 감탄도 하면서요(그런 면에서 레고는 설명서대로 만드는 제품보다 기본형이 3만 배쯤 더 좋습니다). 줄넘기도 마찬가지예요. 줄넘기 급수 테스트를 아이 혼자 연습하게 할 수는 없습니다. 그렇다고 부모가 앞에 지키고 서서 아이에게만 모둠발로 뛰기, 왼발로만 뛰기를 시키기만 하면 얼마나 지겹겠어요. 엄마 아빠도 돌아가면서 같이 해야죠. 한 시간도 걸리지 않습니다. 고작 10분이나 20분만 내면 돼요.

저희는 학교에서 매년 하는 팝스(PAPS, 학생건강체력평가제도) 연습도 늘 함께 하는데요. 윗몸일으키기나 팔굽혀펴기, 유연성 테스트도 돌아가면서 하고, 밖에 나가서 제자리멀리뛰기도 연습합니다. 턱도 없는 실력에 깔깔거리다가 점점 향상되는 모습에 감탄하기도 하면서요. 학교에서 하라는 활동 덕분에 함께 한 운동이 꽤 많습니다. 같은 경험을 나누는 소중한 시간이에요.

아이의 관심사라서 저도 관심을 가지고 알게 된 것들이 정말 많습니다. 물론 아이가 아니었다면 관심을 두지도, 하지도 않았을 것들이 대부분입니다. 제가 공룡 이름을 이렇게 많이 알게 될 줄 누가 알았겠어요. 레고에 각별한 재미를 느끼게 될 줄도 몰랐죠. 익숙한 자연 현상의 원인을 이제야 제대로 알게 되었으며, 종이접기나 루빅스 큐브의 심오한 세계에도 탄복했습니다. 뭐든지 마음을 어떻게 가지느냐에 달렸습니다. 이건 우리가 자녀에게 아주 많이 하는 말 아닙니까? 아이 덕분에 이런 것들을 해보고 알게 되고 그래서 기쁘다는 마음을 가져야 하는데, 이런 마음은 아이와 함께 하는 활동을 소중하고 즐겁게 여겨야 생기는 마음입니다.

　또 함께 한다는 목적을 넘어서서 무언가를 할 때 그것에 집중해 보세요. 아이 덕분에 하는 거지만 부모도 성취감을 느낄 수 있습니다. 순수한 기쁨을 얻을 수 있더라고요. 더 나아가 매사에 열심히 노력을 기울이는 부모의 모습을 아이가 보게 되는 것 또한 이득입니다. 모든 것에는 다 의미가 있고 노력하는 만큼의 기쁨이 있습니다. 설령 어른에게는 의미가 없게 느껴지는 활동이 있다 해도 아이와 함께 보내는 시간 자체가 너무 좋은 거죠. 또 함께 하는 활동이 늘어나면 자연스레 대화도 늘어나기 때문에 무엇이 되었든 좋은 점만 있습니다.

　게임 이야기도 해볼까요. 학부모님들의 질문 중에는 '무슨 게임을 했냐' '제한은 어떻게 했냐' '일주일에 게임 시간이 얼만큼이냐' 등등 게임에 관한 질문이 항상 많습니다. 우리 부부는 아이가 초등학생일 때는 스마트폰을 사주지 않았고, 스마트폰을 가졌을 때부터는 스마트폰으로 게임하지 않기 규칙이 있었기 때문에 스마트폰 게임으로 속을 끓여본 적은 없습니다.

　하지만 게임 없는 인생은 없지요. 본격적인 컴퓨터 게임은 초등 3학년 때 시작했습니다. 학교의 방과 후 수업 덕분에 알게 된 마인크래프트라는 게임을 중학교 졸업 때까지 했어요. 매일 30분 정도씩 했는데 늘 게임하는 걸 관심 있게 봐주었습니다. 아이도 신나는 일이 생기면 반드시 보여주고 설명해 주었지요.

그러다가 초등 6학년부터는 레이싱게임을 함께 하기 시작했어요. 티브이에 연결해 놓고 서로의 경기를 관전하며 신나게 즐겼습니다. 이때부터 마인크래프트는 주말 게임으로 밀려나고, 온 가족이 몇 년이나 지치지 않고 매일 레이싱게임에 열광했습니다. 또 테트리스에 불붙은 시기도 있었는데 셋이 치열한 기록 싸움을 하면서 정말 재미있는 하루하루를 보냈어요. 게임을 같이 해도 시간제한은 있었고 때때로 더 하려는 아이에게 잔소리도 하고 서로 맘 상하는 일도 있었지만, 게임을 함께 하는 즐거움은 정말 대단하다는 걸 알게 되었습니다.

아이가 어렸을 때는 역할놀이나 소꿉놀이, 각종 장난감 놀이도 부모와 하게 됩니다. 아이와 놀아주는 게 너무 힘들고 재미없고 지친다는 부모도 많지만, 그 시기는 정말 금방 지나갑니다. 아이가 자라면서 함께 할 수 있는 놀이의 가짓수는 현격히 줄어들어요. 그러니 이왕이면 성심껏 즐겁게 놀아보세요. 아이와 어쩔 수 없이 놀아준다는 마음으로 옆에 스마트폰을 놓고 보면서 성의 없이 함께 하는 건 놀아주는 게 아니에요. 그런 식으로는 안 하는 게 낫습니다.

짧은 시간이라도 그 시간이 만족스러워야 아이도 충분히 잘 놀았다고 느껴요. 어렸을 때 부모와 다양한 것들을 많이 해본 아이에게는 동지 의식 같은 게 있습니다. 그렇게 자란 아이는 커서도 부모와 함께 영화도 보고 책도 읽고 게임도 하고 전시회도 가고 운동도 다닙니다. 부모와 함께하는 여행을 기대하는 청소년이 됩니다. 친구들은 애가 아직도 어디든 흔쾌하게 따라나서냐고 놀라는데요. 청소년이 되었어도 엄마 아빠와 대화하며 무엇을 같이 하는 게 어색하지 않고 자연스러운 거지요.

아이 덕분에 내가 어렸을 때 못 해본 것들과 하고 싶었던 것들, 또는 내가 더 잘했으면 하는 것들을 마음껏 해볼 수 있었습니다. 어려운 미션도 서로를 응원하면서 기꺼이 즐겼어요. 아이도 함께 하는 부모 덕분에 더 재미있고 알차게 놀았을 테지요. 또 힘들고 지겨운 것들도 함께 하니 포기하지 않고 끝내 할 수 있었을 겁니다. 무엇보다 함께 보내는 시간 동안 일상생활을 뛰어넘는 다양한 대화를 정말 많이 했는데, 나중에 돌이켜 보니 이것이 커다란 소득이었습니다. 같은 것에 몰두하며 감정을 나누었던 그 시간이 차곡차곡 쌓여서 보이지 않지만 강력한 울타리가 된다고 생각해요. 앞으로도 함께 보낼 무수한 시간을 기대합니다.

아이가 딛고 선 땅을 단단하게

저와 남편이 아이를 위해서 가장 노력하는 부분 중 하나는 아이의 안정된 마음입니다. 그러기 위해서는 아이가 서있는 땅이 안정적이어야 합니다. 저는《아이의 꽃말은 기다림입니다》에서 '나무가 영하 20도의 혹독한 추위를 견디고 봄에 꽃을 피울 수 있는 건 자신이 뿌리를 내린 땅은 얼지 않기 때문이다. 부모는 그런 땅이 되어주어야 한다'고 썼습니다. 부모는 아이가 마음 편히 뿌리를 내릴 수 있는 양질의 땅이 되어주어야 하고 흔들리고 힘들 때마다 단단히 지지해 주는 버팀목도 되어주어야 해요. 앞선 글에서도 계속 아이의 안정에 대해 말씀드렸지요. 지금도 비슷한 맥락이지만 조금 더 세부적인 말씀을 드리려고 합니다.

사람들이 저희에게 왜 아무것도 하지 않느냐고 물을 때, 저희는 보이지 않는 것에 고군분투하고 있었습니다. 아이가 딛고 선 땅이 흔들리지 않도록 매 순간 살피고 애쓰고 있었죠. 아이가 자라는 땅이 기울어지거나 꺼지지 않도록 그 땅을 고르고 다지는 데에 거의 모든 시간을 할애했고, 그것은 지금도 매 순간 하는 일입니다.

　그런데 아이가 서있는 땅을 끊임없이 흔들어대는 부모도 있습니다. 아이의 안정을 위해서 계속 땅을 다져주기도 바쁜 마당에 아이의 디딤돌을 마구 흔들어대는 거죠. 문제는 아이가 제대로 설 수조차 없게 흔들어대면서도 정작 자신이 그러고 있는 줄을 모른다는 거예요. 오히려 아이를 위해서 최선을 다하고 있다고 생각하니 상황은 점점 더 나빠집니다.

　아이를 흔들어대는 이유는 자기 주관이 없어서입니다. 주관이 없는 건 공부를 안 했기 때문이고요. 주관이 없으면 남들의 말에 속절없이 흔들립니다. 자기의 견해나 판단이 맞을지 틀릴지 자신이 없으면 남의 이야기는 전부 옳고 바른 판단처럼 느껴집니다. 상황이 이러면 거듭 생각하고 깊이 고민하고 양육자끼리 끝장 토론이라도 해서 가정의 상황과 자녀에게 알맞은 원칙을 세워야 합니다. 그리고 공부해야 합니다. 전문가의 이야기를 읽고 듣고 공부하면 아이를 어떻게 키워야 할지, 어떤 마음으로 대해야 할지, 아이의 학습은 어떻게 이끌어갈지 감이 잡혀요. 금방 되는 것이 아니니 꾸준하게 공부해야 합니다.

꾸준한 노력을 기울이지 못하면 세상의 모든 말에 강아지풀처럼 흔들릴 테고 그 흔들림은 고스란히 내 아이의 디딤돌로 옮겨갑니다. 공부하지 않고 고민하지 않으면 아이를 흔들고 있다는 사실도 모를 테니 마음은 편안할 겁니다. 하지만 그 대가는 모두 자녀가 치러야 한다는 걸 알고 계세요.

많은 분이 제게 질문합니다. 어떻게 흔들리지 않고 신념을 지킬 수 있었냐고요. 학원을 보내지 않은 걸로, 또 공부로 아이를 닦달하지 않았다는 것으로 제가 뭔가 대단한 신념과 뚝심이 있는 사람이 되었습니다. 여기에는 환경 덕도 좀 있었습니다. 제가 만약 여러 사람에게 많은 이야기를 듣는 환경이었다면 저도 어떻게 되었을지 모를 일이에요.

하루가 멀다고 이 사람 저 사람에게 이런저런 이야기를 듣다 보니까 이제는 뭐가 맞는지 모르겠다고 하는 친구에게 나는 섬에 사는 사람처럼 산다고 말한 적이 있어요. 제가 사는 곳은 서울이라도 아파트촌이 아닌 주택가고, 아이가 다닌 학교도 작은 학교라 상대적으로 좀 한산한 편입니다. 게다가 아이 친구 엄마와 가장 교류가 활발하다는 초등 저학년 때는 장사로 정말 바빴기에 자연스럽게 섬에 사는 사람처럼 되고 말았어요.

그 친구가 한번은 자기의 스마트폰을 보여주더군요. 읽지 않은 카톡이 208개라는 알림을 보고 소스라쳤습니다. 첫째와 둘째 아이로 알게 된 수많은 인맥으로 얽히고설킨 단체 카톡 방이 몇 개나 있었습니다. 적어도 일주일에 두 번은 아는 엄마들로부터 차 한 잔 마실 테냐고 연락이 온대요. "안 나가면 어때서?"라고 하니까 친구는 그럴 수가 없다고 했습니다. 제가 알지 못하는 분위기가 있겠지요.

친구는 매번 비슷한 대화(아이들 공부 걱정, 학원 정보, 학교 정보, 어떻게 해야 하더라)를 나누는 만남으로 꽤 지쳐있었습니다. 게다가 정보에 시달리다 보니 없던 걱정도 생겼지요. 그래서 더 좋다는, 더 잘 가르친다는, 무조건 성적을 올려준다는 학원으로 옮기는 일을 반복했어요. 친구의 첫째 아이는 몇 달 지속해서 다닌 학원이 거의 없을 정도로 계속 학원을 옮겨 다녔습니다. 곧 고등학생이 되는 친구의 첫째는 이제 학원 소리만 나와도 엄마와 대화를 하지 않을 정도가 되었지만, 제 친구는 여전히 좋다는 학원 소식을 들으면 참을 수가 없다고 해요. 어쩌면 아이를 위해 이것저것 알아보고 애쓰는 엄마로서의 자신의 모습에서 벗어나지 못하는 것일 수도 있겠다 싶었는데, 친구도 자신이 그런 거 같다고 인정하더군요. 내가 지금 어떤 상황인지 귀와 눈을 막고 깊이 고민해 보는 시간이 필요합니다.

아이에게 환경이 중요한 것처럼 부모에게도 환경이 중요합니다. 쉴 새 없이 울려대는 카톡과 기운 빠지는 만남과 과도한 정보가 버겁다면, 그것을 뿌리칠 용기도 가져야 합니다. 모든 단체 카톡 방에 참여하지 않는다고 큰일이 생기지 않습니다(아이들에게도 하는 말이죠).

엄마들과의 의미 없는 만남을 억지로 이어가지 않아도 괜찮아요. 다른 사람들이 가지고 있는 정보, 그거 없어도 됩니다.

부모가 주관이 없고 자신의 판단을 믿을 수 없으면 작은 바람에도 미친 듯이 흔들리게 되고, 도미노처럼 아이도 흔들릴 수밖에 없어요. 뭔가를 진득하게 꾸준히 할 수 없는 상황, 안정된 상태로 자기가 원하는 걸 할 수 없는 상황에서 어떤 성과를 바랄 수 있습니까? 고민도 비판도 없이 남들 이야기는 다 좋아 보이는 판단력으로는 아이를 잘 키울 수 없습니다.

태풍 속 쪽배도 단단히 고정하면 흔들리지 않습니다. 단단하게 중심을 잡기 위해서는 공부하고 고민하고 대화해야 합니다. 또 자신의 마음 상태도 늘 점검해야 해요. 부모가 감정적으로 불안정하면 아이도 흔들립니다.

너무 흔들리니까 좀 내려놔야겠다고 말하기도 하는데요, 내려놓는 것도 정도가 있습니다. 어떤 경우는 무관심을 내려놓는 것으로 착각하기도 해요. 내가 어떤 부분에서 흔들리는지 깊이 성찰하지 못해서 그렇습니다. 세상이 끝날 듯이 맹목적이었다가 그게 나쁘다니 무관심하겠다면 어떡합니까. 필요한 관심을 주지 않아도 아이는 흔들립니다. 부모의 일관성 없는 행동이나 예측할 수 없는 반응이 가장 나쁩니다. 오늘은 이렇게 하랬다가 다른 사람의 말을 듣고 내일은 저렇게 하는 게 낫겠다는 식이면 아이는 서있을 수도 없는 상태가 됩니다.

뿌리가 다 드러나서 작은 바람에도 쓰러져요.

　또 양육자가 혼자가 아닌 이상은 양육자끼리 일관성을 보여야 합니다. 서로 방향이 다르고, 그래서 아이에게 하는 말이 다르면 이건 비상사태입니다. 양육자끼리 계속 많은 대화를 하면서 방향을 조정해야 합니다. 어렵습니다. 하지만 어려운 걸 해내야만 성과가 있습니다.

헛고생을 막아주는
메타인지

지영 엄마는 아이의 학습 문제로 너무 괴롭다고 했습니다. 꽤 오랜 기간 대화를 나누었는데요, 지영 엄마가 겪는 어려움과 괴로움의 원인은 놀랍게도 실체가 없었습니다. 실체가 없는 괜한 괴로움, 심하게 표현하면 일부러 만든 괴로움이라고 할 수 있을까요. 굳이 말해보자면 객관적 판단이 안 되기 때문이라고 볼 수 있습니다.

엄마가 그러하니 지영이도 덩달아 괴로운 상태였음은 말할 필요도 없지요. 지영 엄마는 자신의 아이는 무조건 최상위일 거라는 근거 없는 믿음을 가지고 있었습니다. '내 아이가 공부 못할 리 없다'는 말을 여러 번 했는데, 그 말에는 어떤 근거도 없었어요. 하다못해 본인이나 남편, 혹은 가족 중에 누구 하나 공부를 잘했던 사람이 있는 것도 아니었습니다.

지영 엄마는 근거 없는 믿음 하나로 아이의 역량을 넘어서는 수업을 줄기차게 시켜왔어요. 유명하다는 수업은 다 듣게 해야만 성에 찼기 때문에 지영이는 유치원 때부터 초등 내내 학교가 끝나면 거리에 상관없이 좋다는 수업을 들으러 다녔습니다. 하지만 지영이는 점차 자신의 한계를 깨달았어요. 지영 엄마는 그걸 몰랐고요. 지영 엄마는 욕심도 많고 정보도 많았는데 본인에게 학습 코치 역량이 없다는 것은 몰랐습니다. 그야말로 배가 산으로 갈 조건을 모두 갖추었다 볼 수 있었지요.

지영 엄마는 지영이가 제 역량을 펼치지 못하는 데는 다른 이유가 있다고 생각했습니다. 그래서 지영이의 역량을 펼쳐줄 사람과 방법을 계속 찾아 헤맸어요. 지영이는 중등 내내 한결같이 낮은 성적표를 받아왔지만 지영 엄마도 내내 한결같았죠. 계속 맞지 않는 신발을 신어야 했던 지영이는 상처투성이가 되었습니다.

지영 엄마에게 지영이의 객관적인 실력과 위치를 인식하게 만드는 건 정말 만만치 않은 일이었어요. 1년이 넘게 걸렸습니다. 지영이가 상위 1%의 공부 재능이 아니라는 사실을 어렵사리 인지했을 때 지영 엄마는 몹시 절망하더니 다 내려놓겠다고 했어요. 지영이가 여태 실력에 맞지 않은 공부를 하느라 제 역량을 발휘할 수 없었다는 사실만 받아들이면 되는데 지영이는 공부 쪽은 아닌가 보다는 말부터

했습니다.

그때는 지영이가 중학교 3학년 중반이었고 제대로 다시 하는 것이 늦지 않은 시기였습니다. 하지만 지영 엄마는 노력을 믿지 않았습니다. 본인이 노력을 기울여본 경험이 없었기 때문에 노력으로 잘할 수 있다는 걸 믿지 않았고, 설령 노력한다 한들 재능이 부족하니 어차피 최상위는 될 수 없지 않겠냐고 했습니다. 그러니까 최상위가 아니면 노력은 의미가 없다고 여기는 거였지요.

지영 엄마에게 필요한 능력은 메타인지였습니다. 메타인지란 내가 무엇을 알고 무엇을 모르는지를 아는 것입니다. 또 자기가 할 수 있는 것과 할 수 없는 것을 아는 것도 메타인지입니다. 올바른 판단은 올바른 인식에서 나오는 것이라 제대로 인식하는 것이 출발점이에요.

자녀의 학습 계획을 세우려면 객관적 지표들을 무시하지 말고 살피고 분석해야 합니다. 또 내가 아이의 학습을 코치할 수 있는 상태인지도 알아야 합니다. 앞서 말했듯이 공부를 해본 적이 없는 부모는 아이의 학습을 이끌고 나가기 매우 힘듭니다. 가르치는 게 불가능하다는 뜻이 아니에요. 아이의 학습을 어떻게 할까에 대한 판단이 힘들다는 말입니다. 지영 엄마가 자신은 아이의 학습 코치를 할 수 없다는 걸 스스로 인정하는 데도 여러 달이 걸렸어요. 그 사실을 뼈아프게 깨닫고 난 후에는 공부해야 마땅한데, 여전히 남들 이야기를 들을 때마다 아이에게 달려가 참견했습니다. 그건 고약한 버릇처럼 정말 안 고쳐지더라고요.

부모에게 메타인지가 없다고 자녀까지 메타인지가 없는 건 아닙니다. 물론 부모로부터 영향을 받으니 메타인지 발달이 더디거나 잘 안 될 수도 있어요. 하지만 아이도 성장합니다. 인지능력도 성장하고, 학교나 학원에서 또래들과 상호작용 하면서 메타인지도 발달합니다. 그래서 메타인지가 안 되는 부모와 대립하게 되는데, 부모의 강요는 태풍처럼 거세죠. 아이는 필연적으로 고통에 시달리게 됩니다. 고통 속에서도 성장한 지영이는 엄마의 일희일비에 크게 흔들리지 않고 자기에게 맞는 공부를 하려 애썼습니다. 물론 무척 힘들었겠지요. 그 상황에서 부모님의 응원과 지지가 있었다면 얼마나 좋았을까요.

부모에게 메타인지가 없으면 아이가 헛고생할 확률이 매우 높습니다. 부모가 자녀의 학습을 코치하려면 전방위적인 능력이 필요한데요. 우선 내가 그것이 가능한 사람인지 객관적으로 파악해야 합니다. 그 능력이 부족하다면 공부해야 하고, 그 능력을 키울 때까지 학습 쪽으로는 계획을 세우거나 결정하는 일은 하지 않는 게 오히려 낫습니다.

그런데 아이가 어릴 때는 아이의 학습 역량을 객관적으로 파악하기가 사실상 힘들어요. 그렇다고 괜한 기대감에 무언가를 과하게 시킨다면 마이너스가 될 확률이 무척 높습니다. 내 아이가 그것을 잘 소화할 정도로 정말 뛰어난 재능이 있을 확률이 너무 낮기 때문이에요. 그러니 아이가 어릴 때, 최소한 초등학교 저학년 때까지는 그저 사랑만 주는 것이 남는 장사입니다. 내 아이가 학습 역량이 대단히 좋을 희박한 확률에 기대어 행동하는 건 일종의 도박이에요. 혹시 내 아이가 역량이 대단한데도 내버려두는 것이면 어떡하나 걱정이라면 그런 아이는 학습을 시작하면 폭발적인 역량을 발휘할 테니 걱정하지 마세요. 오히려 창의력을 키울 수 있는 시간을 잘 보낸 것이니까요.

부모에게 메타인지가 있어야 자녀가 공부를 잘합니다. 자녀의 학업 성취나 학업 역량을 객관적으로 평가해야지 자녀에게 필요한 지원과 동기부여를 제때 알맞게 제공할 수 있으니까요. 부모가 메타인지를 갖추려면 자신을 제대로 인식하는 것이 먼저고 공부도 우선되어야 합니다. 정보를 분석하고 비판하는 능력을 키워야 해요.

또 아이와 늘 소통하면서 선입견이나 편견 없이 아이를 제대로 관찰해야 합니다. 의외로 부모가 자녀에 대해 이러저러한 편견이 있거든요. 부모는 유연한 사고를 위해 항상 노력해야 합니다. 어떤 것만이 옳다고 여기고 한길만 쫓으면 현실을 제대로 인식하지 못해요. 문제가 있으면 해결하고, 더 잘할 수 있는 방향을 끊임없이 모색해야 하는데 경직된 관념과 선입견은 이 모든 것을 너무나도 방해합니다.

공부를 잘하려면, 그러니까 자신의 역량을 최대치로 발휘할 수 있으려면 아이 역시도 메타인지가 있어야 합니다. 내가 무얼 알고 무얼 모르는지를 알아야 모르는 것을 공부하고 필요한 것을 공부해서 성적을 올릴 수 있어요. 전문가들은 이런 메타인지야말로 자기주도학습으로만 키워질 수 있다고 말합니다. 시키는 공부만 해서는 내가 아는 것과 모르는 것을 제대로 구분해 내기 어렵다고 해요. 메타인지가 부족한 학생이 있다면 이 이유일 확률이 높습니다.

《메타인지 학습법》(21세기북스, 2019)을 쓴 리사 손 교수님은 공부하는 학생의 메타인지 첫 단계는 자신이 배운 내용을 명확히 알고 있는지, 어떤 개념이 취약해서 응용하지 못하는지를 스스로 확인하는 것이라고 했습니다. 그리고 모르는 내용을 알기 위해 시간을 얼마나 써야 할지와 혼자서 해낼 수 있는지 아니면 도움이 필요한지 등을 파악하고 해결책을 마련하는 게 메타인지라고 했어요. 여기서 중요하게 볼 것이 '스스로 확인'입니다. 어려서부터 타의에 의한 공부를 해 온 아이는 이 능력이 부족할 수밖에 없습니다. 그래서 계속 아는 것만 공부하거나 남이 볼 때 그럴싸해 보이는 공부만 하는 일이 벌어지는 것이죠.

메타인지는 아이와 부모 모두에게 중요합니다. 메타인지가 얼마만큼 잘되느냐에 따라 헛고생 없이 효율적으로 움직일 수 있습니다. 내가 할 수 있는 것에 한계를 지을 필요는 없지만, 내가 혼자 할 수 있는 범위를 아는 건 매우 중요해요. 꼭 공부에 국한된 개념이 아닙니다. 삶이란 내 앞에 놓인 문제를 해결해 나가는 과정이므로 매 순간 메타인지는 중요합니다. 케케묵은 명언이라고 생각했던 '너 자신을 알라'는 말은 진리입니다. 제대로 된 방법을 찾고 판단하고 선택하고 실천하는 것이 메타인지고, 현실을 명확하게 바라보고 인정하는 것이 모든 것의 시작입니다.

부모는 지휘관이 아닌 보급병

요즘의 부모님들은 자녀의 공부에 적극적으로 개입합니다. 저는 부모의 학습 관여가 나쁘지 않다고 생각해요. 다만 개입의 정도와 방식은 중요합니다. 당연한 말이지만 정도는 알맞아야 하고 방식도 옳아야 하죠.

제 부모님은 제 공부나 입시에 관여하지 않았습니다. 남편의 부모님도 마찬가지고요. 그때는 좀 그런 시절이긴 했으나 그래도 학식이 높은 부모님들은 자녀에게 공부법을 알려주는 등 여러 가지 방법으로 공부를 도왔다고 해요. 저는 맨땅에 헤딩하는 식으로 공부했고, 그러다 보니 시행착오를 꽤 겪었습니다. 성실했지만 효율적이지 못한 방법으로 공부했어요. 아이의 공부를 옆에서 지켜보고 공부법에 대해 찾아보면서 '이건 이렇게 공부했으면 정말 좋았겠구나' '나는 비효율적인 방법으로 무식하게 공부했구나' 싶은 게 한둘이 아니었습니다. '누가 조금이라도 공부를 이끌어주었다면 좀 더 잘할 수 있었을 텐데' 싶었어요.

지금은 많은 부모가 아이의 학습을 도와줍니다. 학습에 깊게 관여하여 장단기 계획을 세우고 아이를 이끌어주죠. 직접 가르치거나 함께 해나가는 엄마표 공부도 오랫동안 유행입니다. 사교육에 맡긴다 해도 발품을 팔면서 정보를 취합하고 설명회를 다니는 등의 노력을 기울이고 학원과의 소통도 게을리하지 않습니다.

혼공하는 아이라도 부모의 개입은 마찬가지입니다. 아이 혼자 모든 걸 알아서 하기엔 버거워요. 부모가 공부 진도와 공부법을 함께 의논해 줄 수 있어야 합니다. 요즘은 책이나 유튜브만 찾아봐도 과목마다 어떻게 공부하는 것이 가장 효과적인지 아주 잘 나와있습니다. 얼마나 좋은 세상인지 모르겠어요.

하지만 아이들을 보면 마냥 좋은 세상이라 하기는 어렵습니다. 경쟁이 너무 치열하죠. 아이보다 부모가 의지를 더 불태우고, 목표를 더 높게 세웁니다. 그래서인지 부모가 훨씬 더 걱정하고 불안해하는 경우가 비일비재합니다. 자녀가 학생이 되기 전부터 준비하고 계획하고 결의를 다지다가 학생이 되어 본격적으로 학습을 시작하게 되면 전쟁터에 나가는 심정으로 단단히 무장합니다.

저는 종종 아이들이 마리오네트 같다는 생각도 해요. 공부하는 당사자는 아이인데 모든 조정은 부모가 하고 있으니까요. 아이들은 스스로 생각하거나 고심하여 계획하지 않고 어른들이 하라는 대로만 합니다. 처음이야 당연히 조력이 필요하지요. 혼공이라도 처음부터 착착 알아서 할 수는 없습니다. 방법을 조금씩 배우고 상의도 하고 혼자 궁리하기도 해야 합니다. 시행착오도 겪고요. 그 과정이 필수적으로 필요해요.

그런데 부모가 아이의 공부에 계속 지나치게 개입하면 아이는 스스로는 하지 못하는 아이가 됩니다. 학원만 안 다닌다고 다 자기주도가 아니에요. 부모가 하나부터 열까지 챙기면서 시키는 건 혼공도 자기주도도 아닙니다. 조금씩 기회를 주어야지요. 혹시 혼자서는 잘 해낼 수 없다고 생각하는 건가요? 아니면 시행착오를 겪는 시간이 아까운 건가요?

〈4등〉이라는 영화가 있어요. 계속 4등만 하는 수영 선수 아들 준호 때문에 미칠 것 같은 엄마가 나옵니다. 이 엄마는 아들의 연습과 레슨에 사사건건 깊이 참견하는데, 승부욕마저도 엄마가 훨씬 더 강했어요. 이 영화의 수많은 명장면 중에서 저에게 가장 충격이었던 장면은 "너만 없으면 메달 딴다!"라고 준호 엄마에게 코치가 악을 쓰는 장면입니다. 1등이라는 결과에만 매달리는 준호 엄마의 태도와 심한 간섭에 화가 난 코치가 학부모에게 반말로 소리치고 말죠. 이 영화를 본지 몇 년이나 지난 지금은 이런 일이 실제로 무수히 존재한다는 걸 알아요. 맹목적인 부모 때문에 아이들은 제 역량을 발휘하지 못하고 정말로 고꾸라집니다. 말할 수 없이 안타깝고 답답한 일이에요.

아이의 교육에 부모는 당연히 관심을 기울여야 하고 도울 수 있는 건 도와야 합니다. 하지만 부모가 신경 써야 하는 일은 정작 간과하고 아이의 영역을 침범하며 일일이 간섭하는 건 잘못이죠. 마치 수능을 보는 사람이 부모인 것처럼 모든 결정과 선택을 자기가 하고 아이는 그것을 생각 없이 따르기만 바라는 경우가 꽤 있습니다. 이럴 경우, 부모는 자기가 공부하는 게 아니니까 과도한 학습량을 들이밀게 됩니다. 왜냐하면 해야 하는 공부가 너무 많기 때문이에요. 직접 하는 게 아니고 생각만 하는 거니까 그걸 다 해야만 하고 노력하면 충분히 할 수 있다고 여깁니다.

과도한 학습량을 지속해서 강요받으면 결국 어떻게 되겠어요. 다행히 주저앉지는 않는다고 해도 부모와 자녀의 갈등은 피할 수 없습니다. 정작 중요한 것에서 큰 손실이 생기는 거예요. 자녀와 사이가 벌어져도 공부만 잘하면 괜찮다고 생각하는 부모님은 없을 겁니다. 그런데 결과적으로는 사이도 벌어지고 공부도 못하게 되는 경우가 너무 많이 발생합니다.

부모는 지휘관이 아닙니다. 나의 역할은 보급병이라는 걸 늘 마음

속에 새기고 있어야 합니다. 정신적, 신체적, 학습적으로 아이에게 필요한 지원을 해주는 역할로 족합니다. 모자람 없이 사랑을 주고 안정적인 환경에서 공부할 수 있도록 집안 환경을 잘 살피는 게 우선이에요.

아이가 힘들어 보이면 쉬도록 하는 여유를 가지세요. 휴식은 편안한 마음으로 할 수 있어야죠. 정신 건강과 신체 건강이 나빠지지 않도록 항상 신경 써야 합니다. 공부가 모든 것의 최우선이 되면 안 됩니다. 살이 찌지 않도록, 너무 마르지 않도록, 나쁜 음식을 먹지 않고 몸에 좋은 것들을 먹도록 가르치세요. 자신의 건강을 살피는 방법도 알려주고 위생적으로 생활할 수 있는 습관도 만들어주어야 합니다. 이것은 생각보다 정말 중요해요. 나중에 성인이 되어서까지도 항상 우선시해야 하는 중요한 일입니다.

학습적으로는 공부에 어려움이 없는지 자주 대화하고 도움이 필요한 부분이 생기면 도와주세요. 필요에 따라 문제집이나 인강, 학원 등의 지원도 적절하게 해주고요. 수업, 수행, 학교생활 전반에도 관심을 기울여야 해요. 관심을 두고 있지 않으면 필요할 때 대화가 안 됩니다. 이런 지원이 먼저입니다. 학습 진도에 몰입하고 유명하다는 학원마다 끌고 다니며 과도한 학습을 시키는 걸로 아이가 공부 잘하게 되지 않습니다. 차근차근 단계를 밟아가야 해요. 모든 게 다 그렇지요. 기본이 중요합니다. 부모의 지원이나 학습 개입이 자녀의 주도적인 능력을 발전시킬 수 있어야 한다는 것이 핵심입니다.

명랑한 마음은
무적의 방패

쇼펜하우어는 사람의 여러 자질 중에서 가장 직접적으로 우리를 행복하게 해주는 건 명랑한 마음이라고 했습니다. 그는 인간의 좋은 자산으로 고상한 성격, 뛰어난 두뇌, 낙천적 기질, 명랑한 마음, 튼튼하고 건강한 신체 다섯 가지를 말했는데 그중에서도 가장 으뜸을 명랑한 마음으로 꼽았습니다. 젊었건 늙었건 가난하건 부유하건 간에 직접적으로 현재를 행복하게 해주는 건 명랑함밖에 없다고 했고, 저 역시도 이 말에 매우 공감합니다.

명랑함이란 뭘까요? 명랑한 사람을 생각하면 어떤 모습이 떠오릅니까? 저는 가장 먼저 코미디 프로에 나올 법한 발랄한 사람이 떠올라요. 요즘 말로 텐션이 높은 사람, 한껏 들떠있는 사람 말이죠. 그 정도는 아니어도 사람들과 적극적으로 소통하고 아는 사람도 많고 목소리도 좀 크고 잘 웃는 사람이 떠오를 거예요. 그런데 명랑의 뜻은 의외로 간단합니다. '밝고 환함'이에요. 외향적인 사람에게만 어울리는 단어가 아닙니다. 즐겁고 기쁜 기분과 밝은 마음 상태가 명랑함이고 이것은 어떤 유형의 사람에게만 주로 나타나는 특징은 아닙니다. 다른 사람 앞에서 막 활기차게 굴어야지만 명랑한 게 아니에요. 긍정적인 감정과 태도로 일상생활에서 즐거움과 만족감을 느끼는 사람이 명랑한 사람입니다.

명랑함은 다소 타고나는 부분이 있다고 생각하기 쉽지만 저는 오히려 그 반대로 생각해요. 우리는 모두 명랑함을 이만큼씩 타고나는데 많은 상황과 일들을 겪으면서 명랑한 마음이 점차 줄어들거나 일부 사라지는 거 같거든요. 왜냐하면 아이들을 보세요. 명랑하지 않은 아이는 없잖아요. 명랑함의 정도에 차이가 있을 뿐이지 모두가 한껏 명랑합니다. 마음이 흐린 어린아이는 없어요. 그렇게 보이는 아이가 있다면 반드시 그 이유가 있고요.

명랑함은 여러 이유로 깎이거나 가라앉습니다. 또 하루에도 몇 번씩 명랑함이 수면 위로 올라왔다가 내려가기도 하죠. 감당할 수 없는 버거운 일이 있거나 마음이나 몸이 아플 때, 희망이 없다고 느껴질 때면 명랑함은 영영 사라진 듯 느껴지기도 합니다. 아이들의 세상은 어른의 세상보다 훨씬 단순하고 걱정거리가 적기 때문에 명랑함을 잃어버리기가 쉽지 않습니다. 하지만 요즘에는 명랑한 마음이 한껏 쪼그라든 아이들도 많아 보여요. 어린아이들이 뭐가 그리 힘들고 걱정이 많아서 명랑함이 사라진 걸까요?

요즘 아이들은 학업 스트레스가 감당할 수 없을 정도로 큽니다. 스트레스는 명랑함을 해치는 가장 큰 요인이지요. 지금 고등학교 3학년 수험생 이야기가 아닙니다. 초등학생부터 고등학생까지(물론 대학생이 된다고 스트레스가 사라지는 건 아닙니다만) 각자 짊어지고 있는 학업 스트레스가 정말 만만치 않습니다. 중학생이나 고등학생은 당연히 학업 스트레스가 있을 수밖에 없는 구조인데요, 문제는 초등생이나 미취학 어린아이들입니다. 이렇게 어린 나이에 학업 스트레스라뇨! 명랑함이 극대화되어야 마땅한 시기에 공부로 인해 마음에 그늘이 생긴다는 건 너무나도 슬픈 일입니다.

내 아이는 비교적 학업 스트레스가 없어서 괜찮다고 안심할 일이 아닙니다. 어린 나이에 학습하고 있다면 스트레스가 없을 수는 없어요. 게다가 어린 자녀에게 학습을 시키고 있다면 부모에게는 어떤 목표가 있다는 뜻이므로 목표에 몰두한 나머지 자녀의 표정을 잘 살피지 못하고 지나칠 수 있습니다. 무조건 목표하지도 말고 학습시키지도 말라는 말이 아닙니다. 자칫 흘려보내기 쉬운 아이의 어떤 표정이나 말을 놓치지 말라는 거예요.

아이의 명랑함이 줄어드는지 늘 살피라는 말씀을 드립니다. 명랑함이 사라진다는 건 꼭 학습이 아니어도 어떤 문제가 생겼다는 신호예요. 친구 때문에 굉장히 속상한 일이 있을 수도 있고, 실제로는 걱정거리가 아닌 일로도 아이는 걱정할 수 있습니다.

아이의 명랑함을 논할 때 중요한 건 양육자의 명랑함입니다. 다 아시는 것처럼 육아에는 감당하기 어려운 순간들이 많죠. 아이를 보는 행복과는 별개로 신체와 정신은 물론 사회적으로도 마음이 짜부라지는 일이 정말 많이 생깁니다. 그때마다 우리의 명랑한 마음에 생채기가 나요. 그러니 나의 마음을 우선해서 잘 살펴야 합니다. 내 안의 명랑함을 천금같이 보살피세요. 명랑한 마음의 지분이 줄어드는 걸 간과하면 안 됩니다.

양육자가 명랑한 마음을 가졌다면 고단하고 외로운 육아의 과정을 그래도 잘 보낼 수 있습니다. 명랑한 마음을 가진 양육자는 아주 작은 즐거운 상황도 잘 놓치지 않거든요. 잘 웃고, 기쁨을 표현하는 것에도 인색하지 않아요. 그러면 아이의 명랑함도 훨씬 더 커지겠지요.

명랑함은 각자의 성격과 감정에 따라 다를 수 있고, 그래서 즐거움을 느끼는 지점도 개인차가 있습니다. 그러니 각자의 즐거운 포인트를 찾아 명랑함을 유지하는 것에 애써야 합니다. 또 아이의 명랑함을 저해하는 원인을 찾아서 없애주어야 하듯이 나의 명랑함을 저해하는 원인도 찾아 없애야 합니다. 다른 사람과 나를 끊임없이 비교하면서 내 마음에 불행의 씨앗이 자란다면 SNS를 끊어야 하고, 고립감에 힘들다면 친구와 만나야 합니다. 배우자에게 하소연도 해야죠. 힘들 때 가족이나 전문가의 도움을 받는 것에 주저하지 마세요. 나의 명랑함을 유지하기 위해 적극적으로 힘써주세요.

그런데 제 친구가 제 말을 듣고 뭐라고 했는지 아세요? 웃자고 한 이야기였지만 아이가 공부를 잘해야지 명랑한 마음을 유지할 수 있다는 거예요. 아이고! 그런데 이와 비슷한 말을 하는 분들이 종종 있었습니다. 대체 공부가 뭐길래 이렇게 많은 부모와 아이의 명랑함을 앗아가는지요.

자녀의 성적이 기대만큼 나오지 않는다고 무기력해질 정도로 슬프거나 우울하다면 나의 기대가 맹목적이었다는 거고, 그건 좀 위험합니다. 아이도 마찬가지고요. 실망하거나 속상한 건 괜찮아요. 이겨내고 다시 노력을 기울여보자고 힘내면 됩니다. 하지만 우울의 늪에 빠지거나 무기력해지는 일은 없어야죠. 부디 공부 때문에 명랑함을 잃어버리고 컴컴한 동굴 속으로 들어가는 일까지는 없도록 자녀와 나의 마음을 늘 관심 있게 지켜보고 신경 써주세요. 명랑한 마음은 무적의 방패입니다.

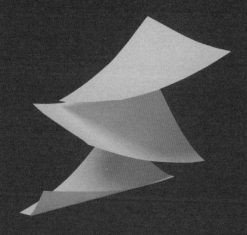

4장

사교육을 이기고
최상위권으로 가는 길

책 육아의
함정

심각할 정도로 책을 읽지 않는 세상이 되어가지만, 아이러니하게도 독서의 중요성은 점점 더 부상하고 있습니다. 특히 학부모들의 독서에 대한 강박 내지는 압박이 날로 심해지는 듯해요. '책 육아'라는 말이 따로 있을 정도인데, 이 유행도 퍽 오래되었습니다.

어린 자녀에게 책을 읽어주는 건 부모가 되면 당연하게 하는 일입니다. 또 아이들이 그림책을 보다가 동화책으로 넘어가고 청소년 책을 지나 어른이 되는 과정도 자연스러운 흐름이고요. 문제는 어린이들의 독서가 경쟁 상태가 되었다는 거예요. 책 육아라는 말이 나오면서부터 부모들이 어린 아기에게도 지나치게 많은 양의 책을 읽어주게 되었습니다. 또 그것을 기록하면서 다른 가정의 책 육아와 비교하기 시작했고 이내 경쟁하게 되었어요. 그러다 보면 대체 누구를 위한 책 읽기고 무엇을 위한 책 육아인지 헷갈려 버리는 상황이 오기도 합니다.

책의 효용은 너무도 분명합니다. 읽을수록 좋지요. 어휘는 물론이고 띄어쓰기와 맞춤법도 알게 됩니다. 문장 구조를 익히고 독해 능력도 키울 수 있고요. 여러 분야의 정보와 지식을 얻고, 다양한 그림과 이야기를 통해 창의력과 상상력도 키울 수 있습니다.

특히 저는 문학 작품을 통해서 다채로운 삶의 모습과 다른 이의 생각과 감정을 느껴보는 간접 경험이 정말 멋지다고 생각해요. 세상을 폭넓게 이해하는 징검다리가 된다고 봅니다. 그리고 무엇보다 재미있는 시간을 보낼 수 있지요. 책을 읽다가 시간이 사라지는 마법 같은 경험이나 책을 덮고 나서 감정을 주체할 수 없던 보석 같은 경험은 무어라 표현할 수 없을 정도로 어마어마한 것이잖아요.

책의 여러 효용 중에서 학습에 관련된 부분만을 중요하게 생각하는 건 문제입니다. 독서를 통해 내 아이의 어휘력과 독해력과 글쓰기 능력이 향상될 거라는 기대와 지식이 늘어나길 바라는 마음이 너무 큽니다. 그래서 과하게 책을 들이밀거나 지식과 관련한 책을 위주로 독서를 강요하는 건 책 육아를 하는 부모가 조심해야 하는 부분입니다.

또 기록에 집착하는 것도 주의해야 해요. 매일 아이에게 몇 권을 읽어주었는지, 아이가 몇 권을 읽었는지는 중요하지 않습니다. 기록을 위한 책 육아가 되면 안 됩니다. 책 육아에서 중요한 건 아이도 부모도 독서 시간이 즐거워야 한다는 것입니다. 공부 감정에 대해서 말씀드렸지요? 그것과 같은 맥락으로 독서 감정도 정말 중요합니다. 부모가 강요하는 독서나, 논술학원에서 읽으라고 해서 싫은 마음으로 읽는 독서가 대체 무슨 소용입니까?

독서는 무조건 양보다 질이 중요합니다. 독서의 질이 좋기 위해서는 자기가 원하는 책을 읽어야 해요. 어렸을 때야 엄마가 책도 넘겨주고 읽어주고 보여줘야 하지만, 그 정도로 어릴 때는 많은 양의 독서가 필요하지 않습니다. 스스로 책을 넘길 수 있을 때가 되면 아이가 좋아하는 책이 생길 거예요. 제 아이도 세 돌 무렵부터 혼자 가만 앉아서 몇 권의 그림책을 곰곰이 보기 시작했습니다. 제가 여러 번 읽어준 그림책이라 내용을 잘 아니까 혼자서도 넘겨 보았지요.

책 육아를 하는 부모는 이 시기에 아이가 많은 책을 보면 좋겠다고 생각합니다. 그래서 아이가 같은 책을 자꾸만 반복해서 보는 게 마땅치 않아요. 기록도 하는 부모면 몇 권을 읽었는지도 중요하니까요. 내 아이는 어린 나이에도 하루에 이 정도의 책을 본다는 걸 자랑하고픈 마음이 조금이라도 든다면 욕심이 앞서있다는 증거입니다.

그런 마음이 한 톨이라도 있다면 얼른 초심으로 돌아가야 해요. 좋아하는 책을 계속 보는 건 아이들의 특징입니다. 그걸 막을 수는 없어요. 좋아하는 음악을 줄곧 듣는 것과 마찬가지죠.

제 아이도 좋아하는 책은 수백 번을 보았습니다. 다른 그림책도 보았지만 좋아하는 책은 보고 또 보고, 읽어달라는 말도 수없이 했어요. 저는 지긋지긋했지만 아이는 조금도 지겨워하지 않았죠. 처음으로 열광하며 반복해 보았던 그림책은《늑대와 일곱 마리 아기 염소》였는데요. 오죽하면 아이가 처음으로 쓴 한글이 '늑대'였습니다. 자기가 원하는 책을 반복적으로 보면서 한글을 익혔어요. 같은 책을 너덜너덜하게 읽으니 띄어쓰기나 맞춤법도 배우더군요.

우리 집은 책이 많은 집이 아니었고 또 책을 읽어야 한다고 강요하는 집도 아니었어요. 하지만 저와 남편은 책을 읽는 사람이었습니다. 제 아이는 엄마와 아빠가 책 읽는 모습을 자연스럽게 보면서 자랐습니다.

부모는 책을 읽지 않으면서 아이가 책 읽기를 바라면 안 됩니다. 부모가 운동을 좋아하면 아이도 운동을 좋아하고, 부모가 야식을 즐기면 아이도 야식을 즐깁니다. 부모가 종일 티브이만 보면 아이도 티브이를 많이 봅니다. 당연한 것 아니겠어요? 부모가 책을 읽으면 아이도 당연하게 책을 읽습니다. 주기적으로 동네 도서관을 이용하세요. 많은 책을 읽기 위해서는 서점뿐 아니라 도서관도 적극적으로 활용해야 합니다. 집에는 읽을 책이 항상 있어야 합니다. 내가 고심하여 고른 책이 늘 식탁이나 소파에 있어야 시간을 내어 책을 읽을 수 있어요.

저는 독서에서 가장 중요한 건 재미라고 생각해요. 그러기 위해서는 자기가 원하는 책을 읽어야 한다는 대전제가 필요합니다. 그래야만 나중에 꼭 읽어야 하는 책도 읽을 수 있어요. 책 읽는 어른으로 자랍니다. 자기가 즐겁고 자기가 효용을 느끼는지가 가장 중요합니다. '책이 이렇게 재미있네?' '책에는 내가 궁금해하는 정보가 있네?' 이걸 직접 느껴야 해요. 이런 의미에서 게임 공략집도 좋습니다. 저는 아이가 게임에 몰두할 때는 게임 관련 책을 사주고 빌려주었어요. 마인크래프트에 관련된 책이 생각보다 정말 많더라고요. 게임에 폭 빠졌던 시기에 아이는 관련 책들을 빠짐없이 여러 번 읽었습니다. 재미있는 데다가 필요한 정보까지 얻었으니 책에 대한 감정이 매우 좋아졌겠지요.

아이의 독서가 지식 습득에 도움이 되는 책 위주로 흘러가길 바라면 안 됩니다. 학원에서 읽고 요약해 오라고 해서 싫은 마음으로 억지로 책을 읽으면 안 됩니다. 강제된 독서로 책은 재미없다는 인식이 생기면 안 됩니다. 책이 지긋지긋해지면 큰일이지 않겠어요? 책과 독서에 감정이 나빠지면 안 됩니다. 그렇다고 학습만화만 읽는 건 조금 문제입니다. 하지만 아무것도 안 읽는 것보다는 학습만화라도 읽는 게 낫다고 생각해요.

저는 소설을 아주 좋아합니다. 그래서 제 아이도 소설을 좋아하고 많이 읽었으면 좋겠다는 마음이 있어요. 그런데 소설의 쓸모를 잘 모르는 학부모님들도 많은 것 같습니다. 교과서에 나오는 소설과 시를 제외하고는 지식을 넓혀주는 책 위주로 읽기를 바라는 마음이 더 큰 거죠. 그런 학부모님들의 요구에 발맞추어 나온 책이 학습만화인데, 이제는 그 학습만화가 부모님들의 골칫거리가 되었지요.

저는 지식이야 교과서로도 충분히 배울 테니 이왕이면 소설을 읽었으면 해요. 내가 경험하지 못하는 세상을 읽고 상상해 보는 재미와 매력을 아이도 느꼈으면 하거든요. 소설 속의 다양한 인물이 온갖 상황에 대처하는 모습을 보는 건 무척 흥미진진한 일이에요. 천차만별인 사람들의 삶을 엿보고 이해하는 동시에, 그 감정에 공감하고 놀라면서 세상을 알아갈 수 있잖아요.

내가 생각할 수 있는 범위는 내가 경험한 울타리를 벗어나기 어렵습니다. 그런데 소설을 읽으면서는 그 울타리를 무너뜨리고 확장할 수 있어요. 그리고 당연히 글의 맥락을 파악할 수 있게 되고, 어휘력과 감수성을 발달시킬 수 있으며, 다른 나라나 다른 시대의 문화와 배경지식도 얻을 수 있습니다.

꽃놀이도 혼자서는 흥이 안 나는 법입니다. 게임이나 놀이도 그러하고 독서도 마찬가지라고 생각해요. 독서가 더 재미있으려면 함께 읽고 이야기를 나눌 사람이 필요합니다. 그래서 우리 어른들도 함께 책을 읽는 모임이 이렇게나 많은 거지요.

아이의 독서에 부모님이 관심을 가져야 합니다. 함께 읽고 대화를 나눌 수 없다면 "이 책 되게 재밌겠다! 제목이 무슨 뜻이야?"라는 식의 관심이라도 보여주어야 합니다. 그러면 아이가 조금이라도 설명해 주겠지요? 그럴 때는 흥미롭게 들어주어야 하고요.

저는 게임 책을 제외하고는 아이가 읽는 책을 저도 대부분 같이 읽었습니다. 제가 먼저 읽을 때도 있고 아이가 먼저 읽을 때도 있었는데, 제가 나중에 읽을 때면 아이는 엄마가 어디까지 읽었는지 궁금해하면서 중간중간 관심을 보였지요. "얘 드디어 걸렸다. 이제 난리 나겠지?" 그러면 아이는 신이 나는 얼굴로 진짜 어마어마한 일이 일어난다느니, 아니면 상상과는 다르다느니 하면서 재미있어했어요. 제가 먼저 읽었을 때도 비슷한 대화를 나누었고요. 글쓰기 능력을 조금이라도 길렀으면 좋겠다고 생각할 때는 책을 읽고 다만 몇 줄이라도 느낌을 써보도록 했습니다. 편하게 블로그에 쓰도록 했는데 그러면 아이의 글을 읽고 저도 댓글로 제 느낌을 남겨주었어요. 이런 상호작용을 하면서 즐거운 책 읽기를 했습니다.

책 육아를 할 때 가장 조심해야 하는 건 부모의 욕심입니다. 욕심은 우리가 앞을 제대로 보지 못하게 만드는 강력한 필터예요. 욕심이 생기면 내 아이의 나이에 맞는 독서, 내 아이의 흥미나 필요에 따른 독서, 내 아이가 감당할 수 있는 독서를 하지 못합니다. 책만 읽으면 뭐든 다 잘된다는 말을 너무 믿지 마세요. 다른 부분들과 시너지를 일으켰기 때문이지 책만 많이 읽었기 때문이 아닙니다.

기나긴 학창 시절에 아이들이 매일 들여다보고 늘 끼고 사는 것이 책입니다. 공부에 대한 감정이 중요하듯 독서나 책에 대한 감정도 매우 중요해요. 책 읽기는 어른이 되어서까지 정말 유익하고 좋은 취미생활이며 이로운 점이 매우 많은 활동인데, 부모의 욕심 때문에 평생의 친구 하나를 잃을 수도 있습니다.

천금 같은
몰입의 경험

부모님들이 바라는 아이의 모습 중 으뜸은 공부에 몰두하는 모습이 아닐까 해요. 집중력이라는 말로는 부족합니다. 열중하는 것 이상으로 완전히 빠져드는 몰입의 모습을 바라지요. 하지만 공부 자체에 몰입하는 건 힘들어요. 공부는 너무 광범위합니다. 하지만 특정 분야에는 몰입할 수 있어요. 다각형, 함수, 중력, 로켓, 그리스신화, 속담, 미생물, 땅벌 등등 세부 분야에 몰입하는 거죠.

성인이 되면 시간과 마음의 여유가 늘어나기 때문인지 무언가에 몰입하는 일이 좀 더 많은데요. 그 대상은 대체로 자신의 직업이나 전공과 상관없는 경우가 대부분입니다. 식물, 뜨개질, 도예, 그림, 베이킹, 독서, 열대어, 외국어, 아이돌, 자전거, 요가, 고양이, 매듭 등등 어떤 것에든 몰입할 수 있고, 그것은 삶에 아주 큰 활력소가 됩니다.

어떤 분야에 몰두하여 전문가 이상의 흥미와 열정을 가진 사람을 뜻하는 '덕후'라는 말이 있죠. 여기에서 나온 말로 어떤 분야를 열성적으로 좋아하여 그와 관련된 것들을 모으거나 파고드는 일을 '덕질'이라고 합니다. 덕질하는 인생이 가장 행복하다는 말이 있지요. 또 덕질도 해본 사람이 한다고 합니다. 그러니까 몰입도 경험이 있어야지 관심사가 생겼을 때 파고드는 힘을 낼 수 있어요.

누구나 몰입하는 힘을 가지고 태어납니다. 자신이 좋아하는 게 생기면 보는 부모가 지켜서 쓰러질 때까지 몰두하는 경우가 다반사입니다. 처음에는 그런 모습을 흐뭇하게 바라보다가도 내 아이가 다양한 활동을 하길 바라는 마음 또한 있어서 자꾸만 다른 걸 권하죠. 저는 아이가 원하는 만큼 마음껏 하게 두는 엄마였습니다. 몰입하는 모습이 좋아서였다기보다, 하고 싶어 하는 걸 못 하게 할 이유가 없었기 때문이에요. 어린이집도 안 다녔고(초등 입학 전 1년만 초등병설유치원을 다녔습니다), 초등 때도 학교를 다녀오면 하고 싶은 걸 원 없이 할 수 있는 시간적 여유가 있었고요. 그리고 저는 그걸 지켜볼 마음의 여유가 있었습니다.

제 아이는 자기가 좋아하는 책 하나만 계속 봐도, 종일토록 같은 퍼즐을 수십 번씩 해도 아무런 제재를 받지 않았습니다. 뭐든 자신이

흡족할 만큼 하면서 자랐어요. 다섯 살 때는 지구본을 사달래서 사주었더니 정말로 밥 먹고 잠자는 시간 빼고는 지구본만 보고 살았습니다. 지구본을 가진 건 저도 처음이었는데 저는 일주일이 안 되어 흥미가 떨어지더군요. 그런데 아이는 그것이 뭐가 그리 좋고 재미있는지 온종일 지구본을 돌려가며 보고 또 보는 걸 2년 가까이나 했습니다.

숫자를 알아가던 시기에는 한도 끝도 없이 숫자를 쓰기도 하고, 그 숫자를 이리저리 조합해서 계속 붙였다 뗐다 하며 아주 오랜 시간을 보내기도 했어요. 한동안은 레고만 한 적도 있었고 그림만 그리던 시절도 있었어요. 재미있는 게 생기면 여한이 없을 때까지 하는 아이가 되었습니다. 끝없이 이어지는 원주율 값이 신기하다고 원주율 외우기에 집착하기도 하고, 손가락이 아플까 봐 걱정될 정도로 피아노만 칠 때도 있었죠. 초등학교 3학년 때는 종이접기에 심취해서 1년 정도 종이만 접고 살더니, 5학년 때는 만화책을 만들겠다고 몇 달간 만화를 그리고 색칠하는 데 전력을 쏟았습니다. 이런 생활은 중학교까지도 이어졌어요. 중학교 1학년 중반쯤에 학교에서 큐브를 나눠주었는데 처음 접해본 큐브에 흥미를 느끼더니 큐브 맞추기에 몰입했습니다. 정말이지 1년 동안 큐브만 돌렸어요.

아이가 흥미를 느끼고 몰입할 때 부모는 어떻게 해야 할까요? 관심을 보여주고 응원하면 좋겠다는 생각이 들지요? 누구나 정답은 알지만 그걸 실천하는 건 왜 이렇게 어려울까요? 아마 어른이 보기에는 쓸데없는 것처럼 보이는 게 대부분이기 때문일 거예요. 또 적당히만 하면 좋겠는데 도가 지나치도록 계속하는 게 마땅치 않기도 하고요.

　제 아이가 몰두한 것 중에서 지구본 보는 건 참을 수 있다고 여길지도 모르겠습니다. 나라의 수도부터 사용 언어, 해류의 방향이나 위도와 경도까지 지구본을 통해 습득할 수 있는 지식이 어마어마하겠다고 생각하면 말입니다(지구본에는 실로 방대한 지식이 깨알같이 적혀있어요). 실제로 아이는 눈 감고도 모든 나라의 모양을 그릴 수 있게 되었고, 돋보기를 써야만 보일까 말까 한 태평양의 작은 섬나라까지 알게 되었습니다. 하지만 아무리 그렇다 한들 2년에 가까운 시간을 지구본만 들여다보는 걸 지켜보는 건 쉽지 않죠. 숫자를 한도 끝도 없이 계속 써보겠다는 집착도 너무 쓸데없는 짓이고 초등학생이 1년이나 종이만 접고 있는 모습을 봐주기란 사실 힘듭니다. 특히 이제는 공부해야 마땅한 중학생이 꼬박 1년을 큐브만 돌렸죠. 큐브 카페까지 가입해서 열심히 활동하고 세계 대회라도 나갈 듯이 매진하는 모습을 어느 부모가 달갑게 볼 수 있을까요. 수학 공부에 매진해도 모자랄 시간에 밥 먹고 큐브만 돌리는데요.

　하지만 저는 아이가 뭔가에 흥미를 느끼는 자체를 굉장한 일로 생각했어요. 제아무리 쓸데없어 보이는 일이라 할지라도 그것은 내 관점이지 아이의 관점이 아닐 테니까요. 또 인간이 효용이 있는 일에만 노력을 쏟으란 법도 없지요. 우리 모두 어렸을 때부터 어른이 된 지금까지 무용한 일들을 참 열심히 해오고 있지 않습니까? 그런데 부모는 '내 아이가 그러는 꼴은 못 봐주겠다' '공부해야 하는 귀한 시간에 저러고 있다'면서 자녀를 고까운 눈으로 쳐다봅니다.

저는 아이가 흥미를 느끼는 것에 늘 함께 관심을 기울였어요. 숫자를 쓰고 있으면 과장된 리액션을 해주고, 원주율을 외우면 저도 외워보려 했습니다. 지구본을 보던 시기에는 끝없는 설명을 듣는 게 다소 힘들었지만 참아냈고요. 종이접기를 할 때는 옆에 앉아서 정리도 해주고 풀도 붙여주고 더 재미있는 종이접기 책도 사주고 어떤 색깔을 접으면 좋을지 의견도 냈어요. 만화를 그릴 때는 배경 채색을 도와줬습니다. 큐브에 몰입할 때는 중학교 때라 좀 걱정을 하긴 했지만 이렇게까지 흥미와 관심을 보이는데 못 하게 할 순 없었죠. 그래서 동영상도 찍어주고, 기록도 체크하고, 더 성능이 좋다는 큐브도 검색해서 사주고, 큐브에 관련된 다큐멘터리도 찾아서 함께 보았습니다. 중학교 2학년 중반이 되어 갑자기 더는 큐브를 돌리지 않을 때는 제가 다 서운할 정도였어요. 지금은 2년 넘게 프리미어리그 축구에 열광하고 있습니다. 볼 수 있는 경기는 다 찾아보고 하위 리그의 팀과 선수들까지 외울 정도예요.

제 아이는 겨우 앉아있기가 가능할 때부터 지금까지 엄마와 아빠의 관심과 지지를 등에 업고 흥미가 생기는 분야에 충분히 관심을 기울이며 원하는 만큼 몰입했습니다. 아이가 몰입하는 분야가 역사면 괜찮고 종이접기면 별로인가요? 아이가 우주에 몰입하면 지지하고 큐브에 몰입하면 반대하나요? 저는 어떤 것에도 흥미가 없는 게 문제지 흥미가 생기는 건 전혀 문제가 아니라고 생각해요. 혹시 흥미와 관심이 게임밖에 없는 게 문제인가요? 몰입하고 싶은 게 오로지 게임뿐인가요? 그건 다른 걸 너무 안 해봤기 때문입니다. 다른 걸 해볼 여력이 없었던 거예요. 어려서부터 너무 바삐 살고 학원에 숙제에 치여서 다른 흥미를 찾을 기회조차 없었을 수도 있습니다.

어떤 것에든 열정을 바쳐본 경험, 완전히 몰입해 본 경험, 자나 깨나 그 생각만 가득했던 경험은 너무나도 소중한 것입니다. 그건 천금같은 경험이에요. 몰입해 본 사람만 아는 성취감이 있습니다. 몰입을 해본 사람만 아는 희열이 있어요. 당연히 몰입을 통해 성장하는 부분도 있습니다. 집중력이 길러지는 건 당연하고 몰입 과정을 통해서 다른 분야로 생각과 흥미가 뻗어나갈 수 있습니다.

일례로 종이접기로 다양한 도형을 만들면서 다면체와 다각형에 관한 관심과 흥미가 폭발적으로 생겼었습니다. 큐브에 몰입했던 1년도 그저 기록 단축에만 골몰했던 기간은 아니었어요. 엄청나게 많은 공식을 외우고 적용하고 손동작 연습까지 부단히 해야 했는데요. 피아노와 마찬가지로 어떤 경지에 오르기 위해서는 반드시 지겨운 연습의 과정이 필요하다는 걸 또 한번 깨달은 계기가 되었습니다. 무엇보다 성취감, 어마어마하게 중요한 그 성취감을 몰입의 과정에서는 수두룩하게 얻는다는 점이 가장 큰 소득입니다.

　어떤 것에 몰입해 본 경험이 있고 없고는 하늘과 땅 차이입니다. 몰입을 할 수 있는 사람과 할 수 없는 사람이 있어요. 모처럼 흥미가 생기는 것을 발견했는데 그것이 공부와 관련이 없을 것 같다는 이유로, 혹은 공부할 시간이 줄어들지 않을까 하는 우려로 부모님께 항상 제지당한다면 그 아이는 소중한 경험과 감정을 가질 기회를 잃는 거예요. 그러니 아이의 관심과 흥미를 기쁘게 여기고 여유 있는 마음으로 지켜봐 줄 수 있어야 합니다. 그런 경험이 쌓이고 쌓여야 언제라도 자기가 하고 싶은 것이나 자기가 해야 하는 것을 위해 몰두하고 노력할 수 있어요. 무엇보다 몰입할 때 느끼는 행복감은 어마어마한 것이거든요. 몰입하는 종목이 중요한 게 아니고 그 경험 자체가 중요합니다. 아이가 원하는 만큼 몰입할 수 있도록 아이의 열정에 관심을 보여 주고 여유로운 마음으로 아이의 성장을 지켜봐 주시길 바랍니다.

적기 교육의 최강 효율

적기 교육에 대해 말씀드릴 텐데요. 제가 말하고자 하는 건 선행학습(학원)의 대척점에 있는 개념으로서의 적기 교육(학교)입니다. 사실 적기 교육은 조금 더 큰 범주입니다. 학습하는 사람의 발달이나 준비 정도에 가장 적절한 교육이 적기 교육입니다. 초등 4학년이 4학년 교과과정을 공부하면 적기 교육인데, 현재 학년의 공부가 어려운 아이는 3학년 과정을 공부하는 것도, 정말 뛰어난 아이는 몇 단계 위의 과정을 공부하는 것도 적기 교육이라 할 수 있습니다. 하지만 여기서는 제 학년의 교육과정을 공부하는 적기 교육, 그러니까 자기 학년에 맞는 과정을 공부하는 효용에 대해 말씀드릴 거예요.

적기 교육의 효용에 대해서 말하는 사람은 교육 전문가가 대부분이고 직접 경험해 본 사람의 이야기를 들어볼 기회는 매우 드뭅니다. 왜냐하면 적기 교육만을 경험해 본 사람이 정말 없기 때문이에요. 반면에 선행학습은 거의 모두가 하고 있습니다. 어디를 가도 선행 이야기뿐이고, 이제 선행학습은 기본값이죠. 그래서 너무 많은 일이 벌어지고 있지만 한번 자리 잡힌 관념은 좀처럼 사라지기 힘듭니다. 이것이 제가 기회가 있을 때마다 적기 교육에 대해 말하는 이유입니다.

학교에서 가르치는 교육과정은 그 연령대의 학생들이 이해하고 배우는 데 어려움이 없도록 인지 발달 과정에 맞추어져 있습니다. 그런데 언젠가부터 아이들은 학교에서 배울 내용을 미리 봐놓고 들어가기 시작했어요. 사실 아이들마다 학습 역량이 다르므로 학교에서 가르치는 표준화된 교육과정이 딱 들어맞지 않을 수 있습니다. 그래서 미리 봐놓고 들어가는 것, 그러니까 예습이 필요할 수 있어요. 때로는 복습이 더 주효할 수도 있고요. 부모님이 그것을 잘 파악해서 알맞은 도움을 주는 건 필요합니다. 하지만 학교에서 처음 배우면 이해하지 못할 거라는 생각, 다른 아이들은 미리 배우고 들어갈 테니 가만있다가는 뒤처질 거라는 생각이 문제입니다. 이런 생각에 이르면 선행의 대열에 합류하지 않는 건 불가능할 테니까요.

요즘 부모님들의 공부 관념에는 '반복'이라는 단어가 뿌리 깊게 박혀있는 거 같아요. 여러 번 반복해야 잘하게 된다고 생각하고, 그래서 상황이 이렇게까지 되었습니다. 하지만 팩트가 뭔지 아세요? 미리 하니까 한 번에 못 하는 거예요. 미리 하니까 이해하기 어려워서 한 번에 못 하게 된 겁니다. 여러 번 공부할 수밖에 없는 상황을 스스로 만든 거예요. 필요하면 예습과 복습을 하면 됩니다. 그런데 한참 전부터 미리 하는 바람에 어렵고 이해가 안 되니까 나중에 다시 보고 또 보고, 거듭 공부해야 하는 상황이 되고 말아요. 한참이나 앞서가더니 나중에는 너무 미리 해서 잊어버렸다고 말합니다. 가뜩이나 지겨운데 같은 공부를 몇 번 하라는 거예요.

제 아이는 6학년 때까지 학교 수업과 학교 과제 말고는 따로 공부하지 않았어요. 근데 아무도 이 말을 안 믿더라고요. 집에서 몰래 비밀 과외라도 했다고 여기는 거예요. 그러지 않으면 잘할 수가 없다고 단정하는 겁니다.

자기 학년의 과정을 공부하는 아이를 보면 공부를 잘하지 못하는 아이, 늦된 아이, 뭔가 부족한 아이로 여기는 풍조가 문제예요. 적기는 알맞은 것이지 늦은 게 아닙니다. 알맞은 것이 느린 것으로 보일 정도로 지금 모두가 너무 앞서 달리고 있어요.

더욱이 초등학생은 중학교 과정을 제대로 이해하지 못합니다. 지금 속으로 '다들 잘하던데?'라는 생각을 하셨을 텐데요, 절대 그렇지 않아요. 물론 학원에서 말하고 엄마들이 말하는 잘하는 애가 있습니다. 드물지만 이해력이 남달라서 잘 따라가고 쭉쭉 앞서가는 애들이 분명히 있어요. 그런데 학원 신화를 만드는 그런 아이는 우리 집 애가 아닙니다. 절대로 일반화하면서 내 아이도 그럴 것으로 기대하고 몰아붙이면 안 됩니다. 공부의 양이 중요한 시기가 있고, 기본기를 배워야 하는 시기가 있어요. 기본기를 배워야 하는 초등 때, 미리 해두어야 한다면서 양과 속도로 밀어붙이면 안 된다는 말씀을 드립니다.

사람들은 적기 공부가 얼마나 효율적인지 잘 모릅니다. 그런 사람을 본 적이 없기 때문이죠. 많은 전문가가 수없이 말하는데도 용기를 내지 못합니다. 전문가들의 말이 미덥지 않은 건 아니지만 다들 너무 앞서가니까 가만있어도 뒤처지는 듯이 느껴지거든요. 아이를 믿고 교육과정을 믿고 용기를 내어볼까 싶어도 나 혼자만 순진하게 구는 거면 어쩌나 싶지요. 게다가 한번 뒤처지면 절대로 역전할 수 없다는 말은 왜 그리 자주 들려오는지 말입니다.

나의 일도 아니고 내 아이의 일이라 참 어렵다는 걸 압니다. 하지만 아이들의 인지 발달에 맞춰서 수월하게 이해할 수 있게 만든 게 교과과정이에요. 그걸 뛰어넘고자 하는 건 비효율입니다. 내 아이가 괜히 공부에 많은 시간을 들이게 만들고 그래서 질려버리게 만듭니다. 인지 발달을 넘어서는 수준의 공부에는 어마어마한 에너지가 들어요. 잘할 수도 없고요. 해야만 하는 공부의 종류와 양이 정말 많기 때문에 효율적으로 공부하는 것이 중요합니다.

초중고 내내 무조건 적기 교육이 최선이라고 말하는 건 아닙니다. 아이가 중고등 때 학습 역량을 최대한 발휘하려면 초등 때만큼은 적기 교육을 하는 게 훨씬 더 효율적이라고 말씀드리는 거예요. 그것이 공부 잘할 수 있는 아이로 만들 확률이 높기 때문이고요.

아이가 중학생이 되면 아이의 학습 역량을 좀 더 제대로 파악할 수 있습니다. 학습 역량이 높다고 판단되면 그때부터 앞서나가면 됩니다. 시간은 너무나 충분합니다. 초등 때 빨리 앞서가는 다른 아이를 부러워 마세요. 앞서가라고 하세요. 일찍부터 달리면 대부분은 어느 시점에서는 멈춰서 쉴 수밖에 없지만, 계속 앞서가는 아이가 있다면 그건 그 아이가 그럴 수 있는 아이기 때문입니다. 일찍, 더 많이, 여러 번 공부해서가 아니고요. 그런 아이에게는 아낌없는 박수를 보내주세요.

학원 다니는 초등학교 3학년이 5학년 과정을 공부하고, 6학년이 중3 수학 문제 푸는 게 대단해 보입니까? 그거 쉬운 거예요. 사실은 그걸 제대로 이해하지 못하지만, 일단 하는 것처럼, 뭘 아는 것처럼, 앞서가는 것처럼 보이게 만드는 건 아주 쉬운 일입니다. 대부분 중학교 2~3학년쯤 가면 민낯이 드러납니다. 물론 그때도 늦지 않아요. 하지만 그때 다시 제대로 하려면 아이가 이미 꽤 지쳐있다는 게 문제입니다. 앞서는 것에서 벗어나서 올바른 것에 노력해야 해요.

적기 교육은 아이의 시간을 벌어주는 일입니다. 부모의 시간과 돈도 벌어주는 셈이지만 가장 소중한 것은 아이의 시간입니다. 아이가 훨씬 더 많이 놀고, 잠도 푹 자고, 스트레스 없이 공부하고, 원하는 활동을 다양하게 할 수 있는 게 적기 교육의 장점입니다.

하지만 적기 교육의 효과를 제대로 보기 위해서는 부모가 신경을 많이 써야 해요. 쉽지 않습니다. 아이의 시간을 벌어주는 일은 그저 학원을 보내지 않는 것으로 되지 않아요. 아이에게 일일이 관심을 기울이고, 아이의 표정을 살피고, 마음을 다독여 주고, 다양한 활동을 지지해 주고, 학교 공부에 어려움이 있는지, 있으면 그걸 어떻게 메꿔 줄 것인지 부부가 대화하고 고민하고 결정하는 모든 게 쉽지 않습니다. 하지만 어려운 걸 해내면 성과는 따라옵니다.

이제 아이의 학교생활을 따라가 보겠습니다.

알림장과
받아쓰기의 비밀

이제 막 초등생의 학부모가 된 분들을 만나면 저는 항상 알림장과 받아쓰기 두 가지를 강조합니다. 제 아이의 알림장 쓰기와 받아쓰기를 지켜보면서 이게 꽤 중요한 활동이라고 생각했기 때문입니다. 그런데 안타깝게도 요즘에는 이 두 가지가 학교나 담임선생님의 재량으로 운영되어서 알림장을 알리미 앱으로 대신하거나 알림장에 선생님이 주신 유인물을 붙이기도 하고, 받아쓰기를 아예 하지 않는 학급도 있다고 해요. 그래도 절반 이상의 학급에서는 여전히 알림장도 쓰고 받아쓰기 급수 시험도 본다고 해서 말씀드리려고 합니다. 설령 자녀의 학교와 학급에서 알림장 쓰기나 받아쓰기를 하지 않더라도, 또는 자녀의 학년이 이 시기를 지났다 해도 적용할 수 있는 부분이 많은 이야기입니다.

　알림장은 자기가 해야 하는 일, 챙겨야 하는 것, 신경 쓸 점 등을 꾹꾹 눌러 적는 행위로 책임감을 키우기에 매우 좋은 활동입니다. 또 집에 가서 부모님께 보여드려야 하니까 다시 한번 확인하는 습관을 들이기에도 아주 좋아요. 알림장을 쓰고 내용을 염두에 두는 습관은 기억해야 하는 중요한 내용을 메모하고 확인하는 습관으로 발전하고 이것은 학년이 올라갈수록, 성인이 되어서까지도 매우 중요합니다.

　이때 나중에도 내용을 잘 알아볼 수 있도록 글씨를 바르게 쓰는 것부터 중요합니다. 그리고 집에 와서 알림장을 확인하고, 할 일의 순서를 스스로 정하고, 준비물을 미리 챙겨놓고, 해야 하는 과제를 다 한 후에 놀다가 편안한 마음으로 잠드는 하루하루가 쌓여서 책임감 있고 성실한 어린이가 됩니다.

　아이가 아침에 허둥지둥 가방 싸는 일은 없어야 합니다. 그런 아이가 있다면 부모님 잘못이에요. '학교 가서 선생님께 혼 좀 나고, 준비물이 없어서 곤란을 겪어봐야지 정신을 차릴 것이다. 그러면 다음부터 잘할 것이다.' 이렇게 생각하는 부모님도 계실 텐데요. 습관은 한 번 혼난다고 고쳐지지 않아요. 완전한 습관으로 자리 잡힐 때까지 부모님이 계속 알려주고 신경을 써야 합니다.

　처음에는 매일 함께 알림장을 보면서 아이랑 대화해야 해요.(가정통신문도 마찬가지입니다). 알림장을 제대로 안 써오거나 알아보지 못할 글씨로 써오면 나무라야 합니다. 알림장이 앱으로 오는 경우도 아이가 집에 오면 우선 그것부터 함께 확인하면서 알림장 보는 걸 중요한 일과로 여기게 해주세요. 함께 보면서 필요한 부분을 짚고 미리 준비하는 걸 연습시키세요. 그래야 중학교와 고등학교에 가서도 잘합니다. 자신이 해야 하는 걸 잊지 않고 메모하고 챙기는 사람이 돼요.

이 모든 것이 습관이 되도록 가르치는 게 중요한데, 처음 1~2년만 신경 써주면 어느새 스스로 잘하는 어린이가 됩니다. 지금 아이가 중학생이건 고등학생이건 몇 학년이건 간에 가정통신문이나 학교 알리미 확인을 소홀히 한다면 지금부터 바로 연습에 돌입해야 합니다.

받아쓰기에 대해 말씀드릴게요. 받아쓰기 시험은 단순히 맞춤법이나 띄어쓰기를 위해서만 보는 게 아닙니다. 저도 처음에는 그걸 익히기 위함으로 생각했어요. 게다가 어떤 문제가 나오는지 미리 알려준다는데 이게 도움이 되는 걸까 싶었지요. 하지만 알려준다고 쉬운게 아니더라고요.

그리고 받아쓰기를 준비시키면서 이건 단순한 활동이 아니라는 걸 알게 되었습니다. 받아쓰기는 책임감 느끼기, 성실하게 연습하기, 노력 기울이기, 집중해서 익히기, 떨리는 마음을 진정하고 실력 발휘하기, 성취감 느끼기까지 전부 다 배울 수 있는 활동이라는 게, 2년 동안 아이의 받아쓰기를 지켜본 제 생각입니다. 그러니 100점이 중요합니다. 100점을 맞기 위한 노력과 연습과 마음가짐이 중요하다는 말이에요. 준비하고 노력해서 성취를 이루는 걸 아이가 처음으로 해 보는 겁니다. 아이가 성취감을 맛볼 수 있게 준비시켜 주어야 해요. "괜찮아, 받아쓰기 좀 못해도 돼." 이렇게 말하는 게 쿨한 엄마가 아니 에요. 그렇다고 100점에만 꽂혀서 아이의 점수를 비난하면 안 됩니 다. 부족했던 점이나 앞으로의 대응 방안에 대해서 아이와 같이 이야 기해 보는 시간을 가지면 돼요. 연습 시간이 더 필요한지, 모의시험을 보는 게 좋을지, 이런 것들을 같이 상의해서 아이가 계속 노력을 기울 이게 하는 게 중요합니다.

제 아이 때는 1학년과 2학년, 2년 동안 받아쓰기가 있었어요. 아직 도 받아쓰기 공책을 가지고 있어서 보니까 2년간 총 쉰아홉 번의 받 아쓰기 시험을 보았고, 모두에서 100점을 받았습니다. 590문장을 쓰 도록 띄어쓰기와 철자, 쉼표나 마침표를 단 하나도 틀리지 않았어요.
저는 100점일 필요에 대해서는 그 당시에는 생각하지 못했습니 다. 100점이라는 단어를 입에 올리지도 않았고요. 하지만 학교에서 하는 활동, 특히나 테스트를 본다는데 슬렁슬렁 대충 하는 건 있을 수 없다고 여겼고, 아이에게도 노력을 기울여 연습하고 익혀야 한다는 걸 알려주었습니다. 그런데 받아쓰기 첫 시험 날 혼자만 100점을 맞 았다고 하면서 그 성취감을 원동력으로 다음부터는 스스로 열심히 하였습니다.

그 당시 아이 친구가 놀러 와서 저에게 이런 말을 한 적이 있어요. 자기도 받아쓰기 100점을 꼭 받고 싶다면서 100점을 맞을 때마다 엄마가 10만 원씩 준다고 했다는 거예요. 10만 원으로 사고 싶은 장난감을 줄줄이 말하면서 제 앞에서도 각오를 다졌습니다. 그런데 그 아이는 단 한 번도 100점을 받지 못했어요. 그런 얕은 수로는 아이를 잘하게 만들 수 없습니다. 그 아이는 100점을 못 받을 때마다 날아간 10만 원만 아깝다고 생각하고 원통하게 여겼을 테니까요.

알림장과 받아쓰기는 아이가 책임감을 배울 수 있는 아주 좋은 도구입니다. 두 가지로 특정해서 말씀드렸지만, 학교에서 하라는 과제나 활동이 많을 거예요. 학교에서 하는 활동은 빠짐없이 모두 중요합니다. 온갖 것을 배울 수 있는 집약체로, 발달에 맞추어 뷔페처럼 준비되어 있어요.

특히 초등 저학년일수록 학교생활이나 앞으로의 공부에 필요한 능력을 습득하기 위한 준비 단계로서의 활동이 많습니다. 처음부터 학교 활동에 관심을 두고 아이가 학교의 과제와 활동을 중요하게 여기도록, 그래서 끝까지 해낼 수 있도록 알려주고 도와주세요. 엄마나 선생님이 시켜서 하는 게 아니라 자기가 해야 하는 역할이나 자기에게 주어진 과제를 꼭 해야 한다는 책임감을 알 수 있게요. 그리고 할 때는 대충 하지 않고 진심을 담아 열심히 하는 태도를 길러주는 게 중요합니다. 처음에는 오래 걸리고 잘하지 못하지만, 해낼 수 있게 도와

주고 기다려 주세요. 아이들은 끝내 해내는 걸 부단히 연습해야 합니다. 무엇이든 첫 단추가 중요합니다.

최고의 교재를
찾아라

결론부터 말씀드리고 시작하겠습니다. 최고의 교재는 교과서입니다. 뻔하고 지겹다는 걸 알고 있습니다. 공부 잘하는 비법으로 교과서 읽기를 말하면 실제로 실망의 눈빛이 역력하거든요. 하지만 실망하시는 분들의 대부분은 시간을 들여 아이의 교과서를 읽어본 적이 없을 거예요. 몇 권이라도, 혹은 관심 있는 과목의 일부분이라도 읽어봤다면 정말 잘 만들어진 교재라는 걸 알 수 있고 절로 믿음이 생겼을 테니까요. 교과서는 대부분 학교에 두고 다니기 때문에 볼 기회가 많지는 않지만 새 학년이 되면 교과서를 전부 다 가지고 오기도 하고, 평소에도 과제나 시험 준비로 교과서를 가지고 올 때가 있을 겁니다. 아이의 교과서를 곰곰이 살펴보고 읽어보세요.

교과서 읽기는 공부의 기본이고 시작입니다. 설령 내용이 너무 쉽다고 해도 교과서는 읽고 넘어가야 합니다. 중학교 시험공부법에는 교과서 몇 회독이라는 말이 있어요. 시험을 잘 보기 위해서는 교과서를 여러 번 읽어야 한다는 말로, '최소 5회독이 기본이다' '거의 외울 지경으로 읽어라' 등등 교과서 읽기가 공부의 시작점이자 필수며 가장 좋은 방법으로 나와있습니다. 국어와 사회 같은 교과서뿐 아니라 다른 교과도 마찬가지예요. 교과서의 내용을 잘 알고 이해해야만 문제도 풀고 응용도 할 수 있습니다.

교과서는 학생의 인지 발달 상태를 고려한 난도로 쓰인 명료한 글입니다. 전문가들이 머리를 싸매고 연구해서 만든 책이죠. 그런데도 교과서를 읽지 않습니다. 그렇게 개념이 중요하다면서 교과서를 읽지 않아요. 교과서 내용으로 시험이 나오는데 교과서를 읽지도 않고 공부 잘하길 바라는 건 이치에 맞지 않습니다. 그런 지름길은 없어요. 무엇이든지 기본이 중요합니다. 복싱을 배울 때도 처음에는 체력을 기르고 스텝 연습만 합니다. 축구도 마찬가지죠. 골대를 향해 슛을 차는 것부터 하지 않습니다. 피아노는 어떤가요? 미술은요? 공부도 마찬가지입니다. 가장 기본이 되는 교재를 등한시하고서는 공부를 잘할 수가 없어요.

교과서는 지겨운 책이고 학교 수업에만 필요한 책이라는 고정관념 때문에 학생과 학부모가 교과서를 잘 활용하지 못하고 있습니다.

저에게도 무슨 문제집을 풀게 하면 되냐고 물어보는 분들이 많았어요. 과목별 문제집 로드맵 같은 걸 원하는 질문이었죠. 하지만 초등 때는 문제집이 없었고 중등 때는 시험 보는 과목별로 기본 문제집만 한 권씩 가지고 있었습니다(수학은 심화 문제집도 있었습니다).

사실 저는 교과서의 중요성은 알았으나 이 정도인 줄은 몰랐고, 더욱이 완벽하게 이해할 때까지 반복적으로 읽어야 한다는 것은 몰랐습니다. 아이는 중학교 1학년 자유학년제가 끝날 무렵부터 본격적인 학습을 시작했기에 저도 그에 발맞추어 학습법을 공부하기 시작했는데요. 그때 교과서 몇 회독이라는 말을 처음 알게 되었어요. 하지만 운이 좋게도 아이가 초등생일 때는 볼 수 있는 게 교과서밖에 없었습니다. 사교육을 하지 않는 데다가 문제집까지 풀 필요성은 못 느꼈으므로 단원평가 등으로 공부가 필요할 때는 교과서를 봤어요. 수학도 수학 교과서와 수학익힘책으로 공부했고요. 교과서만으로도 충분하다는 건 초등 단원평가 결과로 알 수 있습니다.

'아이가 초등생일 때 교과서의 중요성을 지금 정도로 알고 있었다면 훨씬 더 잘 활용했을 텐데' 하는 아쉬움을 가지고 있습니다. 그래서 기회가 될 때마다 교과서의 중요성과 활용법을 자세하게 말씀드리고 있어요. 수학의 경우 수학익힘책만큼은 꼭 가지고 다니게 하라고 말씀드립니다. 과제를 할 때나 과제가 없을 때도 교과서를 들춰보고 잘하고 있는지, 어려움이 있는지 살펴야 해요. 틀린 문제가 있고 재차 풀어봐도 잘 모른다면 담임선생님께 다시 설명을 듣고 올 수 있도록 그 부분을 알림장에 적어두면 좋습니다. 쉬운 문제라도 설명은 선생님께 맡기는 게 낫습니다. 모르면 선생님께 질문하고 설명 듣는 걸 당연하게 생각해야 해요. 또, 잘 풀어낸 문제는 엄마에게 설명해 줄 수 있어야 합니다. 설명할 수 없다면 완벽하게 이해하지 못하고 유형만 알고 푼 것일 수 있어요.

다른 교과도 마찬가지인데요. 교과서의 내용을 읽고 잘 이해했는지는 아이에게 설명을 시켜보면 알 수 있습니다. 국어나 수학뿐 아니라 과학, 사회, 도덕, 영어, 역사, 체육, 음악, 미술 교과서 모두 너무 훌륭한 교재입니다. 아이와 함께 교과서를 읽으면서 모르는 단어는 사전에서 찾아보고, 한자어는 각 한자의 뜻도 확인해야죠. 단어의 뜻을 아는 건 정말 중요합니다. 어휘의 차이가 이해의 차이로 이어져요.

이렇게 교과서의 내용을 읽고 이해하는 것이 바로 비문학의 시작입니다(특히 국어, 사회, 과학 교과가 중요합니다). 비문학 문제집을 따로 살 필요가 없어요. 비문학 문제집에 있는 지문을 읽고 옆에 있는 문제 몇 개 맞추는 건 전혀 중요하지도 않고 도움이 되지도 않아요. 그건 고등학생 때 하면 됩니다. 초중등 때는 지문을 완벽하게 이해하는 것만이 중요합니다. 모르는 단어의 뜻을 익히고, 맥락을 이해하고, 말하고자 하는 게 무엇인지 아는 게 중요해요. 지문을 완벽하게 이해하려면 천천히 읽어야 합니다. 글자를 읽는 게 아니고 내용을 이해하려고 노력하면서 천천히 읽어야 해요.

가장 좋은 방법은 지문을 읽고 무슨 내용인지 엄마에게 말해보는 거예요. 이 연습은 효과가 정말 좋습니다. 처음에는 아이가 아주 못할 거예요. 제 아이는 중학생이 되어서야 이걸 해보았는데요, 중학생도 처음에는 어이가 없을 정도로 못합니다. 처음 몇 번은 엄마가 시범을 보여주거나(당연히 엄마도 읽어야 한다는 이야기입니다), 한두 문장만 짧게 말하는 걸로 시작해 보세요. 그래도 아이가 아무 말도 못 할 수 있어요. 이해하지 못하면 말하지 못합니다. 절대로 비난하거나 독촉하지 마세요. 그럴 때는 내용이 완벽하게 이해될 때까지 다시 천천히 반복해서 읽으면 됩니다. 여러 번 읽으면 어떤 내용인지 말할 수 있을 거예요. 내용을 파악해서 말하는 능력은 어느 순간 비약적으로 좋아질 테니 실망은 금물입니다.

체육이나 미술책도 그냥 버리지 마세요. 최소한 목차를 보고 관심이 가는 몇 개라도 읽으면 좋습니다. 배드민턴을 좋아하는데 마침 배드민턴에 관한 내용이 있다면 읽어보는 거죠. 경기규칙, 점수 내는 방법 등등을 읽고 이해할 수 있으면 됩니다.

살아가면서 나에게 필요한 정보를 읽고 이해하기 위해서 배우는 것이 비문학이에요. 시간이 많을 때 해두면 피와 살이 되는 연습입니다. 그리고 과정의 중요성을 아이가 알고 시작해야 오래 할 수 있습니다. 이 활동이 나에게 어떤 도움이 되는지 알고 시작해야 노력을 기울일 수 있어요. 과정이 괴롭지 않아야 합니다. 그러니 최소한 비난이나 독촉, 실망을 표현하면 안 됩니다.

초등생일 때는 모든 공부에 부모님의 관심이 필요합니다. 초등생은 자신의 의지로 교과서를 읽는 게 힘들어요. 혼자서는 읽을 수 없습니다. 부모님이 옆에서 눈으로 함께 읽고 리액션을 해주어야 어렵지 않게 해나갈 수 있어요. 새로운 지식을 배우는 일은 사실 꽤 즐거운 일이거든요. 그런데 부모님부터 그게 지겹고 하기 싫다는 마음으로 아이 옆에 겨우 앉아있다면 리액션도 나오지 않을 거고, 아이도 지겨워하며 결국 그만두게 될 거예요. 그런 마음은 고스란히 전달되거든요.

많은 시간이 걸리지 않으니 할 때만큼은 즐거운 마음으로 하세요. 초등 때는 교과서를 읽는 것만으로도 충분합니다. 따로 길고 지겹게 공부하지 않아도 됩니다. 교과서는 안중에도 없고 문제집 풀게 하는 순서 같은 것에만 신경 쓰는 건 모래성과 다름없어요. 최고의 교재인 교과서를 최대로 활용하세요. 교과서로 어휘력과 이해력을 기를 수 있습니다. 맥락 파악하기와 요약하고 설명하기를 모두 다 할 수 있습니다. 필요한 지식을 차곡차곡 쌓는 건 기본이고요. 그리고 제가 생각하는 교과서 공부의 최고 가치는 개념을 제대로 배울 수 있다는 거예요.

개념을 완벽하게
안다는 것

공부하는 데에 천군만마가 있다면 개념을 완벽하게 아는 것이라고 말할 수 있습니다. 학년이 올라갈수록 응용과 심화를 해야 하고 그럴수록 중요한 것이 개념이에요. 개념을 완벽하고 확실하게 아는 가치는 어려운 공부를 하게 되었을 때 더 드러나고 빛이 납니다. 그런데 개념이 중요하다는 말을 들어도 솔직히 그게 잘 와닿지는 않죠. 우리는 공부한 지 너무 오래되어서 그 효용을 기억할 수도 없을뿐더러 사실 개념은 쉽다고 생각하기 때문에 그렇습니다.

저는 아이의 수학 교과서를 보고 감탄한 날을 잊을 수가 없어요. 너무 당연해서 우리가 잘 안다고 착각하는 기초적인 연산이나 각종 도형 등의 기본 개념이 기막히게 잘 설명되어 있었습니다. 그것을 찬

찬히 보면서 '아, 이런 거였지!' 혹은 '아, 이런 거였구나!' 하고 감탄했어요. 그리고 개념을 이렇게 제대로 잘 알고 있으면 정말 대단하겠다고 생각했습니다. 그래서 혹시라도 아이가 어떤 개념을 물어보면 내가 함부로 말하면 안 되겠다고, 꼭 선생님께 설명을 듣게 해야겠다고도 생각했어요.

제 아이는 미리 공부하지 않았기에 초등 교과의 모든 내용을 학교 선생님께 처음 배웠습니다. 각 교과목을 이해하는 데 필요한 원리와 개념들을 교과서에 나오는 정의로 처음 접하고 익혔다는 뜻이에요.

대부분은 학교에 들어가기 전에 이미 많은 걸 배우고 들어갑니다. 특히 수학의 경우가 그러한데요. 늦어도 몇 개월에서 빠르면 몇 년이나 앞선 상태죠. 학원이나 집에서도 처음에 원리나 개념을 잘 배우고 시작하면 괜찮겠으나 그건 좀 힘든 일이에요. 학교보다 속도를 내는 데다가 학년별 눈높이에 맞춘 개념 설명이 힘듭니다. 개념은 빨리 설명하고 이건 이렇게 하는 거라고 방법만 알려주고 넘어가는 일이 많아요.

초등 3학년 때 아이가 "나도 선행이라는 걸 해볼까?" 하고 말한 적이 있습니다. 고작 초등 3학년이 말이에요. 이유를 물어보니 선생님의 설명에 "나는 이미 다 안다" "벌써 뒤에까지 다 풀어놨다" 같은 말을 하는 아이들이 있다는 겁니다. 그래서 자기도 해보면 어떨까 생각했다는 거예요. 저는 지금 나중 것까지 미리 배울 필요가 없다는 말을 여러 이유를 들어서 설명해 주고 아이를 안심시켰습니다. 그런데 이미 다 안다면서 뒤에까지 푸는 아이들이 학교 수업을 잘 들을 리가 없겠지요. 지금 당장은 앞설 수 있어도 장기적으로는 이런 태도가 어떤 영향을 미칠지 생각해 보세요.

교과서에 나오는 개념으로 배우고 익히고 그대로 입력해 놓은 아이는 기본이 탄탄할 수밖에 없습니다. 그리고 원리와 개념에 대한 상세한 설명을 집중해서 제대로 들었기 때문에 잘 잊히지도 않는 모양이에요.

이 글을 쓰면서 아이에게 몇 가지를 물어봤는데요. 고등학생에게는 이미 까마득할 법한 점, 선, 면, 직선, 사각형, 마름모 등의 정의와 정수와 자연수와 무리수와 유리수의 상관관계도 여전히 막힘없이 설명할 수 있었습니다.

또 초등학생이면 누구나 사다리꼴의 넓이를 구할 수 있을 거예요. 공식이 있으니까요. 하지만 왜 그 공식이 나왔는지를 아는 것과 그저 넓이를 구할 수 있는 건 다릅니다. 평행사변형과 마름모가 어떻게 다른지 명확하게 설명할 수 있는 건 대단한 거예요. 그것은 천군만마 이외의 말로는 표현할 수가 없습니다. 수학이 아무리 응용이 중요하고 문제를 많이 풀어보는 게 중요하다 하지만, 기본 원리와 개념을 완벽하게 알고 있으면 저절로 응용이 가능해지고 어려운 문제도 풀어낼 힘을 가지게 됩니다.

과학도 수학 못지않게 교과서에 있는 뜻과 개념과 원리가 중요합니다. 너무나 명확하거든요. 과학은 아이들이 흥미를 느끼는 과목으로, 학습만화 등에서 미리 익힌 어렴풋한 개념이 자리 잡았을 수 있습니다. 그래서 내가 이미 알고 있다고 착각하기 쉬워요. 그럴수록 학년마다 교과서의 명확한 개념을 반드시 점검하고 넘어가야 합니다. 나중에 어려워지는 교과목일수록 기본 개념을 잘 아는 것이 정말 중요해요.

과학의 경우엔 동네 도서관의 도서를 적극적으로 이용하면 좋습니다. 학교에서 달에 대해서 배웠다면 도서관에 가서 달에 관련된 책을 몇 권 빌려와서 읽어보면 더할 나위 없이 좋죠. 그러려면 부모님이 아이의 진도를 조금 신경 써서 따라가는 게 필요합니다. 매일은 아니더라도 주말에 잠깐씩 무얼 배웠는지 관심을 기울여 대화를 나누고 도서관에 가서 같이 책도 고르고 함께 읽으세요. 교과서에서 배운 내용을 다른 책으로 접하면 금상첨화입니다.

또 교과서에 나오는 활동을 해보고 싶다고 하면 집에서 어떻게 하냐고 하지 말고 함께 해주세요. 잘 안 돼도 괜찮습니다. 과학 유튜브를 통해서 과학적 흥미를 채워주는 것도 아주 좋고요. 최소한 주요 과목은 지금 어떤 부분을 배우는지 관심을 두세요. 그래야 아이가 어려움을 느끼는 지점이나 흥미를 보이는 분야를 알 수 있습니다.

양치기(문제를 보면 바로 풀 수 있도록 많은 문제를 풀어서 유형을 익히는 공부법)가 중요한 시기가 있고 기본 개념을 제대로 익히는 게 중요한 시기가 있습니다. 특히 초등 때는 새로운 개념이 쏟아지는 시기입니다. 개념과 원리가 나올 때마다 그걸 제대로 완벽하게 아는 게 매우 중요하다는 걸 부모님이 인지하고 아이가 잘 배우고 있는지 확인하세요. 그리고 이미 학년이 높아졌는데 개념을 잘 알지 못하는 게 아닌지 걱정되는 부모님은 수학 사전이나 과학 사전이 많이 나와있으니 아이와 함께 서점에 가서 맘에 드는 것으로 골라보는 것도 좋겠습니다.

제 아이는 이런 사전류를 좋아해서 여행을 갈 때 한 권씩 들고 갔어요. 숙소나 식당에서도 또 기차를 기다리는 지겨운 시간에도 재미있게 보았습니다. 이런 책도 공부를 잘하기 위해서 읽어야 한다고 강요받으면 읽기 싫을 거예요. 공부에 질리지 않고 공부에 압박이 없는 아이는 개념이나 원리 설명이 재미있게 느껴집니다. 그래서 자투리 시간에 재미로 읽을 수 있어요.

부모는 항상 아이의 공부에 관심을 기울이고 응원해 주면서 흥미와 재미를 느끼게 만들어주는 역할임을 잊지 마세요. 우리는 리액션 담당입니다.

단원평가를 준비하는 태도

초등학교는 공식적인 시험은 없어도 단원평가는 봅니다. 그걸로 내 아이의 학습 역량을 어림짐작해 볼 수 있죠. 초등학생 대부분이 학원에 다니고 그곳에서 테스트와 평가를 계속 받으니 아이의 역량을 안다고 생각할 수 있어요. 하지만 학원에서 말하는 것과 학교 성적이 꼭 일치하지는 않습니다. 그러니까 중학교 첫 성적표를 볼 때 쓰러질 것을 대비하여 매트리스 위에서 보라는 우스개가 있지요.

초등생이 주로 다니는 학원은 수학이나 영어일 텐데요. 그걸로 아이의 학습 역량을 판단하기엔 무리입니다. 어지간하면 학원에서 다 끌고 나갈 수 있어요. 그래서 초등학생의 학업 역량은 학원 진도와 상관이 없습니다. 초등생이 2년 선행을 한다고 잘한다고 단정할 수 없다는 뜻입니다. "옆집의 누구는 지금 어디를 한대!"라는 말은 어떤 것도 의미하지 않는다는 말이에요.

가장 믿을 만한 판단 기준은 아이의 태도입니다. 아이가 공부를 대하는 태도와 학습하는 태도를 보는 게 확실합니다. 결과는 상관없습니다. 당장 수능을 보는 게 아니니까요. 아이가 단원평가를 준비하는 태도로 내 아이의 학습 역량을 짐작할 수 있습니다.

이런 이유로 단원평가는 200% 준비해야 합니다. 받아쓰기와 같은 맥락입니다. 준비하는 과정이 전부기 때문이에요. 학교에서 배운 것을 확인한다는데 준비를 안 하거나 설렁설렁 한다면 그 아이는 공부를 잘하지 못하는 아이가 됩니다.

그런데 많은 초등생이 단원평가 준비를 학원이나 공부방을 통해서 시작합니다. 첫 평가 준비부터 당사자는 생각도 고민도 없이 하라는 것만 하고 말아요. 이렇게 해서 단원평가를 잘 본다고 해도 첫 시작부터 그러니 중등, 고등 때도 계속 누가 떠먹여 주는 시험공부만 해야 합니다. 단원평가를 200% 준비하라는 건 평가한다는 단원을 달달 외우고 문제를 풀라는 게 아니에요. 물론 당연히 공부해야 하지만, 단원평가를 준비하는 아이의 태도와 마음가짐이 우선입니다.

단원평가는 불시에 보는 경우도 더러 있지만 대체로 언제 본다고 안내가 올 거예요. 그러면 그것에 신경 써야 합니다. 자기 전에 갑자기 '내일 단원평가 본다고 했는데?' 하면서 놀라면 안 됩니다. 3일 후면 그 일정에 맞게, 일주일 후면 그에 맞추어서 내가 언제부터 교과서를 읽고 공부할 것인지 생각하고 실천해야 합니다. 물론 처음 몇 번은 엄마가 방법을 알려주고 함께 준비해야죠. 당연히 첫술에 배부를 수는 없습니다. 준비하고 평가받고, 그 경험을 통해서 다음번에는 실수를 줄이고 계획을 조정하고 더 알차게 준비하는 거지요.

단원평가나 수행평가, 체력평가, 건강검진 등 학교에서 하는 어떤 것이든 일정이 나오면 그것을 잘 준비해야겠다는 마음을 먹어야 합니다. 책임감을 느껴야 합니다. 신경 써야 해요. 알림장이나 통신문을 같이 보았을 테니 부모님도 알고 기억해야 합니다. 언제 어떤 평가를 하고 언제 어떤 학교 행사가 있는지 등을 달력이나 스마트폰에 메모해 두고 아이가 책임감 있게 준비할 수 있도록 미리미리 이끌어주어야 합니다. "단원평가 본다며? 얼른 공부해"라는 말만으로는 안 됩니다. 단원평가를 보기 전에 교과서를 읽고, 모르는 단어를 찾고, 완전히 이해될 때까지 읽는 것뿐만 아니라 선생님이 주신 프린트가 있으면 그것까지 잘 봐야 하는데요. 이것을 부모님이 이끌어주어야 합니다. 아이들이 그렇게 배우는 거예요. 그러려면 아이가 학교에서 그 교과서를 가지고 와야죠.

아이들에게 부담 주지 않기 위해서 바로 다음 날 단원평가를 본다고 하는 경우도 심심찮게 있습니다. 그러면 잊지 않고 교과서를 들고 하교해야 합니다. 만약에 교과서를 안 들고 왔으면 신경을 안 썼다는 거죠. 내일 단원평가를 본다는데 교과서도 안 들고 오는 건 있을 수 없는 일입니다. 그럴 때는 다시 바로 학교에 보내든지 함께 가든지 해서 교과서를 가지고 와야 합니다. 학교에 갔는데 문이 닫혀있어서 들어갈 수가 없는 상황이라면 서점이라도 가야죠. "다음부터는 꼭 책 가져와라" 하고 그냥 넘겨서는 안 됩니다. 책임감을 배워야 하니까요.

받아쓰기와 마찬가지로 초등학교의 단원평가는 기본적인 노력을 기울이면 성취를 얻을 수 있습니다. 언제나 과정이 중요합니다. 그리고 다시 한번 강조하는데 교과서보다 문제집이 더 중요하지 않습니다. 학원이나 공부방에서 질리게 문제 풀이를 시킨 아이들도 100점을 맞지 못하는 게 그 증거입니다. 교과서를 읽고 다 이해한 후에 아이가 문제를 풀어보고 싶다고 하면 그때 문제집을 사주면 됩니다. 그게 순서입니다. 학년이 올라갈수록 문제집이 필요할 수 있어요. 문제를 풀어서 내가 아는 지식을 확인하고, 내가 미처 생각하지 못했던 부분이나 모르고 있던 부분을 알게 되는 것도 좋은 공부입니다.

그리고 문제집을 샀다고 꼭 처음부터 끝까지 다 풀어야 하는 건 아니라고 생각해요. 기본 파트가 너무 쉽다면 넘어가도 괜찮습니다. 문제집의 효용이 있어요. 문제집은 내가 부족한 부분이 뭔지 알기 위해서 푸는 겁니다. 그걸 아이에게도 잘 알려주세요. 아이들은 맞아야 기분이 좋고 틀리면 기분이 나빠지는데, 내가 어디서 틀리는지 알아내

려고 푸는 것이 문제집입니다. 그걸 아이가 알아야 해요. 앞으로 수두
룩하게 틀릴 테니까요.

　성실하게 노력을 기울이면 결과가 잘 나올 겁니다. 하지만 결과가
생각만큼 좋지 않더라도 걱정할 게 없어요. 평가를 준비하는 마음가
짐과 책임감과 시간 활용을 제대로 배우는 게 훨씬 더 중요합니다. 시
행착오가 없을 수는 없습니다. 고작 초등 단원평가 결과 때문에 시행
착오를 두려워하면서 학원에서 공부시켜 주기를 바라면 중등과 고등
때 아주 큰 해일을 맞게 됩니다. 어느 종목이건 기본기가 중요해요.
당장은 늦을 수 있어도 기본기를 탄탄하게 쌓아가는 아이는 어마어
마한 폭발력을 가지고 있습니다.

학교 수업 잘 들으라는 뻔한 말

수업 잘 듣기도 교과서를 읽어야 한다는 말과 똑같이 진부한 말입니다. 하지만 이것의 중요성에 대해서 저는 굳세게 말하고 또 말하고 또 말합니다. 책에도 썼고 강연에서도 말하고 블로그에도 적고 질문에 대한 답으로도 수없이 말했지요. 그리고 여기에도 또 쓰려고 해요. 지겹고 뻔한 이야기일 거라고 넘기지 마세요. 혹시 여기에 비법이 있을까 하는 마음으로 읽어주세요.

요즘 아이들이 수업을 잘 안 듣습니다. 수업을 안 들어도 크게 혼나지 않는다는 이유도 있지만, 대부분은 초등학교 들어가기 전부터 학원의 맛을 보았기 때문입니다. 입학하면서부터 아는 내용을 계속 배우니까 처음부터 학교 수업에 관심과 흥미가 떨어집니다. 고학년의 경우엔 흥미까지 갈 필요도 없지요. 공부는 학원에서 하고 학교는 내신 때문에 다닌다고 생각합니다. 이런 상황에서 학교 수업 잘 들으라는 말이 현실적으로 강력한 힘을 가질 수가 없다는 걸 알아요.

하지만 공부는 태도로 하는 겁니다. 학교 수업을 잘 듣는다는 건 태도에 관한 이야기예요. 이게 그저 선생님의 말씀을 가만히 앉아서 잘 듣는다는 게 아닙니다. 그렇게 단순하고 쉬운 걸 제가 말하고 또 말할 리가 없지요. 수업 잘 듣기는 어려운 미션이에요. 그리고 누차 말씀드렸다시피 어려운 걸 하면 성과는 따라옵니다.

모두가 무시하는 학교 수업 잘 듣기는 단순하지 않습니다. 떠들지 않고 집중해서 선생님의 말씀을 듣는 것만이 아니고 수업 내용을 이해하고 각종 평가를 제대로 준비하는 것까지 모두 포함합니다. 이것은 절대로 쉬운 일이 아니에요. 그 시작점인 초등 때부터 선생님이 말씀하시는 내용을 이해하려고 집중하고 애를 써야 합니다.

더러 수업을 안(못) 듣는 이유 중에는 수업 내용을 잘 이해할 수 없기 때문인 경우가 있습니다(학년이 올라갈수록 이 비율이 높아집니다). 따라서 아이와 대화해서 수업 전에 미리 교과서를 읽어보는 등의 예습이 필요한지도 파악해야 합니다. 수업에서 이해가 안 되는 부분이 있으면 질문할 수 있어야 하고, 부족한 부분을 다시 살펴보고 틈을 메워야 해요. 학교 수업을 원활히 따라갈 수 있어야만 합니다. 이것만 제대로 해도 공부를 잘하게 됩니다.

"수업할 때 보면 눈을 아주 땡그랗게 뜨고 있어서 웃음이 날 때가 많아요." "어떨 때는 무서울 정도로 집중해서 쳐다보고 있어요." 제 아이의 초등 담임선생님들께서 해주신 말씀입니다. 중등 때도 다르지 않았어요. 수업을 잘 듣고 반응을 잘하는 학생이라는 이야기를 내내 들었습니다.

수업을 잘 들어야 한다는 말은 아이가 초등학생이 될 때부터 지금까지도 하는 말입니다. 그런데 단순히 "수업 잘 들어라" "선생님 말씀 잘 들어라"라는 잔소리로는 아이들이 수업을 잘 듣지 않아요. 말씀드렸듯이 수업 잘 듣기는 쉽지 않으니까요. 어릴 때는 집중력을 유지하기 힘들고, 좀 자라면 공부가 지겨운 데다 몸도 항상 피곤합니다. 그래서 수업을 잘 듣게 하려면 아이가 그것이 왜 중요한지를 확실하게 알고 있어야 해요. 그래야만 잘 들을까 말까예요.

제 기억을 곰곰이 떠올려보면 초등이나 중등 수업 시간에 감탄한 적이 꽤 많았어요. 새로 배우는 내용이 대단하다고 느꼈습니다. 수학만 해도 새로운 풀이법을 배우고 연습문제를 풀 때 희열이 있었죠. 미리 배운 적이 없어서 그랬을 거예요. 그러니 지금의 아이들은 이런 기쁨을 느끼기 어렵다는 점이 참 안타깝습니다. 물론 학원에서 배울 때도 느낄 수 있겠지만 미리 학습하는 아이들은 느끼고 감탄할 시간 자체가 절대적으로 부족합니다.

학교 수업을 잘 들으려면 아이가 그 중요성을 확실하게 알고 있어야 한다고 했는데요. 저학년은 수업 자체가 선생님의 설명을 통한 지식 습득보다는 활동이 많아서 다른 문제가 없다면 학교 수업을 잘 들을 수 있습니다. 문제는 초등 중고학년 그 이후예요. 아이들이 너무 피곤합니다.

따라서 수업을 잘 들으려면 생활 습관이 좋아야 하고 너무 많은 학원에 다니지 말아야 해요. 새벽까지 스마트폰을 들여다보거나 게임을 하면서 할 일을 미루다가 늦게 부랴부랴 하는 일이 없어야 한다는 말입니다. 또 학원 숙제에 치이지 말아야 하죠. 학교 수업 시간에도 학원 숙제 하는 아이들이 많습니다. 절대로 공부를 잘할 수 없습니다. 성취와 성장은 태도에서 비롯된다는 걸 뼈에 새겨 넣어야 합니다.

학교 내신이 가장 중요한 고등학교 때는 특히 더 수업을 잘 들어야 합니다. 모든 신 중에서 최고의 신이라는 고등학교 내신은 학교에서 수업하는 선생님들이 시험의 출제자고 생활기록부 작성자입니다. 따라서 수업을 등한시하고서는 좋은 성과를 바랄 수가 없어요.

그런데 수업을 잘 안 듣던 학생이 고등학생이 되었다고 갑자기 수업을 잘 들을 수는 없습니다. 인간은 필요에 따라 갑작스럽게 환골탈태하지 못합니다. 마음먹은 대로 행동할 수 있다면 무엇이 걱정이겠습니까. 고등학교 내신이 중요하니까 수업 잘 듣는 연습을 초등 때부터 하라는 말이 아닙니다. 뭐든지 기본이 중요하고 태도가 중요하다는 이야기예요.

비법은 다른 데 있지 않습니다. 마땅한 일들을 묵묵하게 잘 해내고 몸에 배게 하는 것이 비법입니다. 수업을 잘 듣는다는 건 바른 태도, 바른 습관, 책임감, 성실성, 노력, 집중, 예의가 전부 다 따라오는 것입니다. 어렵습니다. 어려운 걸 해내는 것이 비법이에요. 해본 사람만 알 수 있는 가치가 있습니다. 해보지도 않은 사람이 그건 아닐 거라고 말하는 건 아무리 떠들어 봤자입니다.

다이아몬드를 직접 보고 그것을 캐낸 사람의 말을 믿어야 합니다. 문제는 다이아몬드를 캐낸 사람은 대체로 과묵하다는 데 있어요. 반면에 단 한 번도 다이아몬드를 본 적 없는 사람들과 욕심만 가득한 사람들의 목소리가 너무 크다는 게 문제입니다.

모둠활동과
수행평가의 비밀

지필평가의 시대는 저물고 수행평가의 시대가 왔습니다. 지필평가가 아예 사라진 것도 아니고 여전히 중요하긴 하지만, 우리 때처럼 지필 시험이 평가의 모든 것이지 않습니다. 지금은 초중고 통틀어 수행평가가 거의 절반에 가깝게 이루어지고 있어요. 엄청난 비중입니다.

저는 수행평가를 매우 긍정적으로 생각해요. 지필만으로 알 수 없는 것이 있고 수행평가를 통해 자기의 소질을 발견하기도 하고요. 무엇보다 살아가면서 중요한 덕목을 배울 수 있기 때문입니다.

수행평가는 지필평가와 비슷한 종류의 시험일 때도 있지만, 그래도 논술, 구술, 보고서 쓰기, 관찰, 실기시험 같은 것들이 꽤 차지하고 있어요. 또 포트폴리오 평가라는 것도 있는데 수업 시간에 나누어준

학습지와 노트, 교과서 검사 등을 말합니다. 그러니까 수업의 참여 정도와 성실성을 평가하겠다는 겁니다. 드디어 성실한 아이들의 세상이 도래한 것입니다! 수행평가를 크게 걱정할 건 없습니다. 연습과 노력으로 충분히 성취할 수 있게 설정되어 있으니까요.

수행평가는 여럿이 힘을 합쳐서 하나의 과제를 완성해 내는 모둠활동이 많습니다. 모둠활동 과제를 보면 혼자서 하는 게 더 속 편할 것 같은 과제들도 보이죠. 하지만 굳이 모둠활동을 시키는 이유가 있습니다. 학교의 목적을 생각해 볼 때 모둠활동이야말로 그 목적에 가장 부합하는 활동이라고 생각해요. 학교는 협력을 배우는 곳이니까요.

지식 습득과 입시만 중요하다면 학교가 꼭 필요하진 않을 겁니다. 하지만 학교는 한 인간이 사회에 잘 적응하고 제 역할을 할 수 있도록 필요한 가치와 역량을 배우고 기르는 곳입니다. 세상은 혼자 살아나갈 수 없고 모든 일에 빠짐없이 다른 사람과의 상호작용과 협력이 필요한데, 학교의 모둠활동을 통해 이 연습을 부단히 할 수 있어요.

소통의 기술은 매우 중요합니다. 아이들은 모둠활동을 통해서 다양성을 받아들이는 연습을 하고 대화와 설득의 기술도 배울 수 있어요. 또 다양한 아이디어와 관점이 있다는 사실을 알아가고, 다른 의견을 수용할 수도 있게 되죠. 리더십을 배우는 학생도 있을 테고요. 여렷이 문제를 해결하는 과정에서 의견 충돌도 겪고 결국은 맞추어 가면서 아이들은 성장합니다. 서로의 장단점을 파악하면서 자신을 객관적인 눈으로 바라보는 능력도 생기겠고요.

어떤 모둠을 만나건 항상 더 하려는 아이, 덜 하려는 아이, 리더가 되고 싶은 아이, 수용적인 아이가 있습니다. 그리고 나의 모습도 모둠에 따라 달라지지요. 다양한 인간을 만나면서 수월하거나 어려운 과제를 해결해야 하는데요. 속상할 때도 있고, 재미있을 때도 있고, 시너지를 받을 때도 있고, 무력감을 느낄 때도 있고, 일이 잘 풀릴 때도 있고, 모든 게 다 꼬이는 때도 있을 거예요. 이 모든 경험 자체가 굉장히 중요합니다. 물론 결과를 내는 것도 중요하지만 이 과정을 겪는 게 중요합니다. 이러한 활동으로 배울 수 있는 항목이 다 쓸 수 없을 정도로 많죠. 모둠활동은 학년이 올라갈수록 늘어나고, 학년이 올라갈수록 어렵습니다. 하지만 모둠활동의 과정에서 아이가 많이 성장할 거예요.

모둠활동으로 마음 상하는 일은 무조건 생깁니다. 그걸 피할 방법은 없습니다. 대신 부모님이 많은 이야기를 해주세요. 상황에 따른 아이의 마음은 공감해 주되 그 경험으로 내가 배울 수 있는 것들을 말해주세요. 이 과정에서 아이가 성장할 수 있도록 이끌어주어야 합니다. 협력을 배워야 하는데 누가 안 하거나 덜 하니까 누구를 배제하자, 나는 억울하다, 그런 마음이 들지 않게 많은 대화를 나누어야 합니다.

아이들은 그런 마음이 들 수 있습니다. 사실 어른들의 세계에서도 이런 일은 비일비재하죠. 피할 수 없습니다. 그러니 그런 마음을 다독이고 가르치세요. 그것이 부모가 할 일입니다.

모둠활동이 '급우들과 협력해서 이루기'를 배우는 활동이라면 개별 수행평가는 '혼자 노력하고 연습해서 이루기'를 배우는 활동입니다. 어른의 눈으로 수행평가 과제를 곰곰이 들여다보면 이 과제를 왜 하라고 하는지 알 수 있습니다. 이 수행 과제를 통해서 기를 수 있는 능력이 뭔지 알게 됩니다. 그걸 아이에게 알려주세요.

다시 한번 말하지만 하래서 하는 것과 이것을 하면 어떤 것에 도움이 되는지 조금이나마 이해한 채로 하는 것에는 어마어마한 차이가 있습니다. 그리고 연습이 필요한 건 부모님이 함께 노력해 주세요. 혼자 연습해서 목표를 달성하면 좋겠지만, 잘 안 되는 것을 그렇게 하긴 힘듭니다. 아직 아이잖아요. 가장 중요한 건 노력을 들이면 점점 나아진다는 경험입니다. 그 경험 때문에 수많은 수행 과제를 한다고 봐도 좋겠어요. 그리고 다양한 활동을 경험하면서 나의 소질을 찾아볼 수 있다는 점에서도 수행평가는 의미가 있습니다.

수행평가 중에서는 각자의 역량에 따라 특히 부단한 연습이 필요한 종목들이 있을 거예요. 제 아이는 체육 관련 수행으로 번번이 애를 먹었습니다. 저는 체육 과목에서 곤란을 겪은 적이 없었기에 요령이 잘 붙지 않는 아이가 안타깝고 답답할 때가 많았어요. 하지만 누군가는 수학 과목에, 누군가는 국어에, 한문에, 과학에, 역사에, 음악에 애를 먹을 것입니다. 누구에게나 더 잘하는 분야와 잘하지 못하는 분야가 당연히 있어요. 연습을 통해서 조금씩 발전하는 데에 기쁨을 느끼고 나의 성장에 만족하는 걸 배워야 합니다.

축구공 리프팅 이야기는 앞선 글에 썼지만, 그 외에도 아주 많은 체육 수행을 함께 연습했습니다. 제 아이는 보통 3주 이상 열심히 연습해야 보통의 성과를 낼까 말까였어요. 줄넘기, 배드민턴, 배구, 농구는 물론이고 점수화가 되지 않는 체력 평가를 위해서도 매년 두세 달은 온 가족이 온갖 연습을 함께 했습니다.

아이 혼자서도 꺾이지 않는 마음으로 연습에 매진했던 종목은 저글링이었어요. 물론 처음에는 어이가 없을 정도의 실력이었지만 어쩐 일인지 이걸 굉장히 재미있어했습니다. 팔에 알이 배길 정도로 홀로 연습하더니 결국은 전교에서 가장 잘하게 되었어요. 그걸 보면서 잘하지 못하는 분야도 어떤 세부 종목에서는 재미를 느낄 수 있다는 걸, 또 재미를 느끼면 저렇게까지 혼자서도 연습하고 성과를 낼 수 있다는 걸 알게 되었습니다.

중등 수행평가에 대해 조금 더 말씀드립니다. 중등 때는 수행평가도 점수로 나오고 그 비율이 지필평가 못지않습니다. 하지만 학생들과 부모님들이 지필고사에만 너무 민감한 경향이 있어요. 수행도 지필평가 못지않게 중요하다는 걸 인지해야 합니다. 보통 성적표가 나온 후에 수행의 중요성을 깨닫는 경우가 많은데, 수행만 100%인 과목도 있고 적은 과목도 40%는 차지합니다. 중학교 수행은 노력과 연습을 들이면 A를 맞을 수 있도록 설계되어 있으니 어렵다거나 귀찮다고 포기하면 절대 안 돼요. 그런 마음을 부모님이 없애주어야 합니다.

중등 때 수행에 몰두한 경험은 고등 때 전부 다 도움이 됩니다. 고등 수행은 정말 만만치 않아요. 미리 연습한다 생각하고 어려워도 해보고 최선을 다하는 태도를 기르길 바랍니다. 또 내가 잘할 수 있고 흥미를 느끼는 종목을 찾는 데에 시간을 좀 써도 괜찮습니다.

그리고 자기 점수를 챙기고 관리하는 것 또한 중등 때 배워야 합니다. 말이 나온 김에 일화 하나를 말씀드릴게요. 중학교 3학년의 마지막 기말고사 첫날, 집에 온 아이가 시험에 대해 조잘조잘 말을 쏟아내다가 "아, 오늘 미술 쌤을 마주쳤는데, 나 학습지 하나가 없는 거 같다고 하셨어"라고 하는 겁니다. 1학기 때도 학습지 제출이 하나 비었다며 97점을 받았었어요. 그때는 성적이 나온 후에야 알게 된 일이었습니다. 그런데 2학기에도 똑같은 일이 생겼다니요? 제 아이는 과목별 바인더에 선생님이 주시는 프린트물을 순서대로 챙겨서 1년 치를 몽땅 들고 다니는 아이입니다. 아이는 학습지를 안 냈을 가능성이나 학습지를 잃어버렸을 가능성은 없다고 하면서도 "할 수 없지 뭐. 상관없어"라고 말했어요. 상관없다는 아이의 태도에 화가 났어요. "왜 상관없어? 3점 없어도 어차피 A니까 괜찮다는 거야? 중간고사 시험에서는 3점짜리 문제 하나 틀렸을 때 안타까워했잖아. 지필이 30%니까 3점이면 0.9점인데, 3점은 상관없다면서 0.9점으로는 왜 속상해했어? 3점 감점은 지필고사에서 대체 몇 개 틀리는 거야? 알아볼 생각도 안 하고 상관없다고 해? 귀찮아서 그래? 이런 태도로 뭘 하겠다는 거야? 네 점수를 네가 안 챙기면 누가 챙겨줘?" 아이는 저의 속사포 같은 말을 듣고 아무 말도 하지 못했어요.

다음 날의 시험공부보다 이 일을 먼저 처리하는 게 순서였습니다. 다른 과목 학습지에 섞였을 가능성을 생각해서 모든 과목의 학습지 파일 1년 치를 전부 뒤졌습니다. 그리고 냈어야 하는데 남아있는 학습지가 있는지도 다시 한번 확인했어요. 그런 건 없었습니다. "미술 선생님께 지금 바로 말씀드려. 상황을 잘 설명하고 다시 한번 찾아봐 달라고 부탁드려봐. 예의 있게." 결론은 사라질 뻔한 3점을 찾았습니다.

아이들은 성적 이의 신청에 적극적이지 않아요. 귀찮다는 마음이 클 겁니다. 하지만 자기 몫은 자기가 챙겨야 한다는 것도 배워야지요. 이것은 성실하게 열심히 노력한 자신에 대한 예의기도 합니다. 가르칠 것이 참으로 많습니다.

선행학습의
죽을죄

선행에 관한 이야기는 차고 넘쳐서 이제는 체할 지경입니다. 선행이 필요하다, 선행은 불필요하다, 학원이 문제다, 학부모가 문제다, 학교가 문제다, 온갖 이야기가 난무합니다. 선행학습을 하는 이유는 명백합니다. 잘하고 싶기 때문이죠. 좀 더 솔직하게 말하면 잘해서 앞서고 싶기 때문입니다.

내 아이가 너무 똑똑해서, 하나를 가르쳐주니 열 개를 알아버려서 선행하는 일은 아주 드물 거예요. 선행학습은 거의 부모의 요구로 이루어집니다. 아주 드물게 아이가 원하는 상황도 있긴 하겠지만, 대부분은 부모의 어떤 목표 때문에 선행학습을 시작합니다.

여기까지 읽은 분들은 거의 모든 글에 선행의 문제점이 녹아있다는 걸 눈치채셨을 거예요. 그러므로 굳이 따로 쓰지 않아도 되겠지만, 다시 한번 말씀드리려고 해요. 강조할 필요가 있기 때문입니다. 그리고 제가 특히 문제 삼는 건 초등학생의 무리한 선행이라는 점을 밝혀둡니다.

무리한 선행학습의 죽을죄는 한둘이 아니지만, 크게 두 가지로 볼 수 있습니다. 하나는 선행학습이 공부 못하는 아이를 만든다는 것이고, 둘은 부모와 자식의 관계를 악화시키는 주범이라는 것입니다. 선행학습의 크고 작은 온갖 문제는 결국 이 두 가지로 귀결됩니다.

당연히 예외가 있겠습니다만, 예외는 예외입니다. 선행학습으로 빛을 본 아이가 왜 없겠어요. 부모의 요구대로 따르고 그 속도와 과정을 모두 능히 소화하고 부모와의 관계 또한 더할 나위 없는 아이도 있겠지요. 하지만 우리 대부분은 그래프의 가장 두꺼운 부분에 속합니다. 그 범위를 벗어나지 않은 채, 이쪽과 저쪽을 왔다 갔다 할 뿐이에요.

공부를 잘했으면 해서 시작한 선행학습입니다. 그런데 선행학습 탓에 공부를 못하는 아이가 된다니, 이렇게 기막힌 일이 있을까요? 그리고 이런 이유로 공부를 못하는 아이가 되면 부모와의 관계도 망가지기 마련입니다. 왜냐하면 선행학습을 하느라 아이는 아이대로 심한 어려움과 괴로움이 있었고, 부모는 부모대로 투자와 기대까지 있었기 때문입니다.

인지와 역량에 맞지 않는 학습을 일찍부터 시작하면, 이해하지 못한 채 진도를 나가는 일이 반복되고, 아이의 공부 감정은 계속 나빠지고, 그러니 성적도 좋지 않고, 그래도 하던 선행을 계속하고, 성적은 계속 떨어지는 과정을 밟게 됩니다. 그리고 이 사이사이에 무수하게 많은 부모와 자식의 갈등이 생기고, 부모와 자식의 자존감이 떨어지며, 가정의 분위기는 엉망이 됩니다. 그런데 안타까운 사실은 이 과정에서 돌이킬 기회 또한 수두룩하게 많았다는 겁니다. 그런데 그걸 못 보거나, 봐도 모른 척했기 때문에 갈수록 돌이키기가 어려워지는 거예요. 못 보거나 봐도 모른 척하는 이유는 욕망이 너무 크기 때문입니다.

초등학생의 학습은 대체로 선행학습입니다. 처음은 그렇지 않더라도 단기간에 선행학습으로 넘어가기 때문이에요. 그리고 거의 모두 선행을 하다 보니 시작이 점점 더 빨라집니다. 이는 아이들이 고통에 빠지는 시기가 앞당겨지고 공부 못하게 될 확률이 높아진다는 뜻입니다. 아이의 역량을 모른 채로 시작하는 선행은 불지옥이 예견되어 있습니다. 위의 과정을 밟을 수밖에 없으니까요.

선행에서 빛을 보는 아이는 애초에 그걸 감당할 수 있는 아이로 무척 소수입니다. 내 아이가 그 모든 걸 다 감당할 수 있는 아이일 수도 있지만, 그걸 기대하는 건 도박과도 같다고 말씀드렸지요. 그런 헛된 기대가 바로 아이를 고통에 빠뜨리는 원흉입니다. 이로 인한 부모의 고통은 자초한 것이니 마땅히 감당해야 합니다. 하지만 아이들이 겪는 고통은 아이들의 잘못이 아니라는 점, 안 겪어도 되는 고통이었다는 점에서 너무나 안타까워요.

선행을 하게 되면 필연적으로 다른 아이의 진도와 비교하고 경쟁하게 됩니다. 이것은 자녀와의 관계를 악화시키는 원인이 되는데요. 어이없는 건 다른 아이와 비교 경쟁을 하면 할수록 더더욱 선행에 몰두하게 된다는 거예요. 빠져나올 수 없는 개미지옥에 빠지는 거죠. 맹목적인 마음이라서 중간중간 돌이킬 수많은 기회도 못 봅니다.

사실 무리하지 않고 다른 아이와 비교하거나 경쟁하지 않는다면 학원에 다니는 것은 괜찮습니다. 하지만 그건 정말 힘든 일일 거예요. 집에서 하는 선행이라면 제 아이가 그랬던 것처럼 차근차근 해나갈 수도 있고 비교나 경쟁을 하지 않아도 되기 때문에 자녀의 발전에만 초점을 맞출 수 있습니다. 하지만 학원에 다니는 경우, 이것에서 벗어나는 걸 보지 못했어요.

아이가 학원에 다니게 되면 부모님과의 대화는 점차 학원 숙제에 관한 잔소리로 바뀝니다. 또 누구는 어디를 한다더라, 잘한다더라, 무슨 레벨이라더라는 비교도 당하고요. 이제 아이에게 엄마는 공부만 강요하고, 숙제하라는 소리만 하고, 잘하는 다른 아이랑 자신을 비교하면서 속상해하는 사람이 됩니다. 상황이 이런데 어떻게 좋은 관계를 유지합니까?

물론 일하느라 어쩔 수 없이 학원에 보내는 분도 많이 계실 거예요. 하지만 대다수는 공부 잘하게 하려고, 더 앞서가게 하려고 학원에 보내는 것이기에 아무리 마음을 다잡아도 아이를 앉혀서 공부시키는 일이 시작됩니다. 그리고 학원은 이런 비교와 경쟁의 심리를 아주 잘 이용하죠. 레벨을 나누고요. 심하게 레벨을 나누는 학원일수록 더 명성을 얻는다는 게 이 시대의 비극입니다.

다른 아이들의 진도와 레벨에 신경 쓰지 않을 자신이 있다면 보내세요. 내 아이의 레벨을 내 자존감처럼 여기지 않을 자신이 있다면 말입니다. 하지만 아무리 난 아닐 거라고 해도 내 아이가 밑의 레벨에서 시작하거나 레벨 업을 하지 못하거나 유명하다는 학원 테스트에서 떨어지면 마음의 상처를 받고 불안해하고 아이를 향한 원망의 마음을 갖게 됩니다. 그리고 그런 마음은 반드시 아이에게 전해집니다.

학원은 지나치게 속도 경쟁을 합니다. 일단 진도를 쭉쭉 나가야 학부모들이 안심하고 좋아하기 때문에 속도를 내요. 진도 빼는 건 쉬워요. 아이의 이해 정도와 상관없이 진도는 뺄 수 있습니다. 초등 4학년이 중학교 과정을 공부하도록 만들 수 있습니다. 수포자가 되든 성적이 엉망이 되든 그것은 나중의 일이고 책임질 필요도 없으니 끌고 나갑니다.

그러면 어떻게 되나요? 여기저기 구멍이 숭숭 뚫리기 시작해요. 아이가 반드시 캐내야 하는 보석은 저 아래에 있는데 계속 대충 겉만 파면서 빠르게 지나가니까요. 의문을 품는 부모에게는 나중에 현행 때 깊이 팔 수 있다고 안심시킵니다. 어차피 몇 바퀴 돌릴 거 아니냐고 하지요. 속도가 빠른 학원은 구멍을 봐도 메워주지 않습니다. 그거 신경 쓰다간 진도를 나갈 수가 없는걸요. 부모가 알아차려야 해요. 구멍을 보면 잡아 세워서 구멍을 말끔하게 메꾼 다음에 다시 앞으로 가야 합니다.

하지만 결승선만 쳐다보고 있으면 아예 구멍을 보지도 못해요. 그리고 구멍을 보지 못한 죄는 모두 내 아이가 감당합니다. 보석을 잔뜩 가지고 시작해야 하는 고등학생 때가 되면 비로소 내 손에 보석이 하나도 없다는 걸 알아차립니다. 심지어 보석을 본 적도 없다는 걸 알게 돼요. 하지만 뭘 어떻게 해야 할지 방법을 알지 못합니다. 다른 방법은 배운 적도, 생각해 본 적도 없습니다.

초등 때는 달릴 때가 아니고 생활 습관과 학습 습관을 만들어야 하는 때입니다. 그런데 그런 토대는 안중에도 없이 목표를 향해 달립니다. 자신의 목표를 아이의 목표라고 정하고요. 사실 우기는 거죠. 내 아이는 공부를 잘할 거라는 근거 없는 믿음으로 어릴 때부터 아이를 몰아붙입니다. 제대로만 하면 공부를 잘할 수 있는데도 제대로 공부할 수 없는 환경을 애써 만들어놓은 셈입니다. 그래놓고 빨리 달리라니 힘든 건 아이죠. 기대만큼 달리지 못하면 아이 탓, 학원 탓을 하고요. 그래서 학원을 계속 바꾸고 아이에게는 더 큰 노력을 요구합니다.

물론 옆집 아이도 아랫집 아이도 벌써 중등 수학 들어갔다고 하면 급한 마음이 생긴다는 걸 이해해요. 하지만 빨리한다는 그 아이가 잘하는지 못하는지, 또 잘하면 얼마나 잘하는지는 알 수 없는 거예요. 그렇게 하지 않아도 초등 6년어치의 수학을 제대로 해내는 아이는 중학교 때 아무런 문제가 없습니다.

정말 아무리 말해도 아무도 믿지 않는데요, 초등 때 중등 것을 미리 할 필요가 없습니다. 중등 때 아이의 학습 역량을 보고 선행을 시작해도 정말 늦지 않아요. 늦지 않는 것뿐만이 아니라 축적된 에너지로 훨씬 더 힘차게 달려갑니다. 입시생도 아닌 어린 초등생들이 학교 끝나자마자 다시 학원에 가서 또 강의를 듣고 집에 와서 밤늦게까지 숙제에 시달리는 생활을 계속할 수 없다는 걸 왜 모르십니까.

학원에 의존하는 선행은 자기주도력을 상실하게 만듭니다. 초등 때부터 학원에 다니기 시작하면 아이도 부모도 학원에 길들여지거든요. 학원 없이는 아이가 공부 못할 것 같고 학원 안 다니면 애가 놀기만 할 것 같단 말이에요. 초등학교 때부터 아이가 학원 숙제만 겨우 하는 걸 봤기 때문이죠.

아이도 그렇게 생각하게 됩니다. 나는 학원 없으면 안 된다고. 혼자서는 뭘 어떻게 공부해야 할지도 모르겠고, 시키는 것만 하면 되는 학원이 아이도 점점 더 편하게 느껴집니다. 초등 때부터 학원에 길이 든 아이들은 중고등이 되면 학원에 전폭적으로 의지하는 학생이 됩니다. 학원을 동아줄처럼 생각해요.

중고등 학부모가 흔히 하는 협박이 뭔지 아세요? 학원 끊어버리겠다는 말입니다. 관두게 하겠다는 말이에요. 초등 때와는 상황이 역전됐죠. 아이들은 혼자 할 수 있는 기회를 박탈당한 채로 학창 시절을 보내는 거예요. 혼자 하는 것도 배우고 시행착오를 겪으면서 나한테 맞는 방법을 찾아야 하는데 부모가 시행착오를 허용하지 않습니다. 마음이 급하니까요. 그래놓고 나중에 "너는 학원을 그렇게 다녀놓고!" "누구는 혼공으로 1등 하더라" 같은 말을 합니다.

다시 한번 말합니다. 초등 때는 예습의 범위를 벗어난 무리한 선행을 절대로 시키지 마세요. 집에서 학교 수업 잘 따라가고 있는지 확인하는 걸로 족합니다. 그럴 때 싫은 소리와 비난, 잔소리 폭격을 하게 된다면 공부방이라도 보내는 게 좋다고 생각해요. 또 사정상 엄마가 체크하기 어렵다면 아이의 상태를 잘 따져서 필요한 부분을 채워주는 곳을 찾아야 합니다. 소규모인 교습소는 과제도 과하지 않게 조절할 수 있고 내 아이에게 신경을 써줄 수 있는 여력이 있을 거예요.

무리한 선행에는 무리한 과제가 따라옵니다. 숙제가 많아서 다른 활동을 하지 못하거나, 학원 숙제에 치여서 일찍 잠자리에 들지 못하거나, 학원 때문에 학교 수업을 등한시하게 되면 그것은 확실한 소탐

대실입니다. 똑똑한 아이나 선행 없이 잘할 거라고 속단하지 마세요. 부모의 근거 없는 속단이나 믿음 때문에 아이들이 노력하는데도 불구하고 공부를 못하게 됩니다.

공부는 아이의 일입니다. 아이가 부모를 위해서 공부한다는 마음을 갖지 않게 하세요. 그리고 반드시 주의해야 하는 것은 초등 때 공부에 질리면 안 된다는 거예요. 공부에 부정적 감정이 잔뜩 생긴 채로는 절대 중고등을 잘 보낼 수 없습니다. 좋은 성적을 낼 수 없습니다. 결국 중요한 건 고등 때의 성적 아닙니까?

초등 때 무리한 선행을 하다가 정작 본격적으로 공부를 시작하는 시점에서 뻗는 경우를 너무 많이 봤어요. 초등 공부가 엉망이라 중등 공부가 힘들어져 그럴 수도 있습니다만, 초등 때 너무 많은 공부를 억지로 했기 때문에 한계에 도달한 경우도 정말 많습니다. 두 경우 모두 현재의 공부에 충실하지 않았기 때문에 벌어지는 일이에요. 아이와 대화를 많이 하세요. 함께 고민해 보고 방법을 찾아야 합니다. 무엇을 하든 소통해야 합니다. 결국 아이의 일이니까요.

후행할
용기

초중고의 학습 과정은 이해하고 다음 단계로 나아가면 큰 어려움이 없도록 설계되어 있습니다. 기존에 배운 지식에서 확장되고 강화된 내용이 나오지, 갑자기 양자물리학이 나오는 게 아니에요.

내가 현 과정을 이해할 수 있느냐의 열쇠는 전에 배운 과정을 얼마나 제대로 잘 이해하고 있느냐에 있습니다. 그러니 지금 내가 배우는 게 이해가 안 되면 다시 앞으로 돌아가야 해요. 그건 너무 당연한 거지요. 소설을 읽을 때조차 지금 상황이 잘 이해가 안 가면 다시 앞쪽을 읽고 오잖아요. 그런데 이토록 당연한 것이 왜 이렇게 어려울까요. 제 학년 과정을 공부해도 늦다고 말하는 세상이라 그럴까요? 그런데 조금 앞쪽도 아니라 아래 학년으로 돌아가야 한다면요? 아마 받아들이기 꽤 힘들 겁니다. 실제로도 그걸 창피하게 생각하는 사람들이 의외로 많더라고요. 그러니까 그놈의 체면 때문에 후행을 못 하는 겁니다. 제가 용기라고까지 쓴 까닭이 있지요.

아이 중학교 2학년 때의 일을 말씀드려야겠어요. 이번 수학 선생님은 시험에 굉장히 창의적이면서 고난도인 문제를 꼭 몇 개 섞는 분이라고 하더군요. 전교에 100점이 한 명 나올까 말까 하다고 했습니다. 근처 다른 학교의 학부모들도 그 선생님이 부임할까 걱정한다는 소문을 저는 우연히 귀동냥으로 알게 되었어요. 시험을 치러 보니 확실히 어렵고 독특한 문제를 내시더라고요.

제가 이 선생님에 대해서 달리 생각한 건 시험 후의 일화 때문이었습니다. 선생님 말씀이 수학 점수가 50점도 안 된다는 건 초등 수학이 안 되어있다는 뜻이라면서, 반드시 지금 초등 수학을 다시 해야 한다고 하셨대요. 하지만 중학교 2학년이 초등 수학을 배우러 학원에 갈 수는 없을 테니까 선생님이 직접 5학년 것부터 가르쳐주겠다면서 방과 후에 모이자 하셨답니다. 아이에게 이 일화를 전해 듣고 너무 놀랐지 뭐예요. 이렇게 훌륭한 선생님이 계시다니, 어디에 편지라도 보내고 싶은 심정이었습니다.

그때 학생들이 선생님을 얼마나 찾아갔는지는 모릅니다. 하지만 선생님을 찾아간 학생이 있다면 그 학생 또한 정말 훌륭한 학생이겠지요. 잘해보고픈 마음에 자신의 방과 후 시간을 공부에 할애할 작정을 했으니까요. 더불어 3년이나 후행하여 초등 5학년 수학을 공부할 용기까지 낸 것이니까요.

저는 선행하는 학생과 부모님에게 정말 궁금한 게 있어요. 선행 과목의 대표 주자인 수학을 예로 들어봅시다. 아이가 갑자기 중등 수학이나 고등 수학을 공부하는 게 아니고 초등 1학년부터 모든 과정을 다 밟아서 앞으로 나간 것이잖아요. 그렇다면 지금 성적이 잘 나와야 하지 않나요? 초등 때 단원평가를 보면 100점이 안 나와요. 중등 때도 학교 시험이 100점 가까이 안 나오고요. 근데 왜 계속 선행을 하는 걸까요? 저는 이게 정말 이해가 안 됩니다.

초등 단원평가를 80점 받는 아이가 중학교 수학을 공부합니다. 중학교 수학 시험을 70점 받는 아이가 고등 수학을 하고 있어요. 저는 이걸 어떻게 이해해야 할지 모르겠어요. 학생이나 학부모 모두 이게 말이 안 된다는 걸 왜 모르는 거죠? 이전의 과정을 잘 아는 게 선행학습의 조건 아닙니까? 단지 선행학습을 한다는 사실이나 선행하는 학생이라는 게 중요한 겁니까? 아니면 초등과 중등 성적은 버리는 건가요? 그것도 아니면 별다른 계획이나 생각도 없이 다들 한다니까 하는 건가요?

두 가지 사례를 말씀드리겠습니다. 중학교 2학년 첫 시험에서 수학을 겨우 80점 받았다는 아이가 있었어요. '겨우'라고 말한 이유는 초등 4학년 때 중등 과정을 시작할 정도로 수학에 꽤 소질이 있다고 했기 때문입니다. 중학교 2학년 때는 고등학교 2학년 과정을 들어갔고요. 그러니 아이 엄마는 저에게 이게 무슨 일이냐면서 하소연하였습니다. 저라면 중학교 1학년 것부터 구멍이 있는지 점검하겠다고 했죠. 지금은 고등 수학을 할 때가 아니고 구멍을 찾아 메꿀 때라고, 시간이 충분할 때 알아차렸으니 얼마나 다행이냐고도 했지요.

하지만 안 했어요. 고작 1년 전 과정을 점검하는 것인데도 안 했습니다. 제가 고민한 시간과 수차례나 대화한 시간이 무색하게 꿈쩍하지 않았어요. 긴 시간이 걸리지도 않을 텐데 계속 고등 수학을 선행했습니다. 이후로 중학교 3학년 2학기까지 세 학기를 더 거치면서 수학 점수는 일부러 그런 것처럼 10점씩 떨어져서 50점대로 중학교를 마쳤어요.

중학교 3학년이 되면서 피아노 전공을 접은 아이의 사례도 말씀드릴게요. 피아노에 주력하느라 공부를 등한시했는데 어떡하냐며 아이도 엄마도 걱정이 대단했습니다. 이제 중3이고 절대 늦은 게 아니라고 말씀드렸고, 그것은 명백한 사실이기도 했죠. 그런데 학교 시험 성적을 물어보니까 놀랍게도 위 사례의 아이와 점수가 비슷했습니다. 그 지점이 참 아이러니하다고 생각했어요.

솔루션은 같았습니다. 중학교 1학년 것부터 다시 하는 게 좋겠다고 권했고, 초등 수학은 문제가 없는지도 확인해 보라고 했습니다. 혼자 할 자신이 없으면 과외라도 하는 게 좋겠다고 했는데, 아이는 혼자서 초등 6학년 수학을 시작했어요. 피아노를 연습하던 근성이 있어서인지 혼자서 꿋꿋하게 했습니다. 3학년 1학기 여름방학 시작 전에 중2 수학까지 끝내고 여름방학 때는 중3 수학을 시작할 수 있었어요. 결국 중학교 마지막 학기에는 100점을 받아내더라고요. 고등학교에 가서도 잘하겠지만, 이 아이는 성적에 상관없이 정말 아무런 걱정이 없겠다고 생각했어요.

급할수록 돌아가라는 옛말은 얼마나 맞는 말인지 모르겠습니다. 세상의 모든 일에 적용되는 이 말은 특히 아이의 일에 가장 알맞은 것 같아요. 급해서 되는 건 하나도 없더라고요. 급할수록 잠시 숨을 돌리는 시간이 필요합니다.

아직 중학생, 고등학생인 아이들에게 너무 앞서기만 하라고 하지 마세요. 못하는 걸 잘하게 만드는 게 중요한 것 아닙니까? 잘하는 것처럼 보이는 게 중요한 게 아니잖아요. 후행은 용기가 필요한 일도 아닙니다. 당연하게 해야 하는 일입니다.

첫 사례의 아이처럼 줄곧 선행하던 아이는 후행할 용기를 차마 내지 못할 수도 있습니다. 그러면 부모님이 나서서 아이를 안심시키고 불안을 없애주고 격려해 주어야죠. 그래도 모자랄 판에 부모님이 더 불안해하고, 다른 애들은 지금 다 미적분을 하는데 작년 걸 다시 하면 그만큼 더 뒤처지지 않겠냐고 하면 어떡합니까. 고3 때 다시 중등 과정으로 돌아가기도 합니다. 물론 그때도 늦지는 않지만, 안타까운 건 사실이죠. 부모님이 생각을 제대로 해야 합니다. 그래야 제대로 길 안내를 해줄 수 있습니다.

시험 본 날
하는 것

시험이 아무렇지 않은 아이는 없을 겁니다. 공부를 잘하건 못하건, 시험 준비를 많이 했건 못 했건 각자의 두려움과 고충과 스트레스가 있을 거예요. 학년이 높아질수록 시험이 갖는 중요성은 높아지고 그만큼 중압감과 스트레스도 상승 곡선을 탑니다. 시험 때문에 울고 웃고, 세상이 망한 듯이 절망하기도 하지요.

고등학생의 경우에는 모든 시험 하나하나가 자기 인생을 결정한다고 생각하기 때문에 극도로 예민합니다. 그런데 부모님의 마음까지도 걱정하고 헤아려야 하니 보통 힘든 게 아닐 거예요. 아이들은 시험 결과에 속상하고 절망한 자신의 마음을 추스를 새도 없이 부모님을 떠올립니다. '엄마 아빠가 실망하면 어떡하지' '무척 속상해하실 텐데' 하면서 부모님에게 편지도 쓰죠. 고등학생들은 시험 때마다 대역죄인이 되어서 잘못했다고 용서를 빌고 다음에는 잘할 테니까 믿어달라고 해요. 초등이나 중등 아이들도 정도만 다를 뿐 엄마와 아빠를 떠올리고 마음을 쓰는 건 마찬가지입니다.

시험 결과로 자녀를 혼내는 부모도 있습니다. 시험을 못 본 게 혼날 일일까요? 물론 시험 준비를 소홀히 했다거나 답을 한 줄로 찍는 등 성의조차 없었다면 혼나야죠. 책임감이 없는 행동을 하면 단단히 가르쳐야 합니다.

하지만 부모의 기대만큼 시험을 못 봤다는 이유로 화를 내거나 혼내는 게 맞는지는 생각해 볼 필요가 있어요. 자녀의 시험 결과로 나는 왜 화가 나는지 들여다봐야 합니다. 아이의 인생이 너무 걱정되어 화가 나나요? 학원비로 돈을 이렇게 썼는데 100점이 아니어서 화가 나나요? 아니면 단지 내 아이가 공부를 잘하지 못한다는 사실이 화가 나는 지점인가요? 실망과 속상함은 충분히 이해하지만, 화가 솟구친다면 마음을 점검할 필요가 있습니다. 그리고 팩트는 화내고 혼을 내서 달라지는 건 없다는 사실이에요. 오히려 아이를 불안의 늪으로 떠미는 행동입니다.

초등과 중등의 시험 목적은 내가 잘 배웠는지, 모르는 것이 무엇인지를 알기 위함입니다. 또 시험을 보면 더 확실하게 공부할 수 있죠.

시험을 치른 단원과 치르지 않은 단원의 습득량은 꽤 차이가 납니다. 또 시험을 치르면서 노력을 기울이고 성취하는 것을 배웁니다.

고등 때도 이 모든 요소가 다 포함이지만 상대평가이므로 내 점수의 위치가 중요한 시기입니다. 그래서 담담하기가 참 힘들어요. 멘털 관리라는 말이 괜히 나온 게 아닙니다. 그래서 어려서부터 시험을 대하는 태도와 마음이 중요합니다. 성취도 평가에서도 일희일비하는데 상대평가를 어떻게 감당하고 버티겠습니까.

저는 아이의 시험 결과에는 늘 차분하려 노력합니다. 안타까울 때가 왜 없겠습니까. 어처구니없는 상황이 셀 수가 없죠. 그래도 아이의 감정이 크게 흔들리지 않길 바라면 부모부터 그래야 하지요. 시험으로 속상한 자녀의 마음을 부모가 다독이지는 못할망정 상처에 또 상처를 입힐 수는 없습니다.

부모와 자식의 관계에서 상대방의 마음을 먼저 헤아려 주는 쪽은 항상 부모여야 합니다. 아이의 노력과 마음을 먼저 봐주고 헤아리면 아이의 시험 결과에 담담하게 됩니다. 그러면 아이도 결과에 담담할 수 있어요. 이래도 흥 저래도 흥 한다는 게 아니고 감정 기복으로 힘들어하지 않는다는 거예요. 시험을 못 보면 그것 자체로만 속상하지, 자기 자신을 비하하거나 엄마 아빠의 마음을 헤아리고 걱정하느라 마음이 소진되는 일이 없습니다. 그리고 시험 결과에 담담해야 시험을 제대로 분석할 수 있습니다.

시험을 보고 온 날 해야 하는 일은 시험 분석입니다. 비난이나 질타, 후회, 분노가 아니고요. 시험은 이미 지나갔습니다. 중요한 건 앞으로의 시험이에요. 앞으로 같은 실수를 반복하지 않는 게 중요해요. 어떤 부분에 더 노력해야 하는지를 아는 게 중요합니다.

시험 분석의 첫 시작은 초등 받아쓰기부터입니다. 집에서는 잘하더니 왜 틀렸냐고, 어제 그렇게 연습하지 않았냐고 아이를 나무라지 마세요. 처음 시험부터 그런 질타와 압박을 받으면 시험 때마다 불안해서 앞이 캄캄해지는 아이가 됩니다. 결과를 보고 앞으로 더 잘하기 위해서 무엇을 어떻게 할지 아이와 대화하면 됩니다. 띄어쓰기가 어려웠는지, 맞춤법이 어려웠는지, 떨려서 생각이 안 났는지 좋게 대화해야죠. "연습 횟수를 늘려볼까?" "받아쓰기하는 날 아침에도 연습하고 등교하면 좋을까?" 그런 건설적인 이야기를 나누어야 합니다. 그러면 아이도 자기가 더 잘하기 위해서 어떤 걸 해볼지 생각해 보고 노력을 기울입니다.

단원평가도 마찬가지예요. 평가 결과를 알려주지 않는 선생님도 계시지만, 시험지를 집으로 보내주면 틀린 문제를 함께 보고 왜 틀렸는지 생각하고 대화해야 합니다. 실수가 있었다면 실수하지 않을 방법을 일러주고, 문제를 제대로 읽지 않았던 거면 문제를 제대로 읽는 연습이나 중요한 부분에 밑줄을 치는 연습을 해보자고 하면 됩니다. 연산에 실수가 있었다면 아무리 쉬운 연산도 침착하게 계산하고 검산도 꼭 해야 한다는 걸 알려주고요. 다른 과목도 문제를 보면 왜 틀렸는지 알 수 있고, 그것을 아이와 함께 보면서 해결책을 찾아야 합니다.

중등부터는 시험 당일에 정답지가 나와서 바로 결과를 알 수 있습니다. 중등 시험은 보통 3일 동안 보는데, 아무리 다음 날의 시험공부가 급하다 해도 그날 본 시험은 집에 오자마자 시험지를 보면서 분석해야 해요. 몰라서 틀리는 건 괜찮다고 수없이 말했지요. 하지만 덤벙거려서 문제를 제대로 파악하지 못하거나 말도 안 되는 실수를 했다면 그건 반성하게 합니다. 채점해 온 시험지를 펼쳐놓고 틀린 문제를 하나하나 같이 보면서 이건 이래서 틀렸고, 이건 저래서 잘못 생각했고, 이 문제는 도저히 모르겠더라는 식으로 설명하고 함께 분석합니다. 실수는 인정하고 몰랐던 건 알면 됩니다.

시험 결과에 줄곧 비난당하고 혼만 나던 아이는 답안지가 교실에 붙어도 시험지를 채점해 오지 않습니다. 시험지를 집으로 가져오지 않거나 아예 버리기도 해요. 성적표가 나오기 전에 지필고사 정오표가 먼저 나오고 수행 점수표도 나오는데 중3이 되도록 그걸 한 번도 본 적이 없다는 부모도 있습니다. 아이가 시험에 대해서는 말하지도 않고 보여주지도 않기 때문이죠. 이유는 명확해요. 왜 일찍부터 혼나는 걸 선택하겠어요? 어차피 받을 비난이라면 최대한 미루는 게 당연하지요. 같은 이유로 아예 점수를 거짓말하는 일도 비일비재합니다.

자녀가 성적을 감추려는 모든 행동의 원인은 부모에게 있어요. 부모님이 결과에 일희일비하는 모습만 봐왔다면 저라도 속이고 말하지 않겠습니다.

또 자녀가 시험지를 관리하는 모습이나 채점하는 방식을 보면 시험을 대하는 감정을 알 수 있어요. 시험지가 얼마나 미운지 최대한 꼬깃꼬깃하게 접고 뭉치는 아이가 있고, 조금이라도 구겨질세라 소중하게 다루는 아이가 있습니다. 또 정오 표시를 동그라미와 빗금으로 깔끔하게 표시하지 않고 틀린 문제에 빗금을 마구 칠해놓는다거나 틀렸다는 짜증을 시험지에 마구 표현하기도 합니다. 시험지만 봐도 아이의 감정 상태를 알 수 있지요.

부모가 화내고 혼낼까 봐 공부하는 아이로 만들지 마세요. 혼낸다고 아이가 더 깊이 반성하고 더 노력을 기울여서 다음에 성적을 올리는 것도 아니잖아요. 줄 세우는 시험에 돌입하기 전부터 시험을 스트레스와 불안의 대상으로 만들지 말아야 합니다. 시험을 왜 보는지, 시험을 대하는 자세는 어때야 하는지, 시험공부를 어떻게 하는지, 시험 결과를 보고 뭘 해야 하는지를 알려줘야 합니다. 가르쳐줘야 배웁니다.

가족이라는
원팀 파워

우리 가족의 일상은 대체로 유쾌합니다. 사소한 일로도 함께 웃는 일이 아주 많은데, 하루에 한두 번은 너무 웃다가 눈물을 흘릴 정도로 명랑한 마음가짐으로 살아갑니다. 모르는 사람이 보면 지금까지의 여정이 꽃길까지는 몰라도 돌밭은 아니었겠다고 생각하겠지만 그런 인생은 없지요. 우리는 난관이 생길 때마다 유연하게 넘었습니다. 누구에게나 그렇듯 때때로 거센 난관도 닥쳤지만, 그때마다 주저앉지 않고 서로를 돌보면서 잘 이겨냈어요. 이건 우연이나 행운의 산물이 아니고 노력의 결과입니다. 그리고 누구 한 사람의 노력이 아니고 가족 구성원 모두가 자기의 시간과 에너지를 가족을 위해서 쓰기 때문이라고 생각해요. 거친 돌밭도 잘 굴러갈 수 있는 건 하나로 단단하게 뭉치기 때문입니다.

　최근에 가장 집중하여 원팀의 힘을 발휘한 일은 아이의 과학고 입시였습니다. 또 많은 분이 궁금해하는 주제이기도 해서 과학고 이야기로 마무리할까 해요. 최종 합격 후 제가 가장 많이 들었던 말은 "사교육 없이 이게 된다고?" "여행만 다니더니 이게 된다고?"였어요. 우리를 오래 지켜본 사람들은 우리의 방식을 알기에 오히려 더 놀라기도 했지요.

　앞서 쓴 대로 과학고에 지원한 목적은 아이가 목표를 갖고 공부했으면 좋겠다는 바람이 가장 컸습니다. 하지만 지원하자고 결정했으니 마땅한 준비를 해야 했지요. 우리는 우리 방식대로 준비했어요. 우리 방식이란 돌다리도 거듭 두드려 보면서 지독하게 고민하고 토론하여 결정하는 것이고, 결정하면 최선의 최선을 다하는 것입니다. 또 있을 수 있는 모든 결과에 준비하고 대비하는 것이고요.

　과학고 지원을 앞두고 6개월 동안은 매일 남편과 대여섯 시간씩 대화했습니다. 각자 알아낸 정보를 교환하는 건 물론이고 정말 우리 아이에게 맞을까를 끝없이 토론했어요. 아이에게는 목표가 있다는 것의 유리함과 준비 과정의 의미만을 강조했지만, 부모인 우리는 아이가 합격했을 때와 불합격했을 때의 모든 가능성을 전부 다 생각해야 했습니다.

지원하자는 결정까지가 가장 오래 걸렸어요. 과학고에 합격했을 때 벌어지는 일들도 고려해야 하니 결정이 쉽지 않았습니다. 어마어마하게 빠르고 어렵다는 과학고 공부를 선행이 거의 안 되어있는 아이가 해나갈 수 있을까의 고민이 가장 큰 걸림돌이었어요. 대학 간판만을 놓고 봤을 때 가장 불리한 학교가 오히려 과학고일 가능성도 있었습니다. 집에서 가까운 일반고가 가장 나은 선택일 수 있었죠.

하지만 저나 남편은 대학 간판에는 융통성이 있고, 미래의 행복만큼 현재도 무척 중요하다고 생각했어요. 고등학교 3년은 무척 길고 소중한 시간입니다. 대학 진학의 통로와 도구기만 한 건 아니죠. 훌륭한 친구들과 선생님들과 함께 어려운 커리큘럼을 공부하는 3년은 아이의 인생에서 빛나는 순간이 될 거라고 생각했습니다. 여기에는 특유의 의연함을 가진 아이의 성격도 한몫했습니다. 성적에 일희일비하지 않고 어떤 상황에도 자존감이 떨어지지 않을 거라는 믿음이 있었어요.

원서를 접수하고 나니 일반전형의 경쟁률이 5.54대 1로 최근 들어 가장 높았습니다. 정말이지 오히려 좋다고 생각했어요. 낯설고 막막했지만 우리는 우리 방식으로 열심히 준비하였습니다. 이런 기회를 가져본다는 자체가 정말 감사한 일이고, 그래서 최선을 다하는 것이 예의라고 하면서요.

이 과정에서 서로를 위한 노력과 단합이 정말 대단했다고 생각해요. 최선을 다해본 사람은 알 것입니다. 최선을 다하면 과정이 전부가 되거든요. 그래서 이 경험만으로도 과학고에 지원한 혜택을 톡톡히 누렸다고 여겼습니다. 진심으로요. 어린 나이에 자기소개서를 써보고 면접을 준비하고 극도의 긴장감을 다스리면서 입시를 치러 보는 모든 과정은 더할 수 없이 소중한 경험이고 우리는 그걸 차례차례 누렸습니다. 그래서 저나 남편이나 아이까지도 어떤 결과가 나오더라도 아주 기쁘게 마무리할 수 있는 마음이 되었어요.

과학고는 학생 선발이 굉장히 중요한 일이기 때문에 오랜 시간 꽤 많은 선생님이 투입되어 학생을 선발합니다. 선생님들은 학생 선발에 베테랑이고 그 과정은 치밀하고도 정교해서 오류가 없다고 해요. 아이에게도 운이 좋아서 붙거나 운이 나빠서 떨어지는 일은 단연코 없을 것이라고 단단히 일러두었습니다. 붙으면 역량이 있어서 선발된 것이니 기쁜 마음으로 공부하면 될 것이고, 떨어지면 과학고에 맞지 않거나 실력이 모자라는 것이니 이 결과를 다행으로 받아들여야 한다고 했습니다.

과학고 합격은 딱 3일만 좋다는 말이 있어요. 앞으로의 공부에 대한 걱정이 파도처럼 밀려들기 때문입니다. 학교생활도 만만치 않죠. 실제로도 해야 할 과제가 비처럼 쏟아지고 시험은 매우 어렵고 내 아이가 감당하기 힘들어 보이는 날들의 연속입니다.

하지만 저는 처음보다 갈수록 더 좋습니다. 입학 전까지는 아이가 공부에 애먹을 걱정으로 막막했는데 막상 입학하고 나니 아이의 역량만큼 성장할 수 있는 학교라는 생각에 자잘한 걱정은 떨쳐버렸어요. 아이는 여전히 시험 결과로 일희일비하지 않고 중등 때와 다름없이 명랑하고 쾌활합니다. 예상한 만큼 공부에 어려움은 있지만 아이는 항상 "에이, 괜찮아!"라고 말하며 웃습니다. 이 모든 상황 역시도 노력의 결과예요.

아이의 과학고 입학 이후에도 남편과 사막의 모래알만큼이나 많은 대화를 나눕니다. 어떻게 하면 아이가 안정되고 편안한 마음으로 공부할 수 있을까를 항상 고민합니다. 모든 상황을 좋게 보려고 애쓰고, 아이에게는 늘 긍정적인 피드백을 주죠.

과학고 내신은 눈물이 쏙 빠지게 경쟁이 치열하다지만 저희는 조금 자유롭습니다. 성적 때문에 안달복달하지 않고, 친구들과의 심한 경쟁에 시달리며 맘 상하거나 좌절하지 않고, 명랑한 마음으로 최대한 많은 것들을 경험하는 신나고 알찬 3년을 보내자고 입학 전부터 단단히 약속했었습니다. 대학 간판 못지않게 학교에서 보내는 시간이 중요하다고 보는 겁니다.

하지만 과정에 만족하려면 최선을 다해야 하죠. 내 아이가 몸과 마음을 건강하게 유지하고 최선을 다할 수 있도록 동기부여 하기 위해서 저와 남편은 매일 많은 대화를 나누고 아이에게도 아주 많은 말을 건넵니다. 중요한 건 과정이고 결과가 아니라는 사실을 항상 생각해야 해요. 결과는 결과일 뿐입니다. 결과는 받아들이는 대상이지 욕망하는 대상이 아니에요.

가족이 하나의 팀이 되어 무언가에 노력을 쏟는 경험은 정말 대단합니다. 성취감과 만족감이 있어요. 강력한 유대감과 깊은 안정을 느끼게 됩니다.

원팀이 되는 경험은 특히 배낭여행을 할 때 아주 많이 경험했지요. 배낭여행은 가능하면 적은 돈을 쓰면서 걷기도 많이 걷는 다소 고생스러운 여행 방식입니다. 그래서 배낭여행을 하다 보면 크고 작은 난관과 시련이 계속 닥쳐요. 그걸 버텨내거나 해결하려면 마음이 맞아야만 합니다. 그러지 않으면 되는 일이 하나도 없기 때문이에요. 그래서인지 배낭여행을 하는 동안에는 지구에서 오직 우리뿐이라는 절박한 심정으로 더 강력하게 뭉치게 됩니다. 원팀이 되어 함께 해결하고 감당하고 버텨내고 기뻐하는 일이 배낭여행 중에는 하루에도 부지기수예요. 그런 차돌 같은 경험이 무수히 쌓여서 생긴 근력으로 일상에서도 아주 잘 단합할 수 있습니다. 그래서 어지간한 걸림돌은 '영차!' 하고 넘어갈 수 있고, 협력해야 하는 일에는 보다 강력한 힘을 낼 수 있다고 생각해요. 이 정도면 "여행만 다니더니 이게 된다고?"의 대답이 되겠습니까?

과열된 세상에서
내 아이를 지키는 법

공부에 관한 이야기를 잘 풀어가기가 참 어렵습니다. 공부 잘하는 아이의 부모가 이야기하면 '애가 공부 잘하니까 저런 말을 하지' '아무려면 애가 원래 똑똑했겠지' 이런 생각을 하고요. 반대의 경우에는 애가 공부 못하니까 저렇게 생각하나 보다고 여깁니다. 이 분야의 최고 권위자가 아니면 뭘 어떻게 써도 이러쿵저러쿵 말을 듣게 되어있습니다. 그리고 아이들의 성향과 상황이 모두 다르니 생각도 각자 다른 게 당연할 텐데요. 그래도 제 글을 통해서 미처 생각하지 못한 부분이나 잊고 있던 본질을 발견하셨으면 합니다. 그래서 고민하길 바라고 가족들끼리 대화할 수 있는 마중물 역할을 하길 바랍니다.

제 글의 전반적인 기조는 가화만사성입니다. 그리고 중심은 부모입니다. 부부끼리 대화가 되어야 합니다. 부부가 행복해야 합니다. 그래야 아이와도 대화하고 아이도 행복합니다. 부모님들 모두 절감하시듯 육아는 한 사람의 몫이 아닙니다. 혼자서만 애쓰지 마세요. 다른 양육자와 함께 짐을 나누어 들어야 합니다. 그러기 위해서는 자녀가 어렸을 때부터 뭐든지 함께 의논해야 해요. 이미 늦었다고 생각하지 마세요. 가족은 언제든 대화할 수 있는 유대를 가지고 있습니다. 도저히 안 된다고 단정하지 말고 대화를 시도해 보길 바랍니다. 아이가 이미 고등학생이고 단 한 번도 아이의 학습에 관한 대화를 나누어 본 적 없는 부부도 작정하고 시도하니까 가능하더라고요. '생기부'라는 단어조차 모르던 아빠가 공부하기 시작하니 금방 대화를 따라잡는 걸 보았습니다. 모든 건 실천의 문제입니다.

선행에 대해서도 다시 말씀드립니다. 선행이 무조건 나쁘다는 게 아니에요. 일찍부터 시작하는 선행과 무리한 선행이 나쁩니다. 특히 초등 저학년은 교과서에서 모르는 부분이 있는지 없는지 관심을 가져주고, 모르는 부분을 잘 이해할 수 있도록 친절하게 설명해 주는 걸로 정말 족합니다. 공부에 지긋지긋한 감정을 갖지 않도록 하는 게 가장 중요하다는 것만 기억해 주세요. 그렇게 지친 감정으로 1~2년 앞서가는 것보다 현재에 충실한 것이 백만 배쯤 더 낫습니다.

아이의 공부 재능에 상관없이 기본기를 갖춰놓고 본격적인 공부를 시작하는 게 순서입니다. 절대 늦지 않습니다. 그것이 더 효율성이 좋아요. 눈앞의 것만 생각하니 당장 앞서는 다른 아이가 보이고 그래서 못 견디는 것입니다. 공부의 토대가 되는 건 바른 습관, 성실함, 책임감, 절제력, 집중력, 공부를 대하는 마음 같은 거예요. 이런 자질을 먼저 탄탄하게 길러줘야 공부 잘하는 아이가 됩니다. 공부 재능이 아예 없는 아이라도 이런 자질을 길러주면 학교생활을 잘합니다. 바르고 태도 좋고 성실한 아이가 될 테니 자기의 소질을 찾아 그것에 몰두하고 행복하게 살게 됩니다.

저와 남편은 아이가 어렸을 때부터 공부를 잘하든 못하든 상관없이 바르게 살고 성실하면 뭐든 할 수 있고, 좋아하고 잘하는 걸 반드시 찾을 수 있고, 그걸 하면서 아주 행복하게 살 수 있다고 말했습니다. 그냥 좋게 말하는 게 아니고 실제로 그런 삶을 아주 많이 봤어요. 사람은 태도로 살지 성적으로 사는 게 아니라는 거 하나는 확실히 알고 있습니다.

애가 공부 잘하니까 그런 이야기를 할 수 있었지 않냐고 하면 전혀 그렇지 않아요. 초등학교 때는 학업 역량을 모릅니다. 설령 제 아이가 똑똑하다는 걸 제가 진작부터 느꼈다고 해봐요. 그러면 내버려둘 수 있었을까요? 무척 똑똑해서 나중에 공부를 잘할 테니까 아무것도 시키지 말아야겠다는 작전을 세우는 게 가능하다고 봅니까? 그런 원대한 계획으로 공부 강요를 안 하고 키울 수 있을까요? 저희는 태도를 길러주고 토대를 다지는 것에 사력을 다했습니다.

부모에게 가장 중요한 건 뚝심입니다. 물론 뚝심도 올바른 뚝심이어야죠. 똥고집과 뚝심은 구분되어야 합니다. 내가 가지고 있는 생각과 지식이 맞는지 먼저 공부하면서 검증해야 합니다. 세상에 널린 게 지식이에요. 듣기 좋은 말, 듣기 편한 말, 내 입맛에 맞는 말만 듣지 말고 본질을 이야기하는 사람들, 전문가들의 말을 들으세요. 세상의 유행과 말에 흔들리지 않고 아이를 믿으며 뚝심을 지키는 일은 생각보다 어렵습니다.

카더라식 정보와 옳은 정보가 뒤죽박죽인 세상입니다. 그 속에서 해야 하는 것과 하면 안 되는 것을 구분하는 일이 만만하지 않아요. 내가 보고 듣고 겪은 경험을 계속 되돌아보면서 그중에서 내 아이에게 적용할 수 있는 옥석을 골라내야 합니다. 매번 치열한 고민과 대화를 하면서 중심을 잡아야 해요. 잘못한 부분을 후회만 하고 끝내지 마세요. 골백번 후회해도 잘 고쳐지지 않는 게 사람입니다. 고치고 싶은 마음이 있으면 조금씩이라도 실천해야 합니다.

어느 학원을 가야 한다, 언제 어디까지를 해봐야 한다, 수학은 몇 바퀴를 돌려야 한다, 최소한 여기까지 해야 한다는 건 없습니다. 모든 아이가 성향과 기질과 재능과 역량이 다 다릅니다. 내 아이를 객관적으로 보고 냉정하게 판단해야 해요. 그런데 '최소한'이나 '언제 어디까지'라는 말은 내 아이를 객관적으로 판단할 수 있는 눈과 마음을 흩트려 놓습니다. 남들과 비교하게 만들고요. 뒤집기 때부터 시작된 비교는 대학입학 때까지 이어지죠. 계속 비교당하면서 사는 아이의 심정을 생각해 보세요.

저는 식물을 제법 키우는데요. 제가 키운 식물과 꽃이 정말 예뻐서 매일 사진도 열심히 찍고 SNS에도 종종 올립니다. 그런데 해시태그를 눌러서 다른 사람들이 키운 같은 종류의 식물을 보고 나면 제 마음이 예전과 똑같지 않습니다. 그건 확실해요. 무조건 내 식물보다 예쁜 식물 사진이 있어요. 그걸 보면 나도 이렇게 자를걸, 이렇게 찍을걸, 이런 화분에 심을걸, 생각하게 되고 하다못해 우리 집 배경이 마음에 안 들어요. 사람의 마음은 그렇습니다. 식물만으로도 이런 마음이 생기는데 아이는 오죽할까요?

부모에게는 항상 아이의 노력을 제대로 봐주겠다는 마음가짐이 필요합니다. 내 아이가 더 열심히 해줬으면 하는 마음이 너무 커서 아이의 노력이 곧잘 과소평가되기 때문이에요. 또 아이가 노력하는 걸 볼 때는 안쓰럽다가도 성적만 나오면 아이의 노력이 부족했다고 느껴지기 일쑤입니다. 노력을 기울인 아이들이 고작 성적 때문에 죄인이 되는 세상입니다. 아이들은 부모님을 실망시킨 죄인, 속상하게 만든 죄인, 부끄럽게 만든 죄인이 돼요. 현실과 이상의 격차를 줄이는데 애써야 합니다. 부모의 기대가 너무 큽니다. 자신이 도달할 수 없는 기대 속에서 살아가는 아이들은 필연적으로 죄인이 될 수밖에 없어요. 죄인인데 행복할 수 있을까요?

공부를 잘하고 못하고를 떠나서 고등학생이 되면 너 나 할 것 없이 모두가 힘듭니다. 1등급 아이들은 1등급 유지하느라 죽어나고 2등급 아이들은 뭘 어떻게 해도 1등급이 안 되니까 죽어납니다. 3등급 아이들은 인서울 못 할 거 같아서 죽어나죠. 5등급인 아이가 정말 열심히 해서 불가능하다는 고등학교 등급 올리기에 성공했다고 해봐요. 죽기 살기로 성적을 4등급으로 올려놨는데도 여전히 괜찮은 대학은 갈 수 없는 등급이라고 노력을 인정해 주지 않는 게 지금의 현실입니다. 6등급 밑의 아이들은 아무 생각이 없는 거 같죠? 아니에요. 다들 처절하게 미래를 두려워합니다. 극복할 수 없는 현실을 매일 마주하면서요. 하지만 노력을 할 수 없는 상태에 놓여있어요. 그래서 괜찮은 척, 상관없는 척이라도 하는 거예요. 그래야 살 수 있으니까요. 그러니 최소한 부모님만큼은 아이의 마음을 알아주고 박수와 위로를 보내줄 수 있어야 해요. 미래를 함께 의논해 줄 수 있어야 합니다.

부모는 내 자녀의 마음을 위로해 주고, 자존감이 떨어지지 않도록 좋은 말을 해주고, 미래를 위한 방안을 함께 모색해 주어야 합니다. 무엇보다 내 아이가 자신의 성과에 상관없이 나는 부모님에게 절대적인 사랑을 받고 있다고 믿어야 하고요. 아이들의 여린 마음으로는 시시때때로 달라지는 부모님의 온도 차를 감당하기 어렵습니다.

최진영의 소설《나는 왜 죽지 않았는가》(실천문학사, 2013)에는 부모의 무조건적 사랑 따위는 실제로 없다고 말하는 장면이 나옵니다.

아무리 부모라도 남들이랑 비교해 봤을 때 좀 더 나은 뭔가를 해야지 나를 인정하고 사랑한다고 말하죠. 이 대사가 비단 소설이라서 나올 수 있었던 건 아니라고 생각해요. 현실 속에서도 내가 뭔가를 이루고, 그래서 조금이나마 비교우위를 가졌을 때 부모의 사랑이 생기거나 커진다고 생각하는 아이들이 아주 많을 거예요. 사사건건 곳곳에서 느꼈을 겁니다. 부모님의 사랑을 생각할 때 조건을 떠올리는 건 너무 슬픈 일이지만, 어쩌면 우리도 느껴봤고 해봤던 생각일 거예요.

계속 사랑 타령인가 싶겠지만 사랑은 너무 중요합니다. 제가 정말 좋아하는 에밀 아자르의 소설《자기 앞의 생》(문학동네, 2003)에는 떠올릴 때마다 꼭 울컥하고 마는 장면이 있어요. 부모의 사랑을 모르는 모모가 하밀 할아버지에게 사람이 사랑 없이도 살 수 있냐고 묻습니다. 사랑에 목마른 어린 모모의 슬픔이 왈칵 다가오는 장면이에요. 당연히 사람은 사랑 없이 살 수 없습니다. 사랑 없이는 자신을 존엄한 존재로 여기며 제대로 살아갈 수 없어요. 그러니 고작 공부나 학원 숙제, 레벨, 성적, 입시 때문에 엄마와 아빠가 예전만큼 나를 사랑하지 않는다, 또는 더는 나를 사랑하지 않는다고 여기는 아이의 심정을 생각해 주세요.

내 아이가 부모님의 사랑을 철저하게 믿는 것보다 더 큰 자산은 없다고 생각해요. 아이가 컸다고, 질색한다고, 싫어하는 것 같다고 사랑의 말을 아끼지 마세요. 계속해서 사랑을 전하면 쩍쩍 갈라졌던 아이의 마음도 조금씩 촉촉해지지 않을까요. 힘들 때 부모님의 그 말 한마디를 떠올리면서 버틸 수 있지 않겠습니까.

자녀와 좋은 관계를 유지하는 것에 전력을 다해주세요. 도달할 수 없는 목표를 바라느라고 아이와 관계가 틀어진다면, 혹은 원하는 목표를 이루었지만 관계가 틀어졌다면 그건 실패입니다. 행복을 기대할 수가 없습니다. 말로 다 할 수 없이 안타깝고 슬픈 일이죠. 부모를 생각하면 든든하고 마음이 편안해지는 아이를 한번 떠올려보세요. 결국 그런 마음이 이 세상에서 자신을 지키며 살아갈 수 있는 버팀목이 되고 방파제가 됩니다.

내 아이의 공부에 희망을 품는 것은 잘못이 아니지만, 그것만이 최선이고 행복으로 가는 길이라고 가르치는 건 잘못이에요. 공부를 잘하는 건 항상 소수의 아이입니다. 그러니 공부 잘하는 것만이 최고 가치라는 인식을 자녀에게 심어주지 말아야 해요.

하지만 학창 시절의 공부는 중요합니다. 학창 시절에 하는 공부는 대학을 가기 위한 공부만은 아니죠. 하지만 학생들은 그렇게 생각하지 못합니다. 그렇게 생각할 마음도 여유도 없고 그걸 알아차릴 경험과 소양도 부족합니다. 거의 모든 학생이 공부하는 이유를 대학 가기 위해서로 생각합니다. 다들 대학 입시가 결승점인 것처럼 생각하죠. 하지만 인생은 전혀 그렇지 않다는 걸 꼭 알았으면 좋겠어요. 그걸 이미 알고 있는 부모가 알려주어야 합니다. 고등학교 이후의 삶은 훨씬 더 다양하고 다채롭고 주도적으로 흘러갑니다. 아이들이 그걸 기대하고 희망해야죠. 그런데 대학이 결승점이라고 생각하니까 기껏 대학에 가서 번아웃이 옵니다.

고등학교 졸업 이후 삶의 질은 학창 시절을 얼마나 성실하게 보냈느냐에 따라 달라집니다. 학생의 본분인 학교 공부를 착실하게 해야 한다는 뜻이에요. 잘하는 것보다 성실한 게 훨씬 중요합니다. 주어진 것에 노력을 기울이는 걸 배워야 해요.

자녀와 학생과 사회인과 부모라는 역할을 두루 겪어본 우리는 공부를 한 사람과 안 한 사람이 얼마나 다른 삶을 사는지 잘 알고 있습니다. 성적이나 직업 이야기가 아니에요. 살면서 필요한 것들을 배우고 익혀야 하는 상황마다 학창 시절에 공부한 근력을 끌어다 씁니다. 살면서 얼마나 많은 공부가 필요합니까. 사회에 나왔을 때 비로소 진짜 공부가 시작됩니다. 또 제대로 바르게 살기 위해서 절제력, 책임감, 성실함 같은 것이 정말 필요한데, 이런 능력은 공부하면서 키워지는 능력이에요. 성적보다 중요한 건 공부입니다. 그리고 공부보다 중요한 건 인격이고요.

제가 항상 말하고 다니는 건 인성이 좋은 사람, 태도가 바른 사람은 사회가 절대로 내버려두지 않는다는 거예요. 이것은 절대 진리입니다. 중요한 것은 간판이 아니고 최선을 다하는 과정입니다. 과정에서 최선을 기울일 수 있는 사람이냐가 중요해요. 그런 사람이라면 걱정이 없습니다. 바른 태도와 책임감과 성실함을 길러주고 자녀와 좋은 관계를 유지하는 것은 부모가 자녀를 위해서 해줄 수 있는 덕목 중 최고 가치입니다. 아이는 그 단단하고 안정적인 바탕 위에서 자기의 역량대로 잘 살아나갈 것입니다.

자기가 행복한 걸 해야 합니다. 그걸 할 수 있게 해주어야 해요. 행복은 남에게 보여주는 게 아니고 자기가 느끼는 것이잖아요. 내가 행복한 일이 아이에게는 그렇지 않을 수 있다는 걸 생각해야죠. 세상이 많이 바뀌었습니다. 우리 세대가 생각하는 최고와 최선이 꼭 맞지 않아요. 부모가 융통성을 가져야 합니다. 유연한 사고를 해야 해요. 그래야 아이들이 자신의 길을 찾을 수 있습니다.

성적 때문에 아이도 부모도 모두 힘듭니다. 그래도 덜 힘들고 덜 고통스러울 수 있어요. 최소한 성적으로 아이의 노력을 인정하지 않거나 비난하는 일은 없도록 해볼까요. 아이의 인생입니다. 아이가 내 인생을 대신 살아주는 게 아닌데 아이의 성적으로 화를 내는 게 온당합니까. 우리가 아무리 속상하고 힘들어도 아이만큼은 아니에요.

미래만큼 현재도 중요합니다. 알 수 없는 미래의 꽃밭을 상상하면서 현실이 괴로우면 안 됩니다. 늘 좋은 얼굴로 아이를 대하고 아이의 말에 귀를 기울여보세요. 또 행복의 전제 조건은 마음의 평화와 안정이므로 가정을 화목하게 유지하는 것에 노력해 봅시다. 언제나 실천이 문제입니다. 적용할 수 있겠다 싶은 부분은 하나씩 하나씩 실천해 보세요. 아이들만큼이나 어른도 성취감이 필요합니다. 실천하겠다는 결심만으로는 안 됩니다. 노력을 기울여야 합니다.

고민과 실천을 이끌기 위해서 쓴소리가 필요한 항목들이 있었습니다. 조금은 나무라는 말투, 가르치는 말투로 읽혔을 수 있습니다. 그 점 매우 죄송하게 생각합니다. 바다와 같은 마음으로 양해해 주시길 바랍니다. 책 내용 중에 많은 사례가 있습니다. 모든 사례는 각색되었지만, 모티브가 된 지인들의 사례가 있었습니다. 책에 인용하는 걸 허락해 주어서 정말 고맙습니다. 나보다 항상 몇 배로 고민하고 해결책을 고심하는 남편에게도 고마움을 전합니다. 나 혼자서는 매번 방향을 잃었을 거예요. 부족한 아이를 늘 사랑으로 가르쳐주시는 아이의 모든 선생님께 감사드립니다. 두 번이나 출간의 기회를 주신 청림출판과 애써주시는 청림라이프 편집자님께도 깊이 감사드립니다.

2023년 겨울
김현주

사교육을 이기고 상위 1%로 도약하는 힘

내 아이를 위한 사교육은 없다

1판 1쇄 발행 2024년 3월 20일
1판 4쇄 발행 2024년 6월 25일

지은이 김현주
펴낸이 고병욱

펴낸곳 청림출판(주)
등록 제2023-000081호

본사 04799 서울시 성동구 아차산로17길 49 1009, 1010호 청림출판(주)
제2사옥 10881 경기도 파주시 회동길 173 청림아트스페이스
전화 02-546-4341 **팩스** 02-546-8053

홈페이지 www.chungrim.com **이메일** life@chungrim.com
인스타그램 @ch_daily_mom **블로그** blog.naver.com/chungrimlife
페이스북 www.facebook.com/chungrimlife

ⓒ 김현주, 2024

ISBN 979-11-93842-01-0 03370